AF126006

Theodor von Heuglin

Reisen in Nordost-Afrika

Theodor von Heuglin

Reisen in Nordost-Afrika

ISBN/EAN: 9783742898913

Hergestellt in Europa, USA, Kanada, Australien, Japan

Cover: Foto ©Andreas Hilbeck / pixelio.de

Manufactured and distributed by brebook publishing software
(www.brebook.com)

Theodor von Heuglin

Reisen in Nordost-Afrika

Reise in Nordost-Afrika.

Schilderungen

aus dem

Gebiete der Beni Amer und Habab

nebst zoologischen Skizzen

und einem Führer für Jagdreisende

von

M. Th. v. Heuglin.

Zwei Bände.

Erster Band.

Mit einer Karte und sieben Illustrationen.

Braunschweig,

Druck und Verlag von George Westermann.

1877.

Vorwort.

In den folgenden Blättern erlaube ich mir, dem freundlichen Leser einige Erlebnisse und Eindrücke von einer flüchtigen Excursion ins östliche Afrika vorzuführen.

Während mehrerer früherer Reisen nach den Küsten des Rothen Meeres und eines längeren Aufenthaltes im Bogos-Land war der Wunsch in mir rege geworden, das Gebiet zwischen dem Samhar und Barkah einer gründlichen Forschung zu unterziehen. Ich hatte die Ueberzeugung gewonnen, daß mächtige Ausläufer des Hoch-landes von Habesch sich weit nach Norden zu bis gegen die Mündung des Barkah-Flusses erstrecken. Ferner wußte ich, daß in jenen Gebirgen zahlreiche während der Zeit der Sommer-regen zu gewaltigen Strömen anschwellende Gewässer ihren Ur-sprung nehmen, welche in tief eingerissenen Schluchten und Thä-lern theils ihren Weg unmittelbar zum Rothen Meere nehmen, theils nach West und Nordwest nach dem Barkah abfließen. Die Eingeborenen hatten mir anziehende Schilderungen gemacht von dem landschaftlichen Charakter der Hochflächen und Torrenten, von den zahlreichen, dort hausenden jagdbaren Thieren und vom Vorhandensein von Denkmälern aus der Blüthezeit des äthio-pischen Reiches.

Das Quellgebiet des Ansebaflusses und einen Theil des oberen Barkah kannte ich aus eigener Anschauung. Die Arbeiten Sapeto's und Munzinger's belehrten mich über das Gebiet der

Habab bis zum Falqat, noch gänzlich unerforscht blieb dagegen der untere Verlauf des Anseba und Barkah, sowie die Gebirgs= gegenden zwischen dem Falqat und der Oase von To=Kar. Mun= zinger's Studien beschränkten sich auf die topographischen und linguistischen Verhältnisse, mir war es hauptsächlich daran ge= legen, ein vollständigeres geographisches Bild jener Länderstriche zu entwerfen und ihre verwandtschaftlichen Beziehungen zur Fauna und Flora von Abessinien kennen zu lernen.

Die gründliche Ausführung eines solchen Vorhabens erfor= dert jedoch mehr Zeit als mir zu Gebot stand und namentlich Gelegenheit zu längerem Aufenthalt an einzelnen hervorragen= den Punkten.

Zur Construction der Karte bediente ich mich hauptsächlich meiner eigenen Routen=Aufzeichnungen und Winkelmessungen (Th. I, p. 232—251), sowie flüchtiger Terrainskizzen, die an Ort und Stelle fortlaufend in das Tagebuch eingetragen wur= den. Eine Anzahl von Messungen des Luftdruckes zu Höhen= Bestimmungen (Th. I, p. 252—254) konnte auf der Karte selbst nicht verwerthet werden.

Die Darstellung der Terrain=Verhältnisse um den oberen Anseba südwärts bis Adowa und Akjum, sowie diejenige west= lich von Suakin basirt sich auf meine Mappirungen in den Jahren 1861 und 1864. Außerdem benutzte ich für das Habab= Gebiet und Takah die Karten von Graf Krokow, Munzinger, Lejean und Schweinfurth, für das Schoho=Land und die Küsten= umrisse des Rothen Meeres die englischen Aufnahmen, mit Ein= führung einer unbeträchtlichen Correction der östlichen Länge für Massaua.

Im zweiten Theile meines Buches wurde ein Verzeichniß aller bisher im Gebiet der Bogos, Habab und Beni=Amer, so= wie im Samhar beobachteten Säugethiere und Vögel gegeben, nebst Notizen über Lebensweise und Haushalt einzelner Arten.

Zugleich nahm ich Gelegenheit, eine Anzahl von ungenügend bekannten oder neuen Thierformen aus dem nordöstlichen Afrika überhaupt zu beschreiben und endlich eine Liste der im Text vorkommenden geographischen und zoologischen Eigennamen mit besonderer Rücksicht auf correcte Umschreibung aufzunehmen.

Die Verfassung des Manuskriptes hatte schon im Laufe des Sommers 1875 statt, die Herausgabe selbst wurde jedoch verzögert durch meine im Winter 1875/76 erfolgte Berufung nach Egypten.

Was meine Schilderungen der dortigen Zustände anbelangt, so muß ich bekennen, daß mir die letzteren während des kurzen Aufenthaltes in Alexandrien und Cairo im Januar und März 1875 in allzu rosigem Lichte erschienen. Es wäre ungerecht, die vielseitigen Schöpfungen und Umgestaltungen zu verkennen, welche in Egypten seit dem Regierungsantritt Ismaël Paschas ins Leben gerufen worden sind. Weniger erbaulich steht es dagegen bekanntlich in Bezug auf die Finanzlage der Regierung. Der Credit ist erschüttert, Verkehr und Production stocken, der Ausbreitung der Herrschaft des Chediw nach dem Süden sind fast unüberwindliche Schranken gesetzt. Es würde zu weit führen, wenn ich unternehmen wollte, die Ursachen dieser Mißstände näher zu beleuchten.

Dagegen sei es mir gestattet, hier noch einige Worte über die Beziehungen Egyptens zu Abessinien, sowie eine Schilderung der jüngsten Kriegsereignisse in Hamasién nachzutragen.

Ich habe die Ansicht ausgesprochen, daß es für das in seiner gegenwärtigen Form nicht mehr lebensfähige und in Auflösung begriffene abessinische Reich wohl am zuträglichsten wäre, wenn dasselbe als besondere (von einem christlichen Statthalter verwaltete) Provinz in Egypten einverleibt würde.

Ismaël Pascha beabsichtigte bei Ausbruch der Feindseligkeiten gegen Tigrié keineswegs, Habesch wirklich zu erobern.

Das Bogos-Land, welches schon vor beiläufig acht Jahren mit der Provinz Qalabat von ihm in Besitz genommen wurde, genügte zur Herstellung einer sicheren Karawanen- und Post-straße zwischen Masaua und Takah. Aber der Beherrscher von Ost-Abessinien, Negus Johannes, erhob Ansprüche auf die Districte um den oberen Anseba, deren Bewohner früher einen kleinen Tribut an den Statthalter von Hamasién entrichteten. Von Seiten der Grenzbevölkerung wurden hin und wieder Plün-derungszüge nach dem Barkah unternommen und es kam schließ-lich zu ernstlichen Reibungen und Streitigkeiten zwischen den Be-hörden von Takah, Keren und Masaua mit den Tigrianern. Im Spätsommer des Jahres 1875 fanden Zusammenziehungen von egyptischen Truppen in Kasalah und im Samhar statt, während ver-einzelte abessinische Banden in Hamasién und Mensa lagerten und den Verkehr mit Masaua belästigten. Das Verhalten des General-gouverneurs von Ost-Sudan, Munzinger-Bek, erregte in Egyp-ten Mißtrauen, er wurde von seinem Posten entfernt und er-hielt den Auftrag, mit geringer militärischer Bedeckung einen Zug nach dem südlichen Denkeli-Gebiet und Schowa zu unter-nehmen. Ich habe nach dem Bericht von Augenzeugen das un-glückliche Ende dieser Expedition geschildert (Th. II, p. 296. Anmerkung.)

Negus Johannes zeigte sich entgegen der allgemeinen Volksstimmung anfänglich zu friedlichen Ausgleichungen geneigt. Er hatte sich nach seiner Residenz Adowa begeben. Gelegent-lich einer kirchlichen Festlichkeit in Aksum, der alten Reichshaupt-stadt von Aethiopien, am Tage der Kreuzauffindung (Masqal, am 16. des abessinischen Monats Maskarem), an welcher der König und der größte Theil seiner Heerführer, sowie die ge-sammte Geistlichkeit theilnahm, setzte letztere ein Wunder in Scene, welches den abergläubischen Fürsten bewog, den allgemei-nen Religionskrieg gegen den Islam aufzunehmen. Binnen

Kurzem sammelte sich eine zahlreiche Armee unter seine Fahnen, während der Gouverneur von Masaua, Arakel-Bek, in Hamasién einrückte, begleitet von Oberst Arendrup mit 1800 Mann Fußvolk und einigen Feldgeschützen. Graf Wilhelm Zichy schloß sich der Expedition gleichfalls an, vor welcher vereinzelte Haufen von abessinischen Vorposten zurückwichen. So gelangte Arakel-Bek bis zu den Engpässen bei Gundet, 22 nautische Meilen nördlich von Adowa, wo die in langen, da und dort unterbrochenen Colonnen sorglos daherziehender Egypter plötzlich von den Abessiniern umzingelt und eine Abtheilung nach der anderen total vernichtet wurde. Nur einige wenige Flüchtlinge, zum Theil jämmerlich verstümmelt, entkamen. Arakel und Arendrup fielen auf dem Schlachtfeld, Graf Zichy erlag kurz darauf seinen Wunden. Masaua wäre den Siegern in die Hände gefallen, wenn sich diese die errungenen Vortheile rasch zu Nutz zu machen verstanden hätten. Immer noch wünschte König Johann eine Einigung ohne weiteres Blutvergießen. Derselbe setzte dem Chediw aus einander, die feindliche Armee sei gegen alles bestehende Recht in sein Land eingefallen und er hierdurch genöthigt worden, gleichfalls zu den Waffen zu greifen. Nun habe der Himmel zu seinen Gunsten entschieden. Seine Siege werde er nicht verfolgen, vorausgesetzt, daß Ismaël Pascha von allen weiteren Eroberungsgelüsten abstehe, daß die alten Grenzen hergestellt, der Verkehr zwischen Abessinien und dem Rothen Meer wiederum eröffnet und die egyptischen Truppen zurückgezogen würden.

In Cairo war man dagegen keineswegs entmuthigt, es sollte wenigstens die Waffenehre der Armee gerettet werden. Alle verfügbaren Truppen und eine Menge von Kriegsmaterial wurden eiligst nach Masaua eingeschifft, neue Aushebungen von Mannschaften vorgenommen und große Zuzüge von Kameelen, Pferden, Maulthieren und Eseln in Samhar vereinigt. So rückte die gegen 20,000 Mann starke Armee des Chediw im Ja-

nuar 1876 in Hamasién ein und bezog zwei befestigte Lager
zwischen dem Mareb und dem Ost=Abhang des Hochlandes, 42
nautische Meilen südwestlich von Masaua.

Zehn Bataillone mit 40 Geschützen unter Oberbefehl Ratib=
Pascha's verschanzten sich in der Ebene von Gura, sechs weitere
Bataillone mit entsprechender Artillerie in dem ungefähr 5 Mei=
len weiter nordwärts gelegenen Daichtor unter Osman=Pascha.
Prinz Hassan und der Generalstab unter Oberst Lowring be=
fanden sich gleichfalls in Gura, während König Johannes im
nördlichen Hamasién eine wohl 80,000 Mann zählende Truppen=
masse zusammenzog und viele irreguläre Banden von Abessiniern
und Galas die Stellungen der Egypter umschwärmten und zeit=
weise sogar die Verbindung mit der Küste abschnitten. Zu Anfang
Aprils bewegte sich endlich der Negus mit seiner ganzen Heeres=
macht gegen die wohl verschanzten Lager des Feindes, er wagte
jedoch nicht, zwischen denselben durchzubrechen. Nachdem es den
Truppen Ratib=Pascha's nicht an Lebensmitteln mangelte, wünschte
der Oberbefehlshaber einen Angriff hinter seinen Wällen und
Kanonen abzuwarten. Lowring's Plan, eine Schlacht in freiem
Felde anzubieten, drang dagegen im Kriegsrathe durch, woraus
sich schließen läßt, daß die egyptischen Heerführer keine Ahnung
von der Stärke und Ueberzahl ihrer Feinde besaßen. Sieben
Bataillone mit 21 Geschützen wurden den Abessiniern entgegen=
geschickt, während Osman=Pascha letzteren in die Flanke fallen
sollte. Von allen Seiten erfolgte nun, wie es bei den Aethiopen
Kriegsgebrauch, ein stürmischer Massenangriff, den die Bataillone
des Chediw nicht auszuhalten vermochten. Prinz Hassan und
der Generalstab schlugen sich durch, aber der bei weitem größte
Theil der egyptischen Heeres=Abtheilung wurde zusammengehauen,
alles Kriegsmaterial fiel dem Negus in die Hände, sowie eine
Anzahl von Gefangenen, man sagt 700 Mann.

Durch den wiederholten glänzenden Erfolg begeistert, be=

rannten die Abeſſinier nun drei Tage lang die befeſtigten La-
ger, ſie mußten jedoch ſtets dem wohl unterhaltenen Geſchütz-
feuer der Vertheidiger weichen. Nachdem ſie alle erbeutete
Munition verſchoſſen, furchtbar gelitten und ihre Gefangenen
ſummariſch niedergemetzelt, zogen ſie endlich ab, den Reſten der
Beſatzungen von Gura und Qaichtor das Terrain überlaſſend.
Man ſchätzt den Geſammtverluſt der Armee des Chediw bei
Gundet und Gura auf 8000 bis 10000 Mann, die Anzahl
der gebliebenen Abeſſinier muß noch weit beträchtlicher ſein.
Nochmals bot jetzt Regus Johannes die Hand zum Frieden,
aber er beſtand auf Räumung der Provinz Hamaſién und auf
Zurückgabe einiger früher zum äthiopiſchen Reich gehörigen Hafen-
ſtädte. Die Verhandlungen zogen ſich jedoch in die Länge, während Ratib Paſcha ſeine Verſchanzungen beſetzt hielt und Maſaua
mit ſechs Befeſtigungswerken verſehen wurde. Ein Abgeſandter
des Chediw an den König, Ali-Bek, machte erfolgloſe Anſtren-
gungen, einen Vergleich herbeizuführen und erſt im Auguſt dieſes
Jahres erſchien ein abeſſiniſcher Bevollmächtigter am egyptiſchen
Hofe, der ſich einer äußerſt glänzenden Aufnahme zu erfreuen
hatte. Derſelbe beſchwerte ſich über Ratib Paſcha's Doppelzün-
gigkeit und den ſchleppenden Geſchäftsgang bei den gegenſeitigen
Verhandlungen und betheuerte wiederholt die Bereitwilligkeit ſeines
Gebieters zum endlichen Zuſtandekommen des Friedens und zum
Abſchluß eines Handelsvertrages. Wahrſcheinlich wird nunmehr
Hamaſién als neutraler Boden erklärt und eine Einigung er-
zielt werden, in Bezug auf Anlegung von Straßen und auf
Befeſtigung der gegenſeitigen Handelsintereſſen unter dem Schutz
von gemiſchten abeſſiniſchen und egyptiſchen Behörden.

In Folge des Kriegsglückes gewann auch der politiſche Einfluß
des Regus, welcher ſich bisher faſt nur auf Tigrié und einige
angrenzende Provinzen erſtreckte, in Amchara und Schowa mehr
Boden. Doch erklärte Johannes vor einer großen Volksver-

sammlung, daß er gesonnen sei, die Krone des gesammten äthiopischen Reiches niederzulegen und nur noch in der Eigenschaft
eines Stellvertreters des rechtmäßigen Herrschers, 'Alem Ajahu,
des Sohnes von König Theodor, zu regieren. Dieser wurde
nach der Eroberung von Magdala von dem englischen Commandanten nach Indien gebracht und, wenn ich nicht irre, später nach
England übergeführt, wo er eine gründliche Erziehung genießt.
Ob und wann aber Dedschaz 'Alem Ajahu sein Vaterland
wieder betreten könne, scheint noch ungewiß. Möchte es ihm
vergönnt sein, dort eine neue Aera heraufzuführen!

Stuttgart, den 24. September 1876.

Der Verfasser.

Inhaltsverzeichniß.

Anhang.

Illustrationsverzeichniß.

～～～

Erstes Capitel.

In höchst unerwarteter Weise greift zuweilen das Schicksal in unsere Lebenswege ein, einerseits anscheinend sichere Aussichten plötzlich zerstörend, andererseits neue Bahnen eröffnend. Zurückgezogen von allen Zerstreuungen, beabsichtigte ich den Winter 1874/75 in meiner Heimath zuzubringen, um einige längst begonnene wissenschaftliche Arbeiten zu vollenden, nicht ahnend, daß es mir vergönnt sein würde, einen längst gehegten Plan, wenn auch nur theilweise, zur Ausführung zu bringen.

Am 24. December 1874 wurde ich durch den freundlichen Besuch des Herrn H. Vieweg von Braunschweig überrascht. Derselbe theilte mir mit, er sei auf einer Reise nach dem Orient begriffen, und beabsichtige dort ausschließlich der Jagd obzuliegen. Zugleich wünschte er zu erfahren, welche interessante Gegenden ohne allzu große Schwierigkeiten zu erreichen wären, wo zugleich ein passionirter Jäger auf namhafte Ausbeute rechnen könne. Er sei vollkommen Herr seiner Zeit und scheue auch keineswegs Anstrengungen und klimatische Hindernisse.

Da die günstige Jahreszeit für Ausführung eines solchen Unternehmens in größerem Maßstabe bereits vorgerückt war, machte ich den Vorschlag, Herr Vieweg möge sich ohne Aufenthalt nach den Gebirgsländern an der Ostküste des Rothen Meeres wenden, namentlich nach dem Gebiet des oberen Barkah. Jene Gegenden sind zum großen Theil noch vollkommen unerforscht, die Reise dahin ist verhältnißmäßig nicht mit besonderen Umständen ver= knüpft, die Verbindung zwischen Sues (gewöhnlich Suez geschrieben) und dem Küstenland eine regelmäßige, das Klima im Allgemeinen, namentlich während der Wintermonate, mild, der Wildstand sowohl in Bezug auf Menge als auf Mannigfaltigkeit der jagd= baren Säugethiere und Vögel ein ungemein reicher.

Besonders machte ich auch darauf aufmerksam, daß eine selbst allgemeinere Berücksichtigung der geographischen, statistischen und naturwissenschaftlichen Verhältnisse des Barkah=Gebietes zu sehr verdienstvollen Ergebnissen führen müsse.

Herr Vieweg entschloß sich zur Ausführung dieses ihm vor= gelegten Planes, und verband damit in liebenswürdigster Weise die Einladung, ich möchte ihn begleiten, welche ich in der Vor= aussetzung annahm, daß mir dort gleichzeitig Gelegenheit zu Forschungen auf wissenschaftlichen Gebieten geboten sei.

Die nöthigen Uebereinkommen wurden rasch abgeschlossen. Mein neuer Gefährte wollte seinen Weg über Italien nach Egypten am gleichen Tage noch fortsetzen, und dort die nöthigen Anschaf= fungen an Lebensmitteln, Schießbedarf und Reiseeinrichtungen besorgen; ich sollte ihm acht Tage später nachfolgen und in Alexandrien oder Cairo mit ihm zusammentreffen.

Meine eigenen Vorbereitungen mußten somit in aller Eile getroffen werden. Unglücklicherweise befanden wir uns in der Periode der Weihnachtsfeiertage, wo die Ausführung einer Menge von Bestellungen und Einkäufen, die ich noch zu besorgen hatte, nicht immer nach Wunsch verlaufen konnten.

Auch durfte ich die Abwickelung einiger laufenden Geschäfte nicht vernachlässigen, mußte mich noch mit der nöthigen Reise= literatur, namentlich mit den neuesten Karten der zu besuchenden Länderstrecken, mit physikalischen und astronomischen Instrumenten, einem entsprechenden Jagdapparat, endlich auch mit gewichtigen Empfehlungen versehen.

Letztere verdanke ich hauptsächlich der besonderen Huld Sr. Kaiserlichen und Königlichen Hoheit des Kronprinzen des deutschen Reiches, der die Gnade hatte, mir ein höchstes Handschreiben an S. Hoheit den Chediw von Egypten, sowie an den Prinzen Hasan übermitteln zu lassen.

Einige Instrumente wurden mir auf Anordnung des Königlich Württembergischen Cultusministeriums aus dem physikalischen Cabinet der polytechnischen Schule in Stuttgart überlassen.

Trotzdem, daß meine Ausrüstung keine ganz vollständige, daß manche bestellte Gegenstände nicht rechtzeitig abgeliefert worden waren, reiste ich in der Nacht vom 31. December auf den 1. Januar mit dem Courierzug nach Brindisi von Hause ab. Am kommenden Abend passirte ich bei grimmiger Kälte den Brenner. Verona, Mantua und Bologna waren tief in Schnee gehüllt. Erst in der Nähe der See, bei Sinigaglia und Ancona stellte sich etwas mildere Temperatur ein, die sich dann weiter südwärts mehr und mehr steigerte. Am 2. Januar gegen 11 Uhr Nachts traf ich in Brindisi ein, wo ich im Great East-India Hotel bequeme Unterkunft fand.

Die englische Post sollte erst am Morgen des 4. auslaufen. Es blieb mir somit der ganze vorhergehende Tag zur Erledigung von Correspondenzen und Besichtigung der Umgegend der Hafenstadt, die nicht ohne Reize ist. Leider war die Witterung regnerisch und windig, und die Aussichten auf eine angenehme Seereise trübten sich einigermaßen.

Schon am Abend installirte ich mich an Bord des schönen und großen englischen Dampfers Hindustani, der am kommenden Morgen um 8 Uhr die Anker lichtete.

Die Gesellschaft bestand zumeist aus Engländern, welche theils auf dem Wege nach Indien begriffen waren, während ein

anderer Theil nur eine Nilreise in Aussicht genommen hatte.
Indeß war ich so glücklich, auch einige liebenswürdige deutsche
Landsleute hier zu finden.

Die Ueberfahrt war über Erwarten günstig und angenehm.
Am ersten Tage ging es ziemlich hart unter Land an Otranto
und Cap Leuca vorüber, in der Nacht vom 5. auf den 6. Januar
passirte der Hindustani die Höhe von Candia und lief am Vormittag des 8. wohlbehalten in Alexandrien ein, um Tags darauf
seinen Weg nach Port Said fortzusetzen.

Nachdem wir uns durch den mit fliegenartiger Zudring-
lichkeit alle Ankommenden umschwärmenden Knäuel von Lohn-
dienern und Barkenführern durchgeschlagen und die Douane
hinter uns hatten, ging es durch die von Regengüssen über-
schwemmten Straßen Alexandriens nach dem Hotel Abade, einem
der empfehlungswerthesten Gasthäuser der Stadt.

Mit ganz besonderer Spannung hatte ich nach fast zehn-
jähriger Abwesenheit den egyptischen Boden wieder betreten.
Wohl war ich darauf vorbereitet, Vieles gar sehr verändert
wiederzufinden. Meine Erwartungen wurden jedoch thatsächlich
in überraschendem Grade übertroffen. Umgestaltungen, Neue-
rungen und Fortschritt gehen hier sonst keinen sehr beschleu-
nigten Gang. Und doch sind Werke, wie solche in der sogenannten civilisirten Welt nicht in einem Menschenalter ins Leben
gerufen werden können, unter der Regierung des Chediw während eines Zeitraumes von wenigen Jahren geschaffen worden.

Freilich war es mir nur gestattet, einen höchst oberfläch-
lichen Blick auf einen kleinen Theil aller der neuen Schöpfungen
der rastlosen Thätigkeit, Umsicht und Energie des Vicekönigs
zu werfen.

Als der Chediw im Jahre 1863 zur Regierung gelangte,
bestand das Reich aus den Provinzen Egypten, Nubien, Takah,
Senar und Kordofan. Hierzu kamen nach und nach die Küsten-

länder des Rothen Meeres zwischen Sauakin, Masaua und Bab el Mandeb; ferner das Bogos-Gebiet und dasjenige der Adelstämme; der herrliche Hafenplatz von Berberah;[1] Calabat und ein großer Theil der seither neutralen Bezirke südöstlich von Takah wurden einverleibt, das ganze Gebiet des Weißen Nil tributär gemacht, endlich Dar For mit Waffengewalt bezwungen. Mit all diesen Eroberungen sind übrigens die Grenzen des neuen Reiches noch nicht geschlossen. Die nächste Zeit kann schon die Kunde von weiteren beträchtlichen Gebietserweiterungen bringen. Hierdurch hat sich der Vicekönig ungeheure Hülfsquellen erschlossen. Um sie auszubeuten, ihren Besitz zu sichern und die neuen Provinzen in jeder Richtung zu erforschen, sind Tele=graphenlinien errichtet worden, welche die entferntesten Punkte mit der Hauptstadt in Verbindung setzen, und zahlreiche Expe=ditionen ausgesandt, welche die Natur und Beschaffenheit der Erzeugnisse und des Bodens erkunden. Ein regelmäßiger Verkehr durch Dampfer, welche Eigenthum der Regierung sind, ist sowohl auf dem Mittelmeer als auf dem Rothen Meer ins Leben getreten, ebenso auf dem Nil südwärts bis gegen den 4. Grad nördlicher Breite, also auf eine Linie von mehr als 1500 nautischen Meilen.

Das Eisenbahnnetz Unteregyptens, welches neben dem Canal von Sues das Rothe und das Mittelmeer verbindet, wird süd=wärts durch die Provinzen Siut und Asuan, durch Batn el Hadjar, Sukot und Dongolah fortgesetzt, und soll demnächst die Baiudah=Steppe bis Verber durchschneiden.

Der heillosen Wirthschaft der Sclavenjäger im Gebiet des Abiad ist ein Ziel gesteckt; der Menschenhandel thatsächlich ab=geschafft. Zur Aufrechthaltung der Ordnung und Sicherheit sind starke Militärcolonnen nach Darfor und nach dem Bahr el ghazal und oberen Kir vorgeschoben, die ständig neue Zufuhr erhalten.

---

[1] In neuester Zeit auch die Herrschaft Zela (Zeila).

Ein egyptisches Kriegsschiff liegt im Hafen von Berberah und droht den wilden Somalen bis nach dem Cap Guardafui hinüber, und dem allem fremden Verkehr verschlossenen Freistaat Harar den Verlust ihrer Unabhängigkeit. Wir wissen nicht, ob auch die herrlichen und reichen Staaten Kafa, Narea und die Galaländer bald unterworfen werden sollen, können einen solchen Plan aber schon im Interesse der afrikanischen Wissenschaften von ganzem Herzen wünschen, denn auch für letztere ist mit der Regierung des Chediw eine neue Aera angebrochen.

Mein Aufenthalt in Egypten war viel zu flüchtig, um jetzt hier über die zahlreichen Umgestaltungen in Bezug auf innere Administration Eingehendes berichten zu können.

Zahlreiche und weitläufige, noch vor Kurzem vollkommen veröbete Strecken Landes sind der Cultur heimgegeben; Ca= näle, Brücken, Straßen erbaut, und aus unansehnlichen, schmutzigen Lehmhüttengehöften der Felahin (Bauern) sind blü= hende Ortschaften und Städte erstanden.

In auffallender und vortheilhafter Weise hat sich Alexandrien vergrößert und erweitert, noch mehr aber Cairo, dessen Altstadt nun durch breite grade Straßen durchschnitten wird. Manches düstere Quartier ist in einen öffentlichen Platz umgewandelt, auf dem be= reits schattenspendende Bäume grünen; Reihen von Palästen mit Arkaden und großartigen Schaufenstern erheben sich um die Ezbekieh mit ihren paradiesischen Gartenanlagen, namentlich aber in der Richtung nach Bulaq und Alt=Cairo. Die Hauptstadt hat jetzt drei Theater und ein Hippodrom, während für sämmtliche Ministerien besondere Prachtbauten aufgeführt worden sind.

In der Frühe des 9. Januar fuhr ich mittelst Eisenbahn nach Cairo, wo ich im Hotel Zech mit meinem Gefährten zusammentraf, der indeß mit Hülfe eines Landsmannes die Aus= rüstung zur Reise nach dem Rothen Meer eifrigst betrieb. Schon in Alexandrien hatte ich dem Verweser des deutschen General=

consulats, Herrn v. Thielau, meinen Besuch gemacht und ihm
mitgetheilt, daß ich mit besonderen Empfehlungen für den Chediw
versehen sei, welche ich womöglich persönlich zu überreichen
wünschte.

In zuvorkommendster Weise vermittelte unser Vertreter
die Audienz, welche uns schon am folgenden Tage von Seiner
Hoheit bewilligt wurde.

Herr v. Thielau hatte die Güte, Herrn Vieweg und mich
persönlich beim Vicekönig einzuführen, der uns in gnädigster
Weise empfing und — nachdem wir ihm unseren Reiseplan vor-
getragen — Befehle an die Gouverneure von Sues, Sauakin,
Masaua und Takah ausstellen ließ, uns jeglichen Vorschub zu
leisten.

Die Unterhaltung wurde meist in französischer Sprache
geführt, während der Chediw mir scherzweise verschiedene arabische
Fragen vorlegte. Er erwähnte namentlich seiner Expeditionen
am oberen Abiad, in Darfor und an der Somalküste und deren
Ergebnissen, sowie seine Pläne, die neuerworbenen Ländergebiete
auch der Wissenschaft zugänglich zu machen. Ich konnte mich
nicht enthalten, mein Staunen über die eingehendsten Kenntnisse
Sr. Hoheit in Bezug auf die geographischen und topographischen
Verhältnisse der entferntesten Provinzen auszudrücken, sowie über
die bewunderungswürdige einheitliche Leitung und das systema-
tische Zusammenwirken aller bei diesen gewaltigen Unternehmungen thätigen Kräfte.

Der Vicekönig ist im wahren Sinne des Wortes „Regent"
seines unermeßlichen Reiches. Sämmtliche Regierungsgeschäfte
gehen unmittelbar durch seine rastlos thätige Hand, er selbst
entwirft alle Pläne für seine Schöpfungen, und dem Project
folgt auch unmittelbar die Ausführung, bei der keine Schwierigkeiten und Opfer in Betracht kommen; durch kluge Politik hat
er in Kurzem errungen, wonach seine Vorfahren vergeblich

gestrebt haben, eine von der Pforte factisch unabhängige Stel=
lung und die Sicherung der Thronfolge für seine Nachkommen.

Aber auch in seinem Wesen ist der Chedive eine hervor=
ragende Erscheinung, von eben so feinen und einfachen Formen,
als eleganter und ungezwungener Conversation. In edelmüthiger
Weise werden gemeinnützige Unternehmungen von ihm unter=
stützt und gefördert, nicht aber riesige Summen sinnlos ver=
schwendet. Der Schwarm von Schwindlern, die den Hof seiner
Vorgänger umgaben, und in allen möglichen Formen, durch unglaub=
liche Processe, Commissionen, Bettel und Betrug sich bereicherten,
ist verschwunden. Ismail Bascha ist Finanzmann und versteht zu
rechnen, aber auch mit wahrhaft fürstlicher Pracht zu repräsentiren.

Wir hatten nicht Gelegenheit, militärische Schauspiele in
Augenschein zu nehmen, aber die einzelnen Truppenabtheilungen,
denen wir begegneten, machten den Eindruck, daß das Heerwesen
keineswegs vernachlässigt werde. Der einzelne Soldat ist an
strammeres, mehr sauberes und anständiges Auftreten gewöhnt,
die Uniformirung prunkloser und weit zweckmäßiger als früher.
Die Bewaffnung der Infanterie besteht in Remington=Gewehren
von vorzüglicher Arbeit.

Die Cavallerie wird meist mit egyptischem Landpferdschlag
beritten gemacht. Arabische Pferde edelster Rasse sahen wir
überhaupt nur selten, dagegen sind namentlich beim Hof jetzt
viele hoch elegante und schön zusammengestellte englische Wagen=
pferde eingeführt worden.

Unser Aufenthalt in Cairo war von so kurzer Dauer, und
ich durch Abschluß der Vorbereitungen zur Reise nach dem Süden
derart in Anspruch genommen, daß ich kaum Zeit fand, einige
meiner nächsten Bekannten aufzusuchen, und den vor Kurzem
von seiner denkwürdigen Expedition durch Centralafrika zurück=
gekehrten Dr. Nachtigal kennen zu lernen.

Am Tage nach meiner Ankunft erschienen einige Beduinen

Antifen= und Curiositätenhändler, meine alten Schlangenfänger und ein Schwarm von Eselsjungen, um mich zu begrüßen und ihre Dienste anzubieten.

Schon am 11. Januar brachen wir nach Sues auf. Es war ein recht frischer Morgen, als wir zum Bahnhof hinausfuhren. Unsere in mindestens 36 Kisten und Koffern bestehende Ausrüstung war auf vier bis fünf Monate berechnet; sie füllte einen ganzen Packwagen.

Die frühere directe Eisenbahnlinie zwischen Cairo und Sues ist jetzt nicht mehr im Betrieb; die neue führt durch reiches Culturland nordwärts bis Zaqaziq, dem alten Bubastis, dessen mächtige Schutthügel weithin sichtbar sind. Hier trifft die Bahn mit dem Schienenweg von Alexandrien zusammen und nimmt dann erst östliche Richtung an, meist dem Süßwasser=Canal folgend, bis Ismailia. Von Tel el kebir an wird die flache Gegend kahler. Nur einzelne Niederungen und Brüche, sowie magere Weide und wenige künstlich bewässerte Grundstücke unter= brechen das Wüstenland und die mit Tamarisken eingesäumten Teiche von Brackwasser, auf denen sich zahlreiche Ketten von Wildenten herumtrieben.

Einzelne cultivirte Stellen in der Nähe von Ismailia aus= genommen, ist die Strecke von da bis Sues ebenfalls Wüsten= boden; zur Linken bleiben die glatten Spiegel der Bitterseen und das Birket Temsah, zur Rechten mehrere Hügelgruppen, die sich im Süden an die kühnen Formen des Moqatam= und Ataqah= Gebirges anschließen.

Die Nacht war längst hereingebrochen, als der Zug endlich den Bahnhof von Sues erreichte.

Der deutsche Vice=Consul, Herr Maier, war so freundlich, uns an der Station zu erwarten und am kommenden Morgen unsere Angelegenheiten auf der Douane und im Bureau der Dampfschiffverwaltung zu betreiben.

In Sues wurden schließlich noch einige Einkäufe gemacht, namentlich an Lebensmitteln für die Dauer der Reise nach Sauakin, wo erst die verschiedenen Vorräthe, die von Cairo aus mitgenommen worden waren, geordnet und dem Koch überantwortet werden konnten.

Herr Vieweg hatte einen europäischen Diener bei sich, in Cairo nahmen wir dagegen noch einen Verberiner mit Namen Abd-Allah, der uns speciell als Reisekoch empfohlen worden war, in Dienst.

Sues hat bekanntlich keinen natürlichen Hafen und ist die Rhede überdies weit von der Stadt entfernt und von ihr durch eine lange Landzunge und aufgefüllten Meeresboden getrennt, auf dem jetzt schöne Schiffswerften angelegt sind. Von letzteren führt ein Schienenweg auf den Bahnhof.

Auf der Rhede lag auch der Postdampfer Hodeidah vor Anker, auf welchem wir uns einzuschiffen gedachten. Das Gepäck wurde auf einer Segelbarke dahin befördert, wir konnten ein kleines Dampfboot benützen, welches den Dienst zwischen den Schiffen und dem seichten inneren Hafen nordöstlich an der Stadt besorgt.

Was den Sues-Canal betrifft, so ging ein großer Theil der Actien, welche Eigenthum des Vicekönigs waren, in die Hände der englischen Regierung über. Die Frequenz soll stets im Steigen begriffen sein und bereits ein durchschnittlicher Gesammt-Ertrag von $2\frac{1}{2}$ Millionen Francs monatlich erzielt werden.

Der Chedive besitzt 10 Dampfer, welche den Postdienst zwischen Sues und der arabischen und afrikanischen Küste des Rothen Meeres besorgen. Sie legen in Jenboh, Djedah, Sauakin und Majaua an. Der Verkehr zwischen beiden Ufern war übrigens derzeit unterbrochen, indem in den arabischen Hafenplätzen epidemische Krankheiten herrschten. Schiffe, die von Djedah nach Sues kamen, hatten dort eine längere Quarantäne zu bestehen.

Sonst geht die Post alle 14 Tage dahin ab, nach Masaua je nach 21 Tagen.

Die Dampfboote sind meist älterer Construction und keine Schnellsegler, aber sonst in ganz gutem Stand erhalten[1] und durchgehends nicht so schmutzig und vernachlässigt, als Maltzan sie schildert.[2]

Auf der Hodeidah trafen wir mit dem Grafen W. Zichy zusammen, den wir schon in Cairo kennen gelernt hatten. Derselbe beabsichtigte nach Masaua zu gehen und von dort aus eine Reise über Qalabat nach den Gala-Gebieten zu unternehmen, nachdem er bereits im vergangenen Jahre die südlichen Küsten des Rothen Meeres und Berberah besucht und die nöthigen Erfahrungen zu seiner schönen Unternehmung gesammelt hatte.

Der Commandant des Dampfers, Abdallah Efendi, kam uns Allen mit größter Freundlichkeit und Rücksicht entgegen und sorgte nach Kräften für sämmtliche Bedürfnisse.

Für einen europäischen Reisenden haben die Postschiffe des Rothen Meeres das Unangenehme, daß an Bord kein Tisch gegeben wird und ersterer somit genöthigt ist, seine Lebensmittel

---

[1] Was die Fahrpreise anbelangt, so bezahlt der Passagier von Sues bis Sauakin 1. Classe 910, 2. Classe 340, 3. Classe 240 egyptische Piaster, für die Rückfahrt dagegen 1215, 455 und 320 Piaster. — Die Preise zwischen Sues und Masaua belaufen sich auf 1250, 400 und 320, für die Rückfahrt auf 1630, 615 und 430 Piaster. — Für Waarentransporte von Sues nach Masaua bezahlt man je nach Qualität und Raum derselben 17 bis 25 Piaster pro Centner.

[2] Reise nach Süd-Arabien S. 31. Seit Maltzan's Fahrten müßte sich — wenn derselbe wirklich wahrheitsgetreue Schilderungen der Zustände der Dampfschifffahrtsgesellschaft giebt — Vieles wesentlich zum Vortheil verändert haben. Eben so wenig ist jetzt von Paß-Plackereien gegenüber den Reisenden und deren Dienern die Rede. Sie haben auch vor Maltzan's Fahrten, so viel mir bekannt, nicht stattgehabt; ich wenigstens bin in den Jahren 1850, 1851, 1856, 1857, 1861 und 1864 niemals auf erhebliche Schwierigkeiten gestoßen, wenn ich mit den egyptischen Zoll- und Schiffsbehörden in Sues zu thun hatte.

mit sich zu führen. Man kann jedoch unter Umständen mit dem
Schiffskoch ein Uebereinkommen treffen. Ueberdies ist ja die
Fahrt von verhältnißmäßig kurzer Dauer und jeder Dampfer
hat einen Oahuadji (Kaffee-Bereiter) an Bord, der stündlich
seinen vortrefflichen schwarzen Trank zu reichen bereit ist und
unter der Hand auch andere Erfrischungen bieten kann, namentlich Früchte, Wassermelonen und Limonade.

Wir beschlossen, im Verein mit Graf Zichy gemeinschaftlich Küche machen zu lassen.

Um unser vorgestecktes Ziel, die Gebirge östlich vom
Barkah-Strom, zu erreichen, blieb uns die Wahl zwischen zwei
entgegengesetzten Wegen. Wir konnten in Suakin landen und
von da aus die Tour nach Süden bis Masaua unternehmen
oder umgekehrt.

Ich schlug Herrn Vieweg vor, Suakin als Ausgangspunkt
zu wählen, aus dem einfachen Grunde, da wir für die weit
längere Tour im Tieflande jetzt, im Monat Januar, noch auf
angenehmere, kühlere Tage rechnen konnten, während die Straße
aus dem Gebirg nach Masaua nur zwei Tagemärsche in Anspruch
nimmt. Doch wollten wir uns erst nach der Ankunft in Suakin
definitiv für die eine oder andere Route entscheiden, wenn wir
uns überzeugt haben würden, daß dort mit Sicherheit auf die
nöthigen Transportmittel zu rechnen sei.

An Bord befanden sich kaum 30 Passagiere, meist Türken
und Kurden, aber auch mehrere Europäer, darunter ein Deutscher,
ein Gehülfe der Thierhandlung Reiche in Ahlfeld, der die Absicht
hatte, einen Kameraden in Takah abzulösen.

Unsere Fahrt nach Suakin war eine sehr günstige. Ein
steifer Nordwind wehte unausgesetzt und beförderte wesentlich
den Gang des etwas schwerfälligen Fahrzeuges.

Während der Reise längs des Golfs von Sues bleiben
die Küsten der sinaitischen Halbinsel sowohl als die gegenüber-

liegende afrikanische stets nahe in Sicht. Die malerischen Ge=
birge zeigen je nach ihrer geologischen Bildung höchst ver=
schiedenartige Contouren und Steilabfälle nach dem Ufer zu.
In der Nacht vom 13. zum 14. Februar passirte die Hodeidah
die Meerenge von Schednau, in der kommenden den Leucht=
thurm von Abu el Dezan. Die Küsten wichen mehr zurück und
die arabische kam bald ganz außer den Gesichtskreis.

Am Vormittag des 15. näherte sich der Dampfer der bei
Ras Benas, unfern der alten Hafenstadt Berenice, etwas vorsprin=
genden Küste; 30 Meilen südöstlich davon erhebt sich die Felsinsel
Seberdjit oder Zemerdjit, mit ihrem 700 Fuß hohen, spitzigen,
kegelförmigen Pick, von dem aus einige niedrigere Grate nach
Nord verlaufen. Die senkrecht abfallenden Uferklippen bestehen
aus sehr lichtgefärbten Bänken, wahrscheinlich von Madreporen=
kalk, während die höher gelegenen Theile einen dunkler röthlich=
bis violett=bräunlichen Ton haben, der so wie die zackigen Kanten
und scharfen Gipfel auf Urgebirgsformation schließen läßt.

Etwa 4 Meilen südöstlich von der Insel liegt ein flaches,
mauerartiges Korallenriff.

Zemerdjit dient nicht nur den Küstenfahrern als weithin sicht=
bare Seemarke, auch die von Indien kommenden Postschiffe nehmen
von der Höhe von Mocha aus directen Cours nach derselben.

Die Insel war bereits den alten Geographen bekannt.
Strabo (Lib. XVI) berichtet, daß nach der „faulen Bai" (Sinus
immundus, an dessen Westseite die Stadt Berenice troglodytica
gelegen war) in südlicher Richtung die Schlangeninsel folge; welche
Ptolemäus von den Kriechthieren, der sie ihren Namen verdankte,
befreien ließ, um die dort vorkommenden Topase zu sammeln.
„Es ist dies ein durchsichtiger, in goldenem Glanze strahlender
Stein, der am Tage nicht gut aufzufinden ist, denn sein Licht
wird von dem der Sonne überstrahlt; zur Nachtzeit aber sehen
ihn die Sammelnden . . . ."

Nach neueren Berichten soll die Formation aus vulcanischen Gebilden bestehen, doch scheint diese Angabe unbegründet. Jedenfalls wäre eine Untersuchung der geologischen Verhältnisse von Zemerdjit gewiß von hohem Interesse.

Den alten Egyptern war der Topas nicht fremd, doch kommt dieser Stein verhältnißmäßig selten als Mumienschmuck vor. Die wenigen Stücke, welche ich sah, sind in sehr sauber gearbeitete Scarabaeen verwandelt, deren einer den Königsnamen Sebek trägt. In den Gebirgen westlich von Berenice troglodytica finden sich Smaragdgruben, welche schon zur Zeit der Restauration des egyptischen Reiches, nach Vertreibung des Hykschas, bekannt waren, und auf die vielleicht damals schon Bergbau betrieben wurde. In der Nähe der Gruben liegen die Ruinen der alten Stadt Senskit.

Die dortige Ausbeute von Smaragden und namentlich an Beryllen muß eine ganz außerordentliche gewesen sein, denn diese Steine sind in Menge und zum Theil in sehr großen und schönen Exemplaren in Mumiengräbern vorhanden. Die Berylle brechen in mächtigen Quarzgängen. Um den Tempel von Berenice troglodytica, den ich im Jahre 1857 besuchte, traf ich im Schutt von Töpferwaaren und Bauresten nicht wenige Bruchstücke dieses Edelsteins. Auch südlich von Masana und Amfila sollen Smaragde vorkommen, daher vielleicht der alte Name Balur für das jetzige Belul. (Vergl. Belzoni II. S. 35 und 76. — Henglin, Petermann's Geographische Mittheilungen, 1860, S. 333.)

Am Vormittag des 17. Januar kam endlich Sauakin in Sicht; bei sturmartiger Brise näherte sich der Dampfer der umrifften Küste. Drei pyramidale, mittelst Kalk getünchte Marken bezeichnen die Einfahrt zum engen Hafen. Einer blendend weißen, mit einigen scharfen Zinnen versehenen Mauer gleich, ragt die Inselstadt aus der falben Ebene, welche nur langsam und sehr gleich-

förmig zum Fuß der benachbarten, ziemlich fernen, scharf am
Horizont sich abzeichnenden Gebirge ansteigt. Auf der Landzunge,
die rechts den Hafencanal abschließt, liegen die Ruinen eines
alten Forts. Nicht fern davon äßte sich ein Arab=Bock (Antilope Soemmerringii) und lauschte neugierig dem Brausen des
Dampfkessels unseres Fahrzeuges, das 10 Minuten später an
der Südspitze der kleinen Insel Schech Abdallah, einen starken
Kilometer von der Stadt selbst entfernt, vor Anker ging.

Zugleich stellten sich einige Barken ein, mit welchen der
Gouvernements=Verweser Ahmed Efendi, sowie die Zoll= und
Postbehörden an Bord fuhren. Nach kurzer Rücksprache mit
Ersterem erhielt ich die Versicherung, daß unsere Weiterreise zu
Lande über To=Kar und Agiq ohne besondere Schwierigkeiten
ausführbar sei, und daß wir auch auf einen verläßlichen Führer
rechnen dürften. Zugleich versprach Ahmed Efendi, eine Wohnung
in der Nähe des Hafens als Absteigequartier für uns herrichten
lassen zu wollen.

Am Abend veranstalteten wir in Begleitung des Grafen
Zichy eine Jagdpartie um die Insel, bei welcher Gelegenheit
Letzterer einen Flamingo erlegte.

Auf den 18. Januar fiel der Beiram; doch lag der Aus=
schiffung unseres Gepäckes nichts im Wege, so daß wir mit
Sonnenuntergang bereits unsere neue Behausung, unmittelbar
gegenüber dem Regierungsgebäude, bezogen hatten, nachdem die
nöthigsten Geräthschaften, als Bettstellen (Angareb), Wasserbehälter
und Wasser, sowie Feuerungsmaterial für die Küche herbeigeschafft
worden war.

Die Provinz Sauakin wurde im Jahre 1866 zugleich mit
Masaua von der Pforte dem Chediw von Egypten abgetreten.

Der Ort selbst besitzt einen sehr geschützten, jedoch nicht gar ge=
räumigen Hafen mit enger Einfahrt. Im Innern desselben erheben
sich zwei flache Madreporen=Inseln, auf der größeren, südlicher

gelegenen die Stadt selbst. Sie ist durch Fähren mit dem nahen
Festland und der ziemlich volkreichen Vorstadt Oef in steter Verbindung. Eine kleine Meile westlich von Oef befinden sich
Brunnengruben, welche stets Wasser führen, das übrigens ziemlich brack ist. In günstigen Wintern füllt sich auch ein großer
Regenwasserteich südlich von Oef. Letzterer Ort besteht fast ausschließlich aus Strohhütten mit giebelförmigen Dächern, Sanakin
dagegen besitzt mit wenigen Ausnahmen stattliche steinerne
Häuser in arabischem Stil, theilweise nicht ohne Geschmack aufgeführt und mit zierlichem Schnitzwerk und Ornamenten von
Stuck versehen. Die wenigen Moscheen sind mit niedrigen Mi-
narets gekrönt. Im Regierungsgebäude, welches hart am Meer
erbaut ist, befindet sich zugleich die Douane, sowie das Gefäng-
niß und eine kleine Garnison. Einheimische Barken können unmittelbar am Damm der Zollstätte vor Anker gehen. Außerdem
hat Sanakin noch eine Salzniederlage, welche Eigenthum des
Staats ist, sowie eine Quarantäne und andere Magazine, die
auf der benachbarten Insel Schech Abdallah angelegt sind. Letztere dient theilweise als Begräbnißplatz, und findet man dort,
sowie zu beiden Seiten des Hafens noch Spuren unterirdischer,
gemauerter, theils auf Säulen ruhender Cisternen, die auf ein
hohes Alter der Niederlassung hinweisen. Man hat Suche, das
Castell des Suchus, dessen Strabo erwähnt und welches landeinwärts von der Sabäitischen Mündung erbaut war, nach Sanakin verlegen wollen. Ich werde später Gründe anführen, nach
welchen der Ort südlicher zu suchen ist. Vielleicht war Sanakin
das alte Ptolemais Pheron. Ganz unpassend scheint mir die
Annahme, das Suchim der Bibel (II. Chron. 12, 3.) mit diesem Suche zu vereinigen. Die Suchim müssen eine beträchtliche
Völkerschaft gewesen sein.

Eine Telegraphenlinie verbindet jetzt Sanakin mit Kasalah,
wie denn auch ein beständiger und sehr lebhafter Karawanenverkehr

mit den Provinzen Senar, Qalabat, Takah, Chartum und Berber unterhalten wird. Takah, wohl die reichste Provinz von Ost=Sudan, liefert namentlich Getreide, Baumwolle, Butter, Schlacht=vieh und Häute, sowie eine untergeordnete Qualität Gummi; in neuerer Zeit kommt endlich ein neuer Handelszweig sehr in Aufschwung, nämlich der mit Thieren für die zoologischen Gärten von Europa und Amerika, welcher von einigen deutschen Unter=nehmern betrieben wird.

Aber auch viele Producte des Baher el abiad und von Korbo=fan nehmen ihren Weg über Chartum, Berber und Suakin, selbst wenn sie für Egypten bestimmt sind, da für den Transport durch die Wüste zwischen Berber und Korosko oder Asuan nicht selten Mangel an Kameelen eintritt und weil die Versendung von Berber nach Suakin und von da mittelst Dampfboots bis Sues weniger Zeit in Anspruch nimmt als diejenige auf dem directen Weg über Asuan.

Auch die Handelsbeziehungen zwischen Suakin und den gegenüberliegenden Hafenplätzen sind nicht minder wichtig, vor=züglich zur Zeit der Pilgerfahrten nach Mekah und Medinah, und wegen der beträchtlichen Getreidezufuhr des egyptischen Reiches nach der arabischen Küste.

Die ursprünglichen Bewohner von Qef und Suakin ge=hören zum Stamm der Begah oder Beduan, welche eine von der arabischen vollkommen verschiedene Sprache reden, das Be=gauieh oder To=bedaui.[1] Dieselbe steht auch mit den äthiopischen Mundarten in keiner Beziehung.

---

[1] Vergl. Petermann's Geogr. Mitth. 1860, S. 347, und ebendas. 1864, Ergänzungsheft Nr. 14, S. 9 bis 12. — Geheimrath Prof. Lepsius erklärte früher (Monatsber. der kgl. Akademie Berlin, Nov. 1844) die Bedjah-Sprache für einen Zweig der alt-äthiopischen (nicht zu verwechseln mit dem zum semitischen Sprachstamm gehörigen Geez, der in Habesch und bei den Beni Amer in ver=schiedenen Mundarten fortblüht), die einst im Meroitischen Reiche üblich war,

Die Bewohner, deren Anzahl ich auf höchstens 4000 Köpfe veranschlage, leben von Viehzucht, Handel, Schifffahrt und Kameel=frachten. Andere sind Fischer und Bootsführer. Auch hat der Ort einigen Schiffsbau, die wenigen übrigen Gewerbe liefern Schmiedearbeiten, etwas Silberschmuck, Woll= und Baumwollstoffe.

Während der heißesten Jahreszeit, wo im Gebirge Regen

---

während Brugsch=Bey (Zeitschr. für allgemeine Erdkunde, Neue Folge, Bd. XVIII, S. 1 flgd.) nachweist, daß die Barabra=Dialekte in Zusammen=hang mit letzterer stehen. Wenn ich mich nicht irre, geben die Ababdeh, ein zahlreicher Stamm, welcher südlich von Kom Ombo ansässig, der aber zum größten Theil ausschließlich Hirtenvolk ist und die Bergdistricte zwischen Assuan und dem Rothen Meere inne hat, sich für eingewanderte Araber aus dem Hedjaz aus. Diese Ababdeh nun, namentlich der paganisirende Theil derselben, gleichen in ihrer heutigen Erscheinung vollkommen den Bischarin und den Bedjah überhaupt, sie sprechen jedoch unter sich einen Dialekt des Berberieh, des Robinga oder Robena. Die Meroiten und ihre Nachkom=men, die Barabra (Sing. Berberi, wohl von der Provinz Berber am oberen Nil), die Nuba und Schaigieh und, wie gesagt, die Ababdeh, welchen diese Mundart in drei oder vier verschiedenen Dialekten eigenthümlich ist, gehören wohl einer kaukasischen Rasse an, die aber in Kordofan eine starke Mischung durch Negerblut erhalten hat, was auch in ihrer Sprache (Nuba) zu Tage tritt. Die Bedjah sind ohne Zweifel gleichfalls kaukasischen Ur=sprungs, das Bedjanieh weicht jedoch derart, sowohl im Fluß und Klang, als auch in den Wurzelwörtern und der ganzen Construction, vom Robena ab, daß an eine Verwandtschaft beider Sprachstämme nicht zu denken ist. Nur einige wenige Anklänge in Nuba=Wörtern an die Geez= und Bedjah=Sprache habe ich gefunden, wie denn auch viele arabische Bezeichnungen in beide aufgenommen sind. So heißt das Kameel auf Nubeïa Kam (mit Artikel Kam=gi), auf Bedjanieh Oam (mit Artikel O=Oam); Hund Nub. Wel=gi, amharisch der wilde Hund Walgié; Enda (Nub.) Volk = Endoa Bedj.; Vater Nub. Ambab = Bedj. Babo; Hyäne Nub. Dib=gi (vielleicht vom Arabischen Dib, der Wolf), Tigr. Dschib, Geez Seb; demenu Nub. = Bedj. temenu (die Zahl 10) ꝛc.

Aber auch das Bedjanieh zerfällt in verschiedene Dialekte, die unter sich nicht geringe Abweichungen zeigen. So hängen, wie mir schien, die Hadendoa den Artikel dem Hauptwort an, während die Halenga denselben vorsetzen. Der Hadendoa sagt Naë=to, das Feuer, der Halenga To=Naë; der Letztere To=Endi (das Eisen), O=Halai (das Pferd), O=Hindi (der Baum), To=Feua

fallen (August bis November), zieht der größte Theil der Saua-
kiner nach der O-Kuak- oder Sinkat-Oase, etwa 36 Meilen
westsüdwestlich in den Gebirgen gelegen, wo sich treffliches Trinkwasser und schöne Weideplätze finden.[1] Gleichzeitig strömen dort
die Hirtenvölker der Gegend zusammen und es entwickelt sich
dann einiger Austausch von Landesproducten und eingeführten
Waaren.

Der regste Verkehr findet zwischen Sauakin und Djedah

(die Lauze) :c., der Hadenboa dagegen Enti-to, Hatai-o, Hinbi-wo, Fena-
to :c. :c.

Das Bedjah-Jbiom wird nicht nur von den Bischariab, Hadenboa
und Halenga und deren zahlreichen Stammverwandten gesprochen, sondern
zum Theil auch im oberen Barkah und in Algaben, während den Halenga
auch das Tigrié oder Chasieh gleich geläufig ist.

Ehemals mögen die Wohnsitze der Barabra sich auf das Nilthal zwischen
Ajnan und Berber beschränkt haben. Sie lebten von Viehzucht und Ackerbau
und besaßen feste Ansiedelungen. Jetzt haben sie sich nach allen Himmelsgegenden hin ausgebreitet. Viele derselben dienen in Egypten als Thür-
hüter, Pferdewärter, Matrosen, Köche; ein anderer Theil der Bevölkerung
beschäftigt sich mit Kleinhandel im ganzen östlichen Sudan; schon vor 20
bis 30 Jahren gab es Berberianer in Senar, Fazoql, bei den Schiluk, in
Teqelch und in Darfor. Colonien eigentlicher Berberianer und der Schai-
qich (welch letztere sich allerdings als eingewanderte Araber betrachten,
jedoch unter sich nur das Nobenia reden), giebt es längs des Blauen Flusses,
am Atbarah und Oasch, im Oalabat und am Ufer des Abiad südwärts bis
zu den Schiluk-Inseln; ja selbst in Fadasi haben sich viele Stammgenossen
niedergelassen, die, um dem Militärdienst zu entgehen, ihre Heimath auf
immer verließen.

Die ersten eingehenden Nachrichten über die Handelsexpedition im
Südwesten von Kordofan erhielt ich im Jahre 1853 durch Berberiner Dje-
laben, welche theils von Fascher in Dar For, theils von Obeid in Kordofan
über Hoferet el Nahas bis Telganna und Kerasch vorgedrungen waren.

Die Barbara, welche sich bis in das 8. Jahrhundert der Hedjrah zum
Christenthum bekannten, sind meines Wissens der einzige Volksstamm, bei
dem eine vollkommene Circumcision der Mädchen üblich ist. Dieser Gebrauch
scheint schon sehr alt und wird auch auf junge Sclavinnen übertragen.

[1] Vergl. Heuglin, Reise nach dem Gebiet des Weißen Nil 1862 bis
1864, S. 277.

2*

statt, sowohl mittelst der Dampfboote der Regierung als mittelst einheimischer Barken, die je nach ihrer Größe Baghlah, Sajah, Sari und Sanbuk heißen.[1] Nur die erstgenannte Form besitzt ein vollkommenes Deck.

Der eingeborene Schiffer meidet so viel als möglich die hohe See und hält sich meist hinter den längs der Küste hinlaufenden Riffen. Barken, welche für Djedah bestimmt sind, segeln daher von Suakin ab nordwärts am Ufer hin; jede Nacht wird hinter einem Korallenriff oder in einem Hafen beigelegt. Ist der nächst gegenüberliegende Ankerplatz erreicht, so wartet man dort guten Wind ab und sticht zumeist gegen Abend in See. Die Ueberfahrt währt dann gewöhnlich 30 bis 40 Stunden.

Man benannte mir nachstehende Ankerplätze zwischen Suakin und Ras Ranaï:

Mirsah Musurkuaï. — Damat el dabeni. — Damat el maheri. — Ata. — Amed. — Dgeziret Abdallah mit gutem, tiefem Hafen, in welchen das Thal von O-Knak oder Abid mündet. — Ain Haris. — Danaratib. — Mirsah Schech Borghut mit trefflichem, weitem Hafen. — Quiaï. — Helot. — Mirsah Derur mit schönem Hafen. — Mirsah Abu Dursen oder Abu Durseb. — Mirsah Arus. — Mirsah Fedjah. — Dara oder Dera. — Aueitera oder Aueitir. — Arakiaï oder Araqiaï mit dem Thal Ed, das zwischen Aueitera und Arakiaï mündet. — Derbante. — Klein-Salaq. — Groß-Salaq. — Debateb oder Zabateb el atschtau. — Debateb el roian. — Meqafel el sogheïer. — Meqafel el kebir. — Abaiteb. — Tekeberat. — Qarbanaït. — Mirsah Dongoleh mit Salinen. — Ghubet Schenab. — Ras Ranaï.

---

[1] Die richtige Orthographie dieser Benennungen kenne ich nicht. Ueber die Einrichtung und den Bau dieser Segelboote vgl. Heuglin, Petermann's Geogr. Mitth. 1860, S. 31 und 32.

Arabische Fahrzeuge.

I. Seite 20.

Unfern Meqefel liegen die Makuar-Inseln, von denen aus
die Segelbarken, welche nach Djedah bestimmt sind, gewöhnlich
auf hohe See ausgehen.

Die Ankerplätze südlich von Sauakin bis zum Golf von
Aqiq heißen:

Mirsah Entabib. — Mirsah Leqaqhindi. — Mirsah Schech
Haidub. — Mirsah Schech Habinu mit Regenstrom. — Mirsah
Schech Sad. — Insel Seranah. — Insel Haui. — Ras Moq=
tam. — Insel Melakiat. — Mirsah Trinkatat. — Schab
Trombo. — Qota Kanascheh. — Ras Aziz.[1]

In der Nähe von letzterem Vorgebirge soll sich noch ein
Hafenplatz Baher Dolam mit Regenstrom finden. Im Allgemei=
nen nennen die arabischen Schiffer die tiefe See wegen ihrer
dunklen Farbe Baher Dolam, im Gegensatz zum lichtgrünen
Wasser der Korallenriffe und seichteren Buchten.

Aller Verkehr mit der arabischen Küste war zur Zeit unseres
Besuches des Rothen Meeres durch eine Regierungsmaßregel
gänzlich aufgehoben. Die Sperre währte bereits sechs Monate,
und die hierdurch veranlaßte Geschäftsstockung machte sich
namentlich in Sauakin sehr fühlbar. Nur wenige elende ara=
bische Barken lagen im Hafen, außerdem ein kleiner Dampfer,
den ein Malteser commandirte und welcher gelegentlich auf
Sclavenhändler Jagd macht und überhaupt nur für den Küsten=
dienst in der Nähe bestimmt ist.

Mehr Leben veranlaßten die Transporte einer Menge von
Telegraphenmaterial nach dem Sudan, sowie verschiedene Sen=
dungen von Kriegsmaterial für die Expeditionen des Chediw nach
dem Weißen Nil und nach Dar For. Der große Kriegsdampfer

---

[1] Eine richtige Umschreibung der vorstehenden Eigennamen kann ich
unmöglich geben, indem die meisten der Bedjah-Sprache angehören, auf
deren Studium ich nur wenig Zeit zu verwenden vermochte.

Samanud hatte kurz vor unserer Ankunft eine Munitionscolonne
in Sauakin ausgeschifft und sollte jetzt wiederum nach Sues
auslaufen, um weitere Truppenkörper zu befördern. Eine be=
trächtliche Anzahl von Militärabtheilungen lagerte in der Nähe
der Brunnen Esch=Esch oder Schade.

Der Gouverneur von Sauakin Ali Abin=Bek[1] war in
Kasalah, wo derselbe in eine neue Stellung eintreten sollte. Er
kam jedoch schon am 18. Januar zurück und ließ es nicht an
eifrigen Bemühungen fehlen, für unsere Weiterreise und die Bei=
schaffung der hierzu nöthigen Transportmittel Sorge zu tragen.
Der Bek überließ uns seinen eigenen Führer (Delil), einen sehr
gewandten und kräftigen Neger, welcher alle Wege der weiten
Umgegend aufs Genaueste kannte.

Unser voluminöses Gepäck, namentlich die Mundvorräthe,
waren in Cairo in sehr unpraktischer Weise verpackt worden.
Auch die Packkisten entsprachen durchaus nicht dem Zweck. Es
handelte sich vorerst nun darum, die Provisionen gehörig zu ord=
nen, eine Anzahl von den zunächst nöthigen Mundvorräthen
besonders auszuscheiden, sowie Patronen anzufertigen, weil wir
die Vorsicht gebraucht hatten, keine geladenen Cartouches mitzu=
nehmen. Ein kleiner Theil der Provisionen endlich wurde direct
nach Masaua versandt.

Die Verhandlungen mit dem Vorstand der Kameelführer
zogen sich deshalb in die Länge. Alle eben in Sauakin anwesenden
Eigenthümer von Lastthieren waren in der Gegend von To-Kar
und Aqiq, wohin unser Weg führte, nicht bekannt und dieselben
weigerten sich Anfangs überhaupt, die Reise dahin zu unter=
nehmen. Schließlich entschieden sie sich aber doch zu unserem

---

[1] Bek, ins Arabische aus dem Türkischen übergegangen und gewöhnlich
Bey oder auch Beg geschrieben, ist der Titel höherer Civil= und Militär=
beamten, mit dem gewöhnlich das Prädicat „Saadetlnm", das unserem
„Excellenz" entspricht, verbunden wird.

Gunsten und ein Vertrag kam zu Stande. Demgemäß wurde Handgeld, bestehend in der Hälfte des ausbedungenen Fracht= preises, ausbezahlt. Zugleich besorgte ich die Anschaffung von Wasserschläuchen und den hierzu nöthigen Netzen, ebenso von Stricken zum Aufbinden des Gepäcks, und nahm zwei junge Leute aus Oef in unsere Dienste.

Sauakin, unter 19 Grad 7½ Minuten n. Br. und 37 Grad 22 Minuten östl. L. von Greenwich gelegen, wird von den in den nahen Bergen fallenden Sommerregen nur selten erreicht, dagegen fallen zur Winterszeit mehr feuchte Niederschläge, namentlich in den Monaten November und December. Auch während der ersten Zeit unserer Anwesenheit war der Himmel über Tag und Abends meist bedeckt, Gewitterwolken umschleierten häufig die Gebirge in der Richtung nach Sinkat zu. Die Nächte dagegen waren klar und der anhaltenden Nordwinde wegen kühl.

Die mittlere Temperatur betrug zu Ende Januar Morgens um 7 Uhr + 15° R., Mittags überstieg dieselbe selten 18°. Von Ende März an herrscht dagegen drückende, dumpfe Hitze.

Die wenige freie Zeit, welche mir blieb, verwendete ich auf kleine Excursionen im Hafen und dessen Umgebung. Die voll= kommen ebene Strandgegend besteht aus niedrigen Bänken von Meeressandstein und Madreporenkalk, nur Muscheltrümmer, Sand und Grus bedecken den salzigen, trockenen Grund. Die magere Vegetation besteht zumeist in Sodapflanzen, je nach der Oertlichkeit herrschen Dickblätter (Zygophyllum oder Suaeda) vor; in Einsenkungen, wo sich etwas Lehm und Damm= erde angesammelt, erheben sich verkrüppelte Akazien und Lycium-Büsche, welche mit Cissus hin und wieder kleine, geschlossene Gruppen bilden. Lycium erythraeum stand eben in Blüthe, ebenso eine Sena=Art. Auf ganz sterilem Grund trifft man vergesellschaftet die Jericho=Rose.

In der Nähe der Brunnengruben, wo sich mehrere kleine

Gartenanlagen befinden, die Gemüse, Gurken, Zwiebeln und Wassermelonen hervorbringen, erheben sich mehrere stattliche Sykomoren neben Baumwollstauden, Malvaceen und Calotropis; an einzelnen Stellen des seichten Strandes Buschwerk von Schora (Avicennia). Weit reichlicher gestaltet sich der Pflanzenwuchs mehr landeinwärts, wo namentlich Akazien und Hadjlidj eine hervorragendere Rolle spielen.

In der Strandebene bis zur Fluthmarke hin erschienen einzelne Arab-Antilopen. Im Busch zeigten sich ziemlich viele Hasen, um muhamedanische Gräber und auf sandigen Stellen verschiedene kleine, Höhlen bewohnende Nager; in verlassenen Wohnungen der Stadt selbst eine Fledermaus-Art (Taphozous) neben Stachelmäusen (Echimys) und Moschus-Spitzmäusen.

Weit reicher ist aber die Vogelwelt vertreten, besonders am Gestade und auf den durch die Ebbe trocken gelegten Sandbänken.

Dichte Flüge von Steinwälzern, Strandläufern und Regenpfeifern, welche hauptsächlich auf der Wanderung das Rothe Meer besuchen, theilweise hier aber auch als Standvögel hausen, durchwühlen den feuchten Sand und den Rand von Pfützen, oder sie streichen niedrigen Fluges, zirpend und pfeifend, von einer Lagune zur anderen.

Auf ruhigen, seichten Plätzen gehen schüchtern Brachvögel ihrer Nahrung nach. Verschiedene Reiher-Arten, namentlich der stattliche Riesenreiher und der Seereiher (Ardea goliath und Ardea gularis) finden einen Ueberfluß von Fischen, auf die der Vogel gewöhnlich ruhig stehend lauert; der Seereiher fischt übrigens nicht selten auch im Fluge. An den Stellen, wo sich ein schwarzer, schlammiger Sandboden gebildet hat, grübeln kleine Gesellschaften von Flamingos nach ein- und zweischaligen Muscheln und Seegewürm; neben ihnen laufen gehäubte Löffler (Platalea leucerodia) reihenweise an den vom leichten Wellen-

schlag noch erreichten Sandbarren hin, emsig den stets einge=
tauchten Schnabel hin und her bewegend.

Fern vom Ufer rudern gemächlich einige Schaaren röth=
licher Pelikane (Pelecanus rufesceus), während über dem freien,
tiefen Wasser unzählige Möven und Seeschwalben mit unab=
lässiger Verfolgung von Fischbrut beschäftigt sind.

Selbst einzelnen Singvögeln begegnet man in der Nähe
des Gestades, häufig sind weiße Bachstelzen, Haubenlerchen
und Gimpellerchen (Coraphites melanauchen), welche letztere
übrigens nur Oertlichkeiten mit trockenem, feinem Sandgrund
besuchen, wo sie gern wühlen und sich pudern. Auf steinigem
Boden und niedrigen Büschen von Salzpflanzen zirpen schwarz=
kehlige Steinschmätzer, im mageren Schatten der Gesträuche
haust ein Ziegenmelker, aus dem Akazienbusch schallt das sanfte
Schmatzen des weißbärtigen Sängers und der schnalzende Lock=
ton eines Staffelschwanzes (Drymocea gracilis).

Mehr um Klippen auf offener See hat sich der Fisch=Adler
angesiedelt; in der Stadt selbst zeigen sich weiße Aasgeier und
Schmarotzermilane; um die Brunnengruben Wüstenhühner, in
den nahen Bergschluchten Perlhühner und das niedliche Hay'sche
Steinhuhn (Ammoperdix Hayi).

Am Abend des 20. Januar hatte Ali Bek die Freundlich=
keit, uns zu einem glänzenden Souper zu laden, an welchem
alle Beamte der Stadt, sowie die Officiere der für den Sudan
bestimmten Truppenabtheilungen Theil nahmen. Die wohl=
besetzte Tafel war ganz in europäischer Weise hergerichtet und
wohl ein Dutzend Diener hatten stets für neue Speisen zu
sorgen. Auch an einer richtigen Auswahl von Getränken fehlte
es keineswegs. Nach Tisch theilte sich die Gesellschaft in ver=
schiedene Gruppen, deren einige das beliebte Triktrak spielten,
während die anderen bis in die späte Nacht in politischen Unter=
haltungen sich ergingen und wacker zechten.

Ali Bek ist ein biederer Tscherkesse, streng im Dienst, aber sonst von äußerst geradem, lentseligem Wesen und man bedauerte in Suakin allgemein seine Abberufung nach Takah.

Am Morgen des 25. Januar machten wir unsere Abschieds-besuche beim Gouverneur und dessen Stellvertreter. Der Hafen-capitän hatte indeß die nöthigen Boote besorgt, um die Reisenden und ihr Gepäck ans Festland bei Oef. überzusetzen, wo kurz nach Mittag die Kameele in Bereitschaft sein sollten, die dann auch wirklich sich nach und nach einstellten. Die Wasserschläuche waren bereits gefüllt und die Kisten mit Stricken zum Auf-binden versehen. Die Vertheilung des Gepäckes in die verschie-denen Traglasten verursachte wiederum einen längeren Aufenthalt und manche Geduldsübung: hier fehlten noch Stricke und andere Kleinigkeiten, dort hatte sich ein Kameeltreiber entfernt. Die Thiere selbst schienen alle ursprünglich von gutem, kräftigem Schlag, sie waren aber schlecht genährt, durch den ungewöhnten Aufenthalt in der Strandgegend geschwächt, theilweise durch Satteldruck beschädigt und von störrischem Wesen.

Die uns vom Gouverneur beigegebenen Soldaten leisteten beim Verladen wenig Vorschub, besser stellten sich unsere zwei neuen Suakiner Diener an und namentlich der Führer Ali zeigte sich rührig und eifrig.

Nachdem unter vielem Geschrei und Gestöhne der Lastthiere diesen endlich alle Kisten, Säcke, Schläuche und Koffer aufge-bürdet worden, ging es an das Satteln der Reitkameele, die wir dann bestiegen und so der Karawane, welche bereits einen kleinen Vorsprung gewonnen, folgten.

Leider fehlte es an eigentlichen Kameelsatteln (arabisch Machlufah), deren Gebrauch allerdings für Reiter, welche sich zum ersten Mal mit Dromedaren versuchen, vielleicht nicht ein-mal sehr räthlich erscheint.

Der Lastsattel (Hauieh) ist sehr einfacher Construction; er

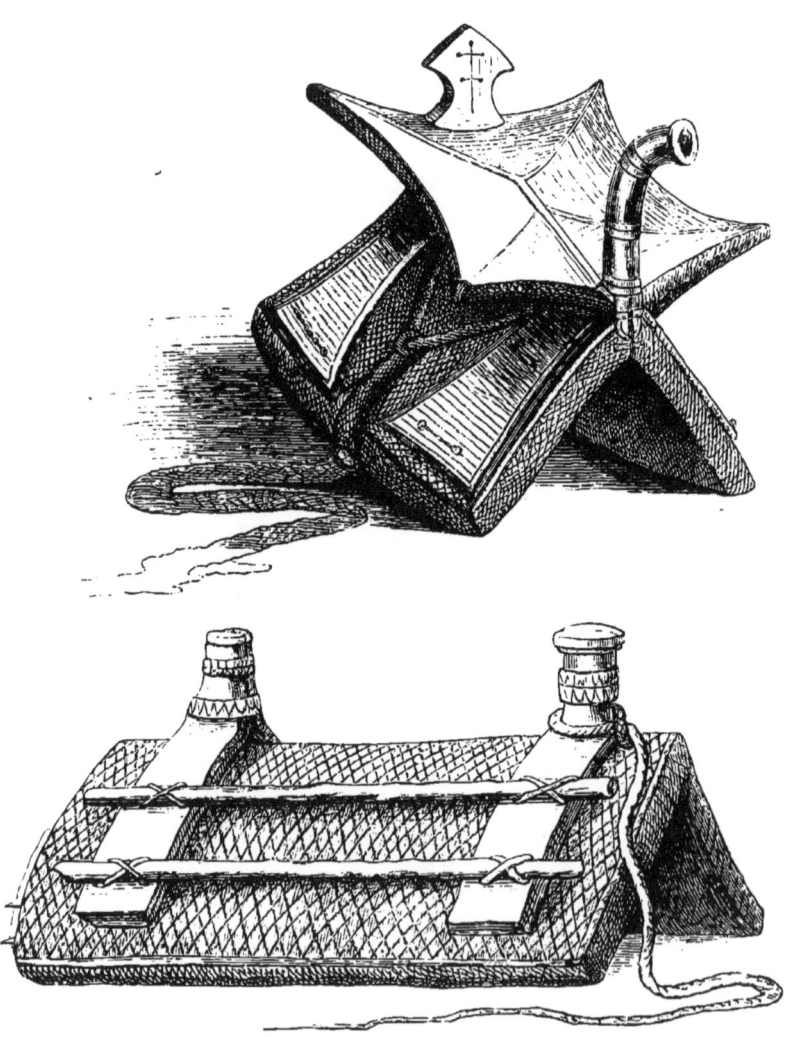

I. Reitsattel (Machlūfah).

II. Packsattel (Uanīch).

I. Seite 27.

besteht aus einem dachförmigen Bock von zähem Holz, auf dessen oberer Kante an jedem Ende ein stumpfer Knopf hervorragt, der zum Befestigen (Anhängen) der Doppellast (Rahel) dient. Die Trachten sind mit dicken Kissen von Leder, Strohmatten oder Leinwand gefüttert. Paßt die Hanieh genau auf den fetten Buckel des Lastthieres, so genügt ein einfacher Gurt um den Oberleib und ein zweiter um den schmalsten Theil des Unterbauches, um dieselbe festzuhalten; zuweilen bringt man aber auch einen Brust= oder Schwanzriemen an. Die Lastkameele sind gewöhnt, in langen Reihen zu gehen und einem Führer zu folgen, weshalb man gewöhnlich nur dem Leitkameel einen Zügel auflegt.

Störrische, träge Thiere befestigt man mittelst einer Art von Halfter, welches um den Unterkiefer geschlungen wird, an den Schwanz ihrer Vorgänger.

Dromedare (eigentliche Reitkameele, arabisch Hedjin) zäumt der Araber mittelst eines Halfters aus strickartig gedrehtem Leder, das über den vorderen Theil des Kopfes und um den Oberhals geschlungen wird, während man eine feinere Lederschnur, die über die Kopfmitte weg läuft, im durchbohrten rechten Nasenloch befestigt; letztere wird Resen benannt.

Die Machlufah ist weit solider, eleganter und besser gearbeitet als die Hanieh, in ihrem unteren dachförmigen Theil ihr analog gebaut, jedoch höher und oben zu einem breiten, in der Mitte etwas vertieften Sitz sich erweiternd, mit zwei ver= schieden geformten Sattelknaufen. Vom vorderen Knopf, der zuweilen mehr als einen Fuß Höhe hat, hängt mitunter ein ledernes Kissen über den Halsrücken des Kameels herab, auf dem der Fuß des Reiters besser ruht. Der Reitsattel von Hedjaz weicht im Bau etwas von dem des Sudan ab, in= dem bei ersterem der eigentliche Sitz in einem flachen Polster aus Saffianleder besteht, das mit einer Garnitur aus dem= selben Stoff versehen ist. Beide Knaufe sind hier gleich ge=

staltet, spitz-konisch, sehr hoch, häufig mit Silber, Zink oder Kupfer beschlagen. Der hintere Knopf der Sudan-Machlufah hat dagegen eine platte, lehnenförmige Gestalt, der vordere biegt sich an seinem oberen Ende schnabelartig. Alle Araber lieben es, ihre Sattel und das Sattelzeug mit Trobbeln, Kauri-Muscheln, Metallkettchen 2c. zu verzieren.

Hat der Reisende nur über einen gewöhnlichen Packsattel zu verfügen, so hängt er über diesen zuerst die Packtaschen (Hurdj), dann einen oder mehrere regelrecht zusammengefaltete Teppiche oder Wolldecken und auf diese zuletzt ein Schaffell. Da der Sattel meist etwas nach vorn geneigt ist, muß diese Seite mehr aufgepolstert werden, als die Gegend der Rücklehne. Vom gehörigen Herrichten der Packung hängt der bequeme Sitz des Reiters ab.

Zum Lenken des Kameels bedient sich Letzterer theils des Zügels (Lebjam), theils einer langen Peitsche aus Nilpferdhaut (Qurbadj oder Sot), die am vorderen Sattelknopf hängt. Unerfahrene Reiter lassen sich am besten das Kameel durch den Delil oder Habir führen.

Kein Kameelsattel ist mit Bügeln versehen. Der Reiter schlägt die Beine vor dem Sattelknopf über einander und läßt dieselben auf dem Oberhals des Dromedars ruhen.

Alle Kameele sind gewöhnt, auf ein bestimmtes Zeichen niederzuliegen, um sich satteln oder beladen zu lassen. So steigt auch der Reiter in die Machlufah oder Hauieh und nöthig dann erst sein Thier zum Aufstehen.

Einiger Uebung bedarf es immerhin, um gehörig in den Sattel zu kommen, einen festen Sitz zu erlangen und ohne fremde Beihülfe auf- und abzusteigen. Doch ist das Kameel im Allgemeinen von bedächtigem, lenksamem Wesen, sein Gang ein ruhiger und gleichmäßiger, die Bewegung im Schritt dagegen meist heftig wiegend.

Ein starkes Lastkameel trägt je nachdem es im Futter

steht und nach der Beschaffenheit der Wege, ohne Schwierigkeit ein Gewicht von 4 bis 5 Centnern; dabei ist es im Stande, täglich eine Wegstrecke von 20 bis 25 nautischen Meilen zurück- zulegen, während ein gutes Dromedar in leichtem Paßgang bis zu 40 und sogar 50 Meilen durchmißt.

Thiere, welchen große Leistungen obliegen, bedürfen täglich einer Quantität Büschelmais neben dem Futter an trockenem Gras, Kräutern und Laubwerk, das sie während der Ruhestunden abweiden. Zur heißen Jahreszeit tränkt man die Kameele, wenn möglich, jeden dritten Tag.

Im Sudan gelten die Anasi- und Bischarin-Kameele für die vorzüglichsten, am wenigsten geschätzt sind diejenigen, welche aus dem südlichen Senar stammen und Abu Rof genannt werden. Letztere zeichnen sich durchgängig durch ihre schwärzliche Färbung aus. Auch Kordofan, Senar und Takah produciren gute Rassen; die angenehmsten, schnellsten und ausdauerndsten Reitkameele (Mehari) liefert aber Hedjaz.

Das Gebiet, welches wir zu bereisen beabsichtigten, ist noch wenig, ja der untere Anseba, der mittlere Barka und nament- lich das Hagergebirge noch gar nicht erforscht.

Die ältesten Nachrichten über die Bergregion nördlich von Habesch finde ich in dem classischen Werke von Ludolf.[1] Im 3. Capitel desselben zählt der gelehrte Verfasser alle Provinzen und Districte von Abessinien auf, darunter die Präfectur der Baharnagasch mit den Gebieten Egala, Hamasien, Marian (Maria?) Marata, Serawie, Zangarien und Baqla. Von letz- terem berichtet Ludolf:

Cujus (Baklae) incolae omnes armentarii sunt et alibi aestatis, alibi hyemis tempore commorantur, ut infra dicitur. (L. I. cap. 3. 29.)

---

[1] Jobi Ludolfi Historia aethiopia, Francof. ad Maen. MDCLXXXI.

Ferner heißt es (L. I. cap. 10. 6):

Armenta Africae utique et olim celebria fuere, et adhuc ibi dantur gentes quae sola re˙ pecuaria victitant. Tales armentarii sunt Beklenses, haud procul Suaquena; qui aestate montes incolunt, hyemi vero in plana descendunt, et, pabulum sequendo, sedes cum tempestibus anni mutant.

Dieselbe Lebensweise führen die heutigen Bewohner von Baqla, Raqfa und Raro.

Burckhardt besuchte im Juni 1813 auf der Reise von Schendi nach Sauakin die Gegend um Filik, wo der größte Theil des Chor el Qasch in der Ebene verrinnt. Der Reisende spricht von mächtigen Regenströmen, die zur Sommerzeit die benachbarten Flächen unter Wasser setzen. Er nennt das ganze Land „Takah" oder „El Qasch".[1]

Erst Werne berichtet Näheres über den Lauf und die Ueberschwemmungen jenes Stromes,[2] die er im Jahre 1840 selbst beobachtete. Graf Courval[3] bereiste 1857 einen großen Theil des Gebietes vom Atbarah und Qasch.

Ich selbst gab einige Erläuterungen über diese Flußgebiete, namentlich über die Quellen des Atbarah, welche ich im Jahre 1852/53 besucht hatte, sowie Notizen über den Zusammenhang des Takazieflusses mit dem Setit,[4] den übrigens Mansfield Parkyns[5] bereits 10 Jahre früher constatirt hatte.

Einige Nachrichten über das Land der Bogos und Habab sammelte ich während einer Reise längs den Küsten des Rothen

---

[1] Burckhardt, Reisen in Nubien, S. 536.

[2] F. Werne, Innerafrika, der Feldzug nach Senaar, Taka, Baja und Beni Amer. (Stuttg. 1860.)

[3] Bull. de la Soc. de Géogr. Novbr. 1858.

[4] Reise nach Abessinien im Jahre 1852/53. Gotha 1857. Mit Karte.

[5] Map of a part of Abyssinia and Nubia.

Meeres, welche ich in Gesellschaft des Admirals v. Tegetthoff im Jahre 1857 unternahm,[1] andere erhielt ich durch den Missionär P. Stella und den österreichischen Major Graf L. Thürheim.[2]

Weit eingehender sind schon die Reiseberichte von Sapeto, welcher Mensa, das obere Anseballand und das Territorium der Habab durchwandert hat.[3]

Eine neue Aera für jene Gebiete beginnt jedoch erst mit den gründlichen linguistischen, geographischen und statistischen Forschungen W. Munzingers.[4]

Alle bis zum Jahre 1860 bekannten Elemente zur Herstellung einer Karte des Anseba und seiner Umgebung nordwärts bis Suakin hat Professor Dr. A. Petermann und B. Hassenstein gegeben.[5]

Diese Arbeit war ursprünglich hauptsächlich für die Zwecke der deutschen Expedition bestimmt, welche den Sommer und Herbst 1861 in Keren zubrachte und von dort aus nach Süd, West und Nord Excursionen behufs geographischer Aufnahmen veranstaltete.

In erster Linie wurde die geographische Lage der Station Keren ermittelt und dann mittelst sorgfältiger Triangulation die Route von Masaua bis ins Bogosland, die Gegenden um den Tsad Amba und Debra Sina und das Marea-Gebiet mappirt.

---

[1] Petermann's Geogr. Mitth. 1860, S. 338 2c.

[2] Petermann's Geogr. Mitth. 1858, S. 370, und 1859, S. 363.

[3] G. Sapeto, Viaggio e Missione Cattolica fra i Mensa, i Bogos e gli Habab.

[4] W. Munzinger, Esquisse de carte géographique des pays au Nord de l'Abyssinie entre le 35° — 37° E. de Paris et le 15° — 17° N. levée sur les lieux dans l'année 1857. — Nouvelles Annales 1858. III. p. 272. — Zeitschr. f. Allg. Erdkunde, N. F. VIII. S. 141.

[5] Petermann's Geogr. Mitth. 1861. Ergänzungs-Heft S. 1 bis 13. Mit ausführlicher Karte.

Die Expedition bewegte sich dann südlich längs des Anseba bis
zu dessen Quellen bei Tsazega und an den oberen Mareb, von
wo aus Munzinger und Kinzelbach die Reise über Kohein,
Abi-Abo, das Land der Kunama und Barca nach Kasalah
fortsetzten,[1] während ich selbst in Gesellschaft von Dr. H.
Steudner durch Tigrié und Amchara bis in die Gala-Gebiete
vordrang.

Eine Untersuchung des unteren Laufes des Anseba bis zu
seiner Mündung in den Barkah ließ sich damals nicht ausführen, aber Munzinger hatte später in seiner Eigenschaft als
Gouverneur der Provinzen Masaua und Takah Gelegenheit,
wenigstens einen Theil des mittleren Anseba-Gebietes und
namentlich die Landschaften östlich davon bis zum Falkat und
Wold Dan zu erforschen, wodurch uns endlich ein richtiger Ein-
blick in die interessanten Gebirgsländer von Naqfa eröffnet, und
zugleich die Lage von Tembelen (Deber Abi) und Hager Abeje
Nedjran annähernd bestimmt werden konnte. Die geographischen
Arbeiten Munzinger's beruhen hauptsächlich auf Triangulationen,
Distanz- und Höhenmessungen.[2]

Munzinger ist zwar nicht der erste Europäer, dem es
gelungen, das Territorium der Habab zu durchstreifen, aber
die Notizen und Kartencroquis, welche sein Vorgänger, der
englische Consul zu Masaua, W. Plowden, auf seinen Jagd-
zügen dort gesammelt hat, sind zu wenig genau und geordnet,
um dieselben zur Construction einer ausführlichen Karte verwer-

---

[1] Petermann's Geogr. Mitth. 1864, Ergänzungs-Heft Nr. 13. „Die
deutsche Expedition in Ost-Afrika 1861 und 1862." — Zusammenstellung
der astronomischen, hypsometrischen und meteorologischen Beobachtungen und
der trigonometrischen und itinerarischen Aufnahmen von Heuglin, Kinzelbach,
Munzinger und Steudner. Mit 4 Orig.-Karten, einer Ansicht von Keren
und einem Gebirgspanorama.

[2] Petermann's Geogr. Mitth. 1862, S. 12.

then zu können, wie ich mich aus Einsicht in die Original=
Papiere Plowden's überzeugte.

Ein Itinerar der Reise des Oberstlieutenants Saleh Efendi
durch das Land der Beni Amer veröffentlichte ich im Jahre 1864.[1]
Ueber die Karawanenstraße zwischen Suakin und Masaua,
welche unfern der Meeresküste hinführt, berichteten schon A. d'Ab=
badie, Combes und Tamisier, Reil und endlich ich selbst nach
Erkundigungen, welche ich von Bewohnern am Suakin und
Aqiq einzuziehen vermochte.[2]

Trotz diesen verschiedenen Arbeiten bleibt im Barkah=Gebiet
noch manche Lücke auszufüllen. Wir kennen nur den oberen
Lauf des Stromes bis Dunquaz und seine Mündung bei To=Kar.
Das ganze mächtige Gebirgsland nördlich von Hager ist ebenfalls
noch eine völlige terra incognita, deren Erforschung sowohl für die
Geographie als die Naturwissenschaften vom höchsten Interesse
sein muß.

Wir wünschen von Herzen, daß es Munzinger=Bek gelingen
möchte, die von ihm mit so viel Fleiß und Eifer begonnenen
kartographischen und statistischen Arbeiten bis To=Kar auszu=
dehnen und zu einem rühmlichen Abschluß zu bringen.

---

[1] Petermann's Geogr. Mitth. 1864, Ergänzungs=Heft Nr. 13, S. 23
und 24.
[2] Heuglin, Petermann's Geogr. Mitth. 1867, S. 169.

Zweites Capitel.

To-Kar und das Gebiet der Beni Amer. [1]

25. Januar bis 12. Februar 1875.

Die Straße von Sauakin nach To-Kar, unserem nächsten
Reiseziel, führt durch die Strandebene in südsüdöstlicher Richtung,
doch verliert man das Meer bald außer Sicht und gelangt nur
einmal, am Regenstrombett (arabisch C h o r) Naulabab, wieder in
dessen unmittelbarere Nähe. Die Gebirgskette von Sauakin, welche
in mehreren Terrassen ziemlich steil nach der Seeseite hin abfällt,
bleibt auf eine Entfernung von sechs bis acht Meilen [2] zur Rechten
(W.). Am Fuße dieser Kette treten hier und da noch vereinzelte,
niedrige Granithügel, theils isolirt, theils in kleinen Gruppen
auf, welche meist Pyramidenform zeigen. Das Vorland fällt stetig,
jedoch mit sehr geringer Neigung von da ab bis zum Ufer des
Rothen Meeres. Ein mehrere Meilen breiter Gürtel der Strandgegend war früher offenbar vom Meere bedeckt. Hier besteht
der Grund aus Madreporenkalk; an einigen Stellen tritt ein
horizontal geschichteter Meeressandstein auf. Weißlicher Sand,
Muscheln und Korallentrümmer überlagern übrigens fast überall
das feste Gestein. Dieser alte Seegrund hat seine eigenthümliche
Flora. Mehr in einzelnen Vertiefungen im felsigen Boden ge-

---

[1] Vergl. Petermann's Geogr. Mitth. 1865, S. 152.

[2] Ich gebe alle Entfernungen in Seemeilen (60 = 1 Grad).

beihen Gruppen von Samra=Akazien (Acacia spirocarpa),
seltener der Ub (Acacia nubica) sowie vereinzelte Büsche von
Lycium erythraeum und endlich spärliche sparrige Gramineen.
Dem tieferen Sandboden eigen ist namentlich der Atlib[1]
(Suaeda monoica) und eine stachlige Stapelie. Der erstere
(Atlib) mit seinen dunkelgrünen, dichtstehenden, salzigen Fett=
blättern entwickelt sich zu stattlichen Büschen, die nicht selten mehr
als Mannshöhe erreichen. Er bildet die vorzüglichste Nahrung
der Kameele des Küstenlandes, während diejenigen des Binnen=
landes diese Pflanze nicht genießen.

Weiter landeinwärts, nach dem Fuß der Berge zu betritt
man röthlichen Granitsand, gemischt mit Dammerde, welche durch
die Winterregen thalwärts geflößt werden, dazwischen, besonders
in den Torrenten, Geröll von Urgebirgsmassen. An geeigneten
Oertlichkeiten treten lichte Buschwälder von Akazien auf, während
die Umgebungen von Regenstrombetten schon aus weiter Ferne
kenntlich sind an den zahlreichen baumartigen Uscherpflanzen
(Calotropis procera).

Der Sahel (Küstenebene) südwärts vom Wendekreis wird
hier und da durch Winterregen befeuchtet, während die periodi=
schen Sommerregen des Binnenlandes sich nur ausnahmsweise
bis zum Meer herab erstrecken, daher auch der Mangel an Brun=
nen und gutem Trinkwasser in der Tiefebene. Nur wenige
Einsenkungen, die Fortsetzung von Gebirgsthälern, liefern beim
Nachgraben etwas brackes und überdies meist übelriechendes
Wasser.

In günstigen, von feuchten Niederschlägen gesegneten Win=
tern bedeckt sich das Strandgebiet mit einem leichten Grasteppich.
Dann ziehen die Hirtenvölker der Berge mit ihren Heerden von
Kameelen, Kühen, Schafen und Ziegen in die Ebenen herab.

---

[1] Die Orthographie dieses Eigennamens kenne ich nicht.

Seßhafte Bewohner hat die Gegend zwischen Sauakin und To=
kar nicht, dagegen ist an Wild kein Mangel und stattliche
Rudel von Antilopen (namentlich Antilope Soemmeringii, hier
Ariel genannt) streifen selbst bis zum Meere hinaus, die Ge=
büsche wimmeln von zwergartigen Hasen und verschiedene
Fuchsarten nähren sich von gefallenem Vieh, vom Auswurf der
Brandung, von jungen Gazellen und einigen kleinen Nagethieren,
welche Höhlen im Sande bewohnen. Hier und da stößt der
Jäger auch auf große Trappen (Otis Arabs) oder auf eine
Gesellschaft Strauße. Zahlreiche Ketten von Wüstenhühnern
(Pterocles Lichtensteinii) fallen allabendlich an den Brunnen=
gruben ein.

Bekanntlich hat die ganze Westküste des Rothen Meeres
nur eine einzige Flußmündung von einiger Bedeutung aufzu=
weisen, nämlich die des Barkah=Stromes. Als hauptsächlichste
Ursache hiervon betrachte ich den Umstand, daß die lange und
vielfach gegliederte Kette der Küstengebirge in einer fast ununter=
brochenen Linie vom Ataqah bei Sues bis gegen Bab el Man=
deb verläuft. Nur eine große Lücke erscheint in derselben, bei=
läufig unter dem 18. Grad nördl. Br., gegenüber dem Vorgebirge
(Ras) Maqda oder Maqdam, wo die Küste aus südsüdöstlicher
Richtung plötzlich nach Südost umbiegt. Mitten in dieser wohl
30 Meilen breiten Depression erhebt sich der isolirte, sehr statt=
liche Gebirgsstock Schaba,[1] der das Thal O=Sir von der noch
weiter geöffneten Barkahniederung trennt. Die Ursache des

---

[1] Nach den scharfkantigen Umrissen zu schließen, gehört der Schaba
der Urgebirgsformation an. Schweinfurth (Zeitschrift für Erdkunde XIX,
S. 388) erklärt die Gesteine der Vorhügel für Basalt, von brauner Farbe,
mit hellgrauen und schwarzen Bändern durchzogen. Derartige Basalte sind
mir unbekannt, wie ich denn auch überhaupt das Vorkommen des letzt=
genannten Gesteines in der Küstenstrecke zwischen Weld Qan und Sues sehr
in Zweifel ziehen möchte.

oben erwähnten Vortretens der Küste bei Ras Mogdam dürfte in den Anschwemmungen des Barkah zu suchen sein.

Wir betraten das Barkah-Delta bei Alt-To-kar oder Saqieh, einer Station, welche nur von einem Egypter bewohnt wird. Hier befindet sich neben einigen Brunnengruben ein gemauerter Schacht mit Schöpfrad. Der Eigenthümer besitzt übrigens nicht einmal die Mittel, letzteres behufs der Bewässerung der benachbarten Grundstücke im Gang zu erhalten, und sein Brunnen dient jetzt nur noch zum Tränken der Heerden und Lastthiere.

Das Strombett des Barkah muß zum Mindesten eine Breite von 10 bis 12 Meilen einnehmen und dasselbe ist beiderseits von Dünen-Hügeln eingesäumt. Die Grenze zwischen Wüste und Culturland ist eine ziemlich scharfe. Spuren der Wirkung des Flusses waren übrigens jetzt kaum bemerkbar. Die wenig eingesenkte und scheinbar über das umgebende Flachland etwas erhabene Depression ist derart mit mächtigem baumartigen Gebüsch von Uscher und Atlib erfüllt, daß von keiner von uns berührten Stelle ein Ueberblick über die ganze Thalfläche gewonnen werden konnte.

Barkah oder Barakeh ist wohl eine arabische Benennung und bedeutet Glück, Ueberfluß, Segen. Bekanntlich hat der Barkah-Strom sein Quellgebiet an den nordwestlichen Abhängen von Habesch. Er nimmt übrigens auch zahlreiche Torrenten aus den Hochgebirgen der Habab und Beni Amer auf, vorzüglich den Anseba. Selbst ein Theil der Hochwasser des Dasch soll, nach der Aussage der Eingeborenen, in den Barkah fallen. Mit Eintritt der regelmäßigen Sommerregen wird der Thalgrund durch Infiltration nach und nach mit Feuchtigkeit gesättigt und versumpft derart, daß er für Menschen und Heerden unzugänglich ist. Je nach dem mehr oder minder reichlichen Zufluß aus den höher gelegenen Gegenden tritt dann der Strom auch zu Tage und wälzt durch verschiedene Rinnsale seine trüben

Fluthen bis zu den großen Lagunen bei Mirsah Trinkatat. Die Ueberschwemmung selbst währt 3 bis 4 Monate, worauf die Gewässer nach und nach wieder versinken. Die Canäle verändern hier und da wieder ihre Richtung in Folge von Dämmen, welche sich durch Anschwemmungen bilden. Auf diese Weise hat die Gegend von Alt-To-Kar vor 4 bis 5 Jahren derart durch Trockenheit gelitten, daß die Station fast gänzlich verlassen werden mußte. Die früheren Bewohner haben daher ihren Sitz nach dem 5 Meilen ostsüdöstlich gelegenen Neu-To-Kar verlegt.

Uebrigens fallen in der Niederung in günstigen Jahren auch reichliche Winterregen, welche den Ertrag des Bodens in hohem Grade fördern.

Das Klima wird als ein sehr gemäßigtes und gesundes geschildert, namentlich im Gegensatz zu dem benachbarten Takah.

Ursprünglich allein ansässig war in To-Kar der Stamm der Artegha, der um den Besitz der Oase viele blutige Streitigkeiten mit seinen Nachbarn führte. Derzeit wohnen hier aber auch Kemilab, Tulunab, Aschraf-Barakah, Bischariab, Mitkinab, Felabab, Baharaiab, Sitarab, Suqulab, Oisiriab und Auab el Lei, die ohne Ausnahme die Bedjahsprache sprechen, also der Urbevölkerung angehören. Einige Egypter und Moghrabiner der Besatzung und deren Nachkommen haben sich überdies in To-Kar angesiedelt und dieser kleinste Theil der Bevölkerung beschäftigt sich hauptsächlich mit Bodencultur, während die Bedjah fast ausschließlich Viehzucht treiben. Manche der letzteren haben hier feste Wohnsitze, andere kommen bloß zur Zeit der Dürre in die Niederung herab.

An Heerden von Kameelen, Schafen, Ziegen und Rindvieh ist die Gegend sehr reich. Letzteres gehört einer Rasse von untersetzter Statur an und zeichnet sich durch meist graue Färbung, eine lange Halswamme und schlankes, häufig ungleichartig geformtes Gehörn aus.

Mit den Provinzen Sauakin und Masaua stand To-Kar

früher direct unter türkischer Oberhohheit. Behufs der Sicher=
heit und Regelung des Verkehrs mit Takah und der Er=
hebung eines Durchgangszolles befand sich schon damals ein
kleiner Militärposten auf dieser Grenzstation. Seitdem die ge=
nannten Gebiete an den Chediw von Egypten abgetreten, der die
Wichtigkeit des Platzes zu würdigen verstand, ist ein Bezirksvor=
steher eingesetzt, welcher über eine Anzahl Soldaten verfügt,
die in die verschiedenen Niederlassungen vertheilt sind.

Die hauptsächlichsten derselben heißen Neu=To=Kar [1] und
El=Tib. Ersteres liegt etwa 6, letzteres 3 Stunden von dem
Hafenplatz Trinkatat entfernt.

Der Boden der ganzen Niederung besteht aus trefflicher,
hier und da mit schmalen Sandschichten gemischter Damm=
erde. Beim Nachgraben findet sich allenthalben Trinkwasser von
guter Beschaffenheit in reichlichem Maße, und zwar auf einer
Tiefe von 15 bis 36 Fuß. Neu=To=Kar hat derzeit einige 20,
das ganze Delta etwa 200 Brunnengruben, meist von primitiv=
ster Bauart, indem nur wenige derselben mit Backsteinmauerung
und Schöpfrädern versehen sind. Um diese Schachte haben die
Hirten verschiedene Gruben ausgedämmt, in welche sie mittelst
lederner Schläuche oder Eimer durch mühsames Aufwinden an
Stricken allabendlich so viel Wasser schöpfen, als ihr Vieh zur
Tränke bedarf.

Wo nur immer die üppig wuchernde heimische Pflanzen=

---

[1] To=Kar soll ein Bedjah=Wort sein und „der Brunnen" bedeuten. Unsere
Kameelführer übersetzten mir dagegen das arabische Bir (Brunnen, Brunnen=
grube) mit To=Ri.

Nach früher schon mir gemachten Mittheilungen heißen die verschiede=
denen Niederlassungen im District To=Kar: Hombai, Sahelelat, Moqriq und
Habjatisa. (Vergl. Heuglin in Peterm. Geogr. Mitth. 1867, S. 171). Ich
bin der Ueberzeugung, daß die Barkah=Mündung schon dem Geographen
Strabo bekannt war, und werde weiter unten auf diese Ansicht zurück=
kommen.

welt, namentlich der Uscher ausgerodet, der Boden bestellt, und sobald die Trockenzeit eintritt, gehörig bewässert wird, ist der Ertrag der Felder ein sehr namhafter. Die Regierung hat bereits durch verschiedene Mittel versucht, die Bevölkerung auf die Vortheile der Bodencultur aufmerksam zu machen. Mit großen Kosten wurde eine Dampfmaschine zum Reinigen der Baumwolle nach El-Tib geschafft. Aber es fehlt an Sachkundigen, welche sie aufstellen und im Gang erhalten.

Zur Hebung des Ackerbaues bedarf es vor Allem der Anlage von Dämmen und Teichen und von zweckmäßigen Wasserrädern und Leitungen. Endlich müssen die einzelnen Grundstücke zum Schutz gegen Schafe, Ziegen und Kameele mit starken Dornhecken umgeben werden.

Bei weitem der größte Theil des culturfähigen Bodens liegt derzeit brach und ist der Werth des letzteren aus Mangel an tüchtigen Arbeitskräften so gering, daß der Preis von einem Fedan Land auf einen Maria-Theresia-Thaler zu stehen kommt.

Angebaut werden Büschelmais, Negerhirse, Baumwolle, Melonen und Kürbisse (arabisch Dera), welch letztere namentlich besonders gut gedeihen, endlich etwas Tabak, Zwiebeln, Rettige und verschiedene Gemüse (Bedindjan und Bamieh). Um die Brunnen finden sich einige Nabaqbäume (Zizyphus) und Akazien (Acacia nilotica), vor dem Divan hat man Parkinsonien, in mehreren Gärten Granaten angepflanzt.

Ueber die Ausdehnung des culturfähigen Landes kann ich keine ganz genauen Angaben machen, da wir viel zu kurze Zeit in To-Kar verweilten, um aus eigener Anschauung urtheilen zu können. Das Delta soll eine Länge von 12 bis 15 und eine durchschnittliche Breite von 6 Stunden einnehmen und ließe sich das Areal durch Eindämmung und Anlegung von Reservoirs noch ansehnlich vergrößern.

Nach einer in Neu-To-Kar angestellten Messung des Luft-

druckes wäre der Platz 53 Meter über dem Meeresspiegel
gelegen. Die Garnison und die wenigen fremden Ansiedler bewohnen
Lehmhütten, wie sie in Egypten üblich sind, die Hirtenfamilien
dagegen Mattenzelte. Der Bezirksbeamte Churschud=Efendi hat
in Neu=To=Kar einen recht stattlichen zweistockigen Divan aus
Backsteinen hergestellt, neben welchem sich die Magazine der Re=
gierung befinden. Sämmtliche Niederlassungen sind der Ueberschwemmung
wegen auf erhabenen Stellen erbaut. Der Verkehr der Oase beschränkt sich auf Ausfuhr von
Schlachtvieh, Butter, Häuten und etwas Baumwolle. Der Hafen=
platz Trinkatat ist nur für Aufnahme kleinerer Fahrzeuge be=
schaffen, jedoch vollkommen gesichert gegen Wind und See. Von nicht geringem Interesse dürfte das Studium der
Flora und Fauna von To=Kar sein. Von Säugethieren beob=
achteten wir nur Antilope doreas und Antilope Soemmeringii;
einige in der Nähe gefangene Beida=Antilopen bot man uns zum
Kaufe an. Außer Schmarotzer=Milanen und Aasgeiern zeigten sich
der Haubenadler (Spizaëtus occipitalis); Schildraben (Corvus
scapulatus), welche dreist bis mitten in die Niederlassungen ihr
Wesen trieben; ferner ein ganz schwarzer Rabe von der Größe
einer Saatkrähe, mit verhältnißmäßig langem, etwas keilförmigem
Schwanz; Schaaren von Webervögeln und Lanzenschwänzen
(Hyphantornis galbula und Uroloncha cantans), wahrscheinlich
auch Goldsperlinge (Chrysospiza) fielen um die Brunnen=
gruben ein. Erstere Art (Hyphantornis galbula) beobachtete
ich schon in etwas nördlicheren Breiten, an den Brunnen von
Naulabab, früher auch am Ajakebberg, westlich von Sauakin.
Die bei To=Kar am 29. Januar gesehenen alten Männchen hatten
theilweise schon die Hochzeitstracht angelegt, während andere noch

in der Verfärbung begriffen waren. Nicht selten war Pratincola rubicola torquata, Cercotrichas erythroptora, Pycnonotus Arsinoe und Turtur decipiens. Auf Viehtriften treiben sich große Schaaren von Schopf-Ibissen (Ibis comata) herum. Von nordischen Wandergästen sahen wir Wachteln, Kraniche und fanden eine verendete weißwangige Gans (Anser albifrons).

Für geographische Aufnahmen war die Witterung während unseres Aufenthaltes stets ungünstig, indem wegen nebliger, gewitterschwerer Luft nur selten die Umrisse des Schaba- und Heina-Gebirges zum Vorschein kamen. Letzteres liegt in Süd, unfern des Barkah und zeichnet sich durch einzelne scharf geschnittene Gipfel aus; die Gegend ist von Labat, die bereits zum Stamm der Beni Amer gehören, bewohnt, der Schaba von Djimilab (Bedjah).

Am Nachmittag des 31. Januar verließen wir Neu-To-Kar und folgten noch mehrere Stunden weit in östlicher Richtung der Niederung; den folgenden Mittag erreichte unsere Karawane die zwischen Sanddünen und Tamarisken-Gebüsch gelegenen Brunnen von Berur, welche auf 4 bis 5 Klafter Tiefe sehr brackes Wasser enthielten, und wo eben große Heerden von Kameelen zur Tränke geführt wurden. Weiter nach Südosten zu wird die Gegend einförmiger und kahler. Man überschreitet mehrere breite Regenstrombetten, deren Namen unsere Führer nicht kannten. Nach schon früher von mir eingezogenen Erkundigungen heißen die hauptsächlichsten derselben Schebat (oder Seibat) und O-Mube, der erstere bildet vor seiner Mündung die Lagune Karbut oder Charbut, der letztere den Birket Bascheri. Beide Teiche sollen von beträchtlichem Umfang sein und durch vier bis sechs Monate Wasser enthalten.

Die Nächte waren meist klar und sogar kühl; Abends zwischen 8 Uhr und 10 Uhr leuchtete namentlich nach Westen zu das Thierkreislicht in unbeschreiblicher Pracht, während nach

Mitternacht die herrlichen Sternbilder des Schiffes, des südlichen Kreuzes und des Centauern am südöstlichen Himmel auf-
tauchten.

In Süd zu Ost erschienen bald die Hügel und Gebirge der
Gegend von Aqiq. Der isolirte, beträchtlich gegen die Küste
vorgerückte, jedoch niedrige, aber trotzdem weithin sichtbare Hügel
Deqdera bildet die Nordgrenze des Gebietes der Beni Amer.
Etwas nordöstlich davon stießen wir wiederum auf eine weitläufige
Lagune, welche durch Stauung von Seewasser gebildet wird.
In der meist kahlen und mit Muschelträmmern bedeckten Ebene
des Vorlandes bemerkten wir eine Menge von Löchern und
Höhlen, welche nach Aussage unseres Führers von Stachel-
schweinen herrühren. Hier und da nur wird die Einförmigkeit
der Gegend durch Gruppen von Akazienbüschen unterbrochen,
zwischen denen Hunderte von Sömmering-Antilopen weiden;
auch zeigten sich einige Hyänenhunde (Lycaon pictus), die
schnüffelnd unserem Lagerplatz ganz nahe kamen. In den Dorn-
dickichten trieben sich mehrere Paare munterer Timalinen (Argia
Acaciae) umher, die auf große, goldgrüne Bupresten Jagd
machten.

Auf einer etwas erhabenen Stelle, wo wir für kurze Zeit
Halt machten, war der Boden ganz bedeckt von Quarz- und
Hornsteinsplittern, deren manche die Form von rohen Pfeilspitzen
und Steinmessern zeigten. Auch in Egypten, zumal in der
Umgegend von Cairo, sind in neuerer Zeit eine Menge von
vermuthlichen Feuersteinwerkzeugen gefunden worden.

Zwischen dem Hügel Deqdera und Aqiq el sogheïer
münden wiederum mehrere Regenströme, welche in den Gebirgen von Heina und in denen von Aqiq ihren Ursprung haben;
einer derselben heißt Eidub. Ueber dem Südufer desselben erhebt sich ein Hügel aus weißlichem Gestein (Meereskalk?) mit
Trümmern von alten Gräbern und Bausteinen. Möglich

daß hier die von Makrizi[1] erwähnte alte Stadt Eidab gestanden.

Am Mittag des 31. Januar erreichten wir Aqiq el sogheïer,
wo wir im Hause des Mamur Hadji-Agha die freundschaftlichste
Aufnahme fanden.

Von Suakin bis Neu-To-Kar rechne ich stark 40, von da
nach Aqiq 35 Meilen.

Nach den neuesten englischen Seekarten würde Aqiq el sogheïer
unter 18 Grad 13 Minuten nördl. Br. liegen. Aus meinen
Distanz-Messungen zwischen Suakin, To-Kar und Aqiq ergiebt
sich eine etwas nördlichere Position für letztgenannten Punkt.
Ich maß dort wohl einige Circum-Meridianhöhen der Sonne,
für deren Genauigkeit ich jedoch keineswegs bürgen kann, indem
es mir an zuverlässiger Beihülfe zum Ablesen der Zeit mangelte.
Nach diesen Beobachtungen würde die Polhöhe auf 18 Grad
31,1 Minuten zu stehen kommen.

Der Golf von Aqiq hat eine Breite von etwa 20 Meilen
auf 10 Meilen Tiefe. Seine Nordspitze bildet das Vorgebirge Aziz. Durch die lange, schmale Landzunge Ras
Schakab wird derselbe in zwei Buchten geschieden, deren nördliche Ghubet Aqiq el sogheïer oder Ghubet Bakiai, die südliche
Ghubet Bahdur nach Moresby Core Nowaret heißen. Ghubeh
bedeutet einen größeren Golf; Minch oder Mina einen Ankerplatz; Scherm einen engeren, tiefen Hafen.

Die Ufer und Inseln bestehen aus flachen Madreporenklippen. Im Allgemeinen wechselt die Meerestiefe zwischen 3
und 8 Faden. Im nördlichen Golf liegen drei Inselgruppen,
nämlich Amarat,[2] nahe an der Nordost-Spitze von Ras Schakab,
mit gutem Ankerplatz; dann die Eilande Kerai und Heinis hart

---

[1] Heuglin, Peterm. Geogr. Mitth., Ergänzungsheft 1861, S. 15.

[2] Vergl. Heuglin, Peterm. Geogr. Mitth. 1860, S. 339.

an einer sandigen Landzunge zwischen Ras Aziz und dem Dorf Aqiq el sogheïer, endlich vier Madreporenklippen 1 bis 3 Meilen nördlich zu West von letztgenanntem Ort; sie heißen Djeziret Aqiq, Bakiai el kebir und Bakiai el sogheïer und Hauiri. Die Bucht von Bahdur-Aqiq habe ich im Sommer 1857 besucht und in den Geographischen Mittheilungen [1] ausführlich beschrieben.

In der Gegend von Aqiq oder auf der Insel Eiro, süd= östlich von Bahdur, lag nach bisherigen Annahmen die von Ptolemäus Philadelphus gegründete Jagdstation Ptolemais Theron. Aqiq selbst wird bereits in Jakut's Muschtarik erwähnt, gleichzeitig mit Eidab und einem Dorfe Ghuri. Nach Beke [2] und Moresby (Sailing direct. for the Red Sea) finden sich unfern Aqiq el sogheïer noch die Ueberreste einer Wasserleitung, in Gestalt eines $1\frac{1}{2}$ Meilen langen und 20 bis 60 Fuß breiten Dammes, nebst zahlreichen alten Gräbern. [3] Nach der Existenz

---

[1] Petermann's Geogr. Mitth. 1860, S. 339.

[2] Athenäum 1858. II, S. 112 und 201.

[3] Beke verlegt den von Strabo im 16. Buch seiner Geographie erwähnten Tempel der Isis nach Ras Aziz, dem niedrigen, sandigen Cap, welches die Nordspitze des Golfs von Aqiq el sogheïer bildet.

Ich lasse hier eine Uebersetzung der betreffenden Stelle bei Strabo im Aus= zug folgen. Nachdem der große Geograph, welcher die Westküste des Rothen Meeres vom Hafen von Heroopolis nach Süden zu beschreibt, der faulen Bai und der am Ufer oder besser im Inneren derselben gelegenen Stadt Berenice (Berenice troglodytica) erwähnt hat, sagt derselbe:

„Nach dem Golf" (von Berenice, jetzt Om el Ketaf genannt) „gelangt man zur Schlangeninsel" (Ophiodes, dem jetzigen Zemerdjit, vergl. S. 14).

„Weiter" (südwärts) „von dieser Insel wohnt eine beträchtliche Anzahl von Stämmen der Nomaden und Ichthyophagen. Dann der Hafen der Göttin Sotira. — Weiterhin bemerkt man eine große Veränderung in der Küsten= bildung. Das Ufer ist nicht mehr felsig und scheint sich an Arabien anzu= schließen" (entweder: dem arabischen Ufer ähnlich zu werden, oder: nach der arabischen Seite hin sich ins Meer zu erstrecken. Wahrscheinlich ist hier die Gegend von Ras Rauai gemeint); „das Meer wird seicht, so daß es kaum zwei Orgyen Tiefe hat; seine Oberfläche ist grün wie Gras, weil die Durch=

jenes Dammes habe ich mich vergeblich erkundigt. Die zahl=
reichen Grabmäler und schön gearbeiteten Cisternen auf Bahdur
und Eri stammen wohl aus der Zeit der Herrschaft der Sassa=
niden. Aehnliche Wasserbehälter traf ich im Hafen von Suakin,
sowohl am Festlande als auf der Insel Schech=Abd=Allah; dann
auf der Insel Masaua, auf verschiedenen Eilanden längs der
Danakil=Küste, sowie auf Djezireh Sad el Din bei Zela (Zeila
der Karten) an der Somal=Küste.

Des Ruinen=Hügels am Chor Eidub habe ich oben Erwäh=
nung gethan. Gruppen von alten muhamedanischen Grabmälern
begegnet man endlich westlich und südlich von Aqiq el sogheïer
am Fuße des Deber Anqa und Af Senab, in Form von Hau=
fen aus größeren und kleineren rohen Steinen; an einigen
stehen noch mannshohe Platten von Thon= oder Glimmerschiefer,

sichtigkeit des Wassers gestattet, die Algen und Seegräser wahrzunehmen,
die den (See=)Grund bedecken; an diesen Orten wachsen selbst Gebüsche unter
dem Wasserspiegel" (Avicennia, die heute noch in jenen Meeren ganze, theils
submarine Waldgruppen zusammensetzt); „man findet daselbst noch eine Menge
von Seekunden" (Halicore cetacea).

„Dann folgen die „Stiere", zwei Berge, die von ferne einige Aehn=
lichkeit mit diesen Thieren haben (deren Namen sie tragen); dann ein anderer
Berg mit einem Tempel der Isis, von Sesostris errichtet; weiter eine Insel
mit Olivenbäumen bestanden, die den Meeresspiegel kaum überragt" (Diese
Olivenbäume waren wohl ebenfalls Avicennien, deren Laub dem der Olive
nicht unähnlich ist), „und endlich die Stadt Ptolemais bei dem Elephanten=
jagdplatz, welche von Eumedes, den (Ptolemäus) Philadelphus behufs der
Erlegung jener Thiere hierher geschickt hatte, gegründet wurde; derselbe
begann im Geheimen eine gewisse Landzunge durch einen Graben und Wall
abzuschließen und dann durch freundliche Behandlung die Eingeborenen für
sich zu gewinnen, welche seiner Niederlassung Anfangs feindlich im Wege
standen."

„In diesen Zwischenraum mündet ein Arm des Astaboras,
welcher Fluß aus einem See kommt und nur eine geringe
Wassermasse nach dem Golf ergießt."

„Dann folgen sechs Inseln, die Latomischen (Steinbrüche) genannt, am
Eingange einer kleinen Bucht, welche die Sabäitische heißt; im Innern des

auch zeigen ſich Spuren von einer rechteckigen Einfaſſung. Baureſte aus theils behauenen Steinen, ſowie Schuttwerk von Aſche und Töpfergeſchirr, fand ich endlich auf der Südoſt-Spitze der Inſel Aqiq el ſogheïer.

Vor etwa drei Jahren wurden die kleinen Niederlaſſungen von Bahdur und dem gegenüberliegenden Abomanah oder Abo-banah aufgehoben und die Bevölkerung ſiedelte ſich in Klein-Aqiq an. Der Grund dieſer durch die Regierung veranlaßten Verpflanzung lag wohl hauptſächlich darin, daß die Schifffahrt im Golf von Bahdur durch zahlreiche Korallenriffe gefährdet iſt. Klein-Aqiq beſitzt dagegen einen günſtigeren Hafenplatz, in welchem ſelbſt größere Fahrzeuge vor Anker gehen können, dies iſt jedoch nur unter dem Schutz der Inſel (Aqiq el ſogheïer)

Landes befindet ſich das von Suchus erbaute Fort; dann kommen nach ein-ander ein Hafen, der Elaea heißt, die Inſel des Strato, der Hafen von Saba und ein (nach letzterem benannter) Elephanten-Jagdplatz."

Mit Sicherheit laſſen ſich außer Heroopolis, Abulis und Dere wohl nur zwei der von Strabo überhaupt angegebenen Punkte der Weſtküſte des Rothen Meeres beſtimmen, nämlich Berenice und „die Lücke", in welche ein Theil des Aſtaboras münden ſoll. In keinem Commentar der alten Geographen finde ich, daß auf dieſen Ort Rückſicht genommen wurde, der ganz beſtimmt auf die Stelle zu beziehen iſt, wo der große Barkah-Strom durch eine weite Oeffnung der Küſtengebirge ins Vorland verrinnt und bei Hochwaſſer in Mirjah Trinkatat das Meer erreicht.

Iſt die Reihenfolge der von Strabo genannten Orte von Nord nach Süd eine richtige, ſo müſſen wir Ptolemais Theron, den Iſis-Tempel und die Stier-Berge nordwärts von der Barkah-Mündung (18 Grad 40 Minuten n. Br.) verlegen; die Inſeln der Steinbrüche, die Sabäitiſche Bucht, das Caſtell des Suchus u. ſ. w. aber ſüdlicher. Die Entfernung zwiſchen Hero-opolis und Ptolemais Theron betrug nach Strabo 9000 Stadien oder (wenn wir 600 Stadien auf einen Grad rechnen) 15 Grade, während ſie ſich in Wirklichkeit und in gerader Linie nur etwa auf 13 Grade beläuft, falls wir Ptolemais auf das jetzige Suakin verlegen.

Die Sabäitiſche Mündung könnte auf Bahdur-Aqiq oder auf den Fallat (Hafen Narat) zu beziehen ſein.

Ich habe früher ſchon nachgewieſen, daß die von den alten Geographen

möglich, während die Handelsbarken dicht am Molo des neu-
gegründeten Ortes anlegen.

Klein- oder Neu-Aqiq besteht aus etwa 160 Mattenhütten,
welche von dem festungsartig aus Madreporenkalk aufgeführten
Zollgebäude überragt werden. Mit Ausnahme der egyptischen
Behörden (Mamur und Sanitäts-Beamten), der kleinen Gar-
nisen und einiger eingewanderter Kaufleute besteht die Bevölkerung aus Familien, welche dem Stamm der Beni Amer angehören. Sie betreiben neben etwas Viehzucht und Fischerei auch
Schiffsgewerbe und vermitteln die Ausfuhr von Landesproducten nach den benachbarten Hafenplätzen an der afrikanischen
und arabischen Küste.

Die Nation der Beni Amer hat, wie ihre südlichen Nach-
barn, die Habab, als Hirtenvolk sonst keine festen Wohnsitze. Nach
früher schon mir gemachten Angaben gehören die Beni Amer
der Umgegend von Aqiq zu den Qabeïl (Familien) Ats Ibrahim,
Hazeri, Ats Okut, Ali, Qareb oder Ghareb und Einkat. Zur
Zeit der Sommerregen führen sie ihre Heerden von Kameelen,
Rindvieh, Schafen und Ziegen in die Berge westwärts bis zum
Anseba und Barkah; während der Winterszeit, wo in günstigen
Jahren im Sahel (d. i. Tiefland längs der Meeresküste) nicht
selten Regen eintreten, beweiden sie den Ost-Abfall der Gebirge
und das Vorland. Beide genannten Stämme sind sehr volk-
reich und bedienen sich eines Idioms der äthiopischen oder

---

erwähnten Oliven-Bäume der Küsten und Inseln des Rothen Meeres Avicennien und Rhizephoren seien, welche heute noch oft ganze Eilande waldartig bedecken (Heuglin, Reise nach Abessinien 1861 und 1862, S. 60).

Von Avicennien kommen offenbar zwei, wo nicht drei verschiedene
Formen am Rothen Meere vor. Ihre nördliche Verbreitung erstreckt sich bis
gegen den Golf von Sues. Ob Rhizophora mucronata den 19. Grad n. Br.
überschreite, bezweifle ich. Avicennia heißt bei den Arabern Schora, Rhizophora dagegen Qondel.

der Geez-Sprache, des Chasieh oder Tigraia, dürften also zum äthiopischen Volksstamm zu rechnen sein. Verhältnißmäßig wenige unter ihnen und nur ein Theil der männlichen Bevölkerung versteht das Arabische. Unter den nördlichen Beni Amer finden sich übrigens noch Reste einer Urbevölkerung, welche den Bedjauieh-Dialekt spricht. Dieselbe soll in einer Art von abhängigem Verhältniß zu der herrschenden Classe stehen. Ihre verschiedenen Qabeïl oder Familien heißen Bet Malha, Bet Aued, Bet Bascho, Hamasien und Af Lakta oder Afalanda.

Zu Makrizi's Zeiten dürften die Habab und Beni Amer noch nicht ihre jetzigen Wohnsitze innegehabt haben; der genannte Schriftsteller thut derselben wenigstens keine Erwähnung, verlegt aber die Grenzen der Bedjah südwärts bis Masaua (Bade) und Dahlak. Er sagt allerdings, die Bedjah heißen bei den Arabern el Chaseh, was wohl mit der arabischen Benennung der Sprache der Beni Amer (el Chasieh) zusammenhängt. Die heutigen Bedjah nennen ihre Vorfahren, welche die berühmten Goldminen und Smaragdgruben betrieben, Anaki, d. i. Gräber, Wühler. Nach der Auslegung einiger Beni Amer heißt die herrschende Classe dieses Stammes Nauabab, die in Dienstverhältnissen zu dieser stehende aber Chaseh. Der Groß-Schech der Beni Amer, welcher bei festlichen Gelegenheiten als Zeichen seiner Würde eine dreihörnige Mütze trägt, führt den äthiopischen Titel Teklel, in der Bedjauieh-Sprache aber Wohada oder Wohab-a. Der gegenwärtige Teklel, Hamid-Bek, residirt während des Hochsommers in der Niederlassung Dunguaz oder Daqa (Zaga?) im oberen Barkah.

Manche Küstenstämme, die jedoch in Sprache, Sitten und Typus jetzt vollkommen mit den übrigen Einwohnern verschmolzen sind, sollen übrigens aus Arabien eingewandert sein; wie denn z. B. die mächtige Völkerschaft der Schaiqieh, welche das Nilthal zwischen Dongolah und Berber bewohnt, ihre Abstammung eben daher ableitet und doch gleichfalls längst ihre Muttersprache mit derjenigen der Barabra vertauscht, ja sogar verschiedene specifisch berberinische Gebräuche adoptirt hat.

Solche Uebersiedelungen über das Rothe Meer haben in neuester Zeit wiederum stattgefunden. Ein Theil des mäch=tigen Araber=Stammes der Tibetieh, Hetem genannt, wanderte ungefähr im Jahre 1869 aus der Gegend von Moilah im Sahel, zwischen Aqiq und Wold Oan, ein und zwar mit besonderer Genehmigung und unter dem Schutz der Landesregierung, und ohne den Beni Amer und Habab eine Entschädigung für Weib= und Wasserplätze, die sie in Besitz nahmen, zu leisten. Die Eindringlinge schätzt man jetzt auf etwa 1000 Köpfe und be=sitzen sie eine beträchtliche Anzahl von Kameel= und Ziegenheerden. Es ist ein Menschenschlag von ungewöhnlich einnehmenden Ge=sichtszügen und gefälligem Aeußern, arbeitsam und den Einge=borenen an geistigen Fähigkeiten offenbar überlegen. Ein Theil der Hetem befaßt sich mit dem Fischereigewerbe und Jagd, wieder an=dere haben versucht, an den Mündungen der Regenströme Büschel=mais anzubauen. Mit den Beni Amer leben sie jedoch nicht in sehr freundschaftlichen Verhältnissen. Letztere schildern ihre neuen Nachbarn als diebisches, händelsüchtiges Volk, das aber, wenn thätliche Streitigkeiten ausbrechen, meist die Oberhand behält, weil alle Hetem mit Schießgewehren versehen sind, welche sie gut zu handhaben verstehen, während die Waffen der Ur=einwohner nur in Schwert und Lanze bestehen.

Die übrigen fremden Völkerelemente im Gebiet des Anseba und im Küstenland südwestlich und südlich von Masaua, sowie südwestlich vom Barkah berührten wir auf unserem Wege nicht. In Bezug auf dieselben verweise ich auf die gründlichen und ge=lehrten Studien Munzinger=Bek's.[1]

[1] Ost=Afrikanische Studien und Petermann's Geogr. Mitth. Ergän=zungsheft Nr. 13. 1864, S. 8 bis 12.

Doch kommen wir wieder auf Aqiq zurück. Seine Um=
gebung ist keineswegs ansprechend, die Küstenfläche meist sandig,
kahl und dürr. Eine schwache Meile westnordwestlich befinden
sich Brunnengruben im Bett eines Regenstromes, die aber bald
nach Ablauf des Harif (Sommerregenzeit) versiegen. Um
jene Brunnen hat sich einiges Gebüsch von Akazien und
Tundub entfaltet. Der Wasserbedarf von Aqiq muß zur Zeit
der großen Trockenheit gute zwei Stunden weit von Abomanah
herüber geholt werden. Ein Umstand, der sogar der ganzen
Niederlassung Gefahr bringen könnte, erschwert überdies den
Verkehr mit Abomanah. Im nordwestlichsten Winkel des
Golfs von Bahdur hat sich eine sehr tiefe, wohl 3 Meilen weit
nach Nordwest einspringende Lagune, Chor Makro oder Makruch
genannt, gebildet; ein ähnlicher, jedoch schmalerer Canal von See=
wasser umgiebt Aqiq von der entgegengesetzten Seite her. Schutz=
dämme gegen das Eindringen des Meeres bei Sturmfluth fehlen
und es ist zu befürchten, daß eine Katastrophe eintrete, welche der
Ortschaft den Untergang droht. Ohne vielen Kosten= und Zeit=
aufwand ließe sich übrigens der Möglichkeit einer Ueberschwem=
mung durch den Chor Makro abhelfen, ein näherer, stets offener
Weg nach den Brunnen von Abomanah schaffen und zugleich
eine weite Bodenstrecke im Westen in Culturland verwandeln,
wenn mittelst Teichen das aus den Regenströmen sich ergießende
Wasser eingedämmt würde.

Was den Handel von Aqiq anbelangt, werden folgende
Landes= und Seeproducte ausgeführt: Häute von Ochsen, Schafen
und Ziegen, Schläuche, einiges Schlachtvieh, Honig, Wachs,
Butter; Matten von Blättern der Dompalme; etwas Holzkohle
und Kalk; dann Perlen, Perlmutter, Schildplatt, Häute und
Zähne des Dugong, die Operkeln verschiedener Strombus=Arten
(arabisch Dufer oder besser Zufer, d. i. der Fingernagel) und
Münzmuscheln (kleine Cypräen=Arten, arabisch Udaa); endlich

4*

grobe Decken von Schafwolle (arabisch Schamlah), deren gelb=
braune Färbung durch einen Räucherungsproceß bewirkt wird,
welcher dem Stoff mehr Dichtigkeit, aber auch einen unange=
nehmen Geruch beibringt.

Zur Zeit unserer Anwesenheit bezahlte man in Aqiq für
3 Stück Ochsenhäute einen Maria=Theresia=Thaler, für einen
Bocksschlauch (arabisch Qirbah) $\frac{1}{7}$, für ein gutes Schaf
$\frac{1}{2}$ Thaler.[1]

Im Jahre 1874 belief sich der Ertrag der Douane auf
32000 egyptische Piaster, derselbe ist übrigens durch Zunahme
des Verkehrs stets im Steigen begriffen. Noch ist zu erwähnen,
daß die Bewohner des Küstenortes frei von Steuerlasten sind.

Ich hatte wenig Gelegenheit, mich in der Gegend umzusehen
und verwendete meine Zeit meist auf geographische Aufnahmen
und Winkelmessungen.

Am Meer beobachteten wir Pelikane (Pelecanus rufescens),
Seereiher (Ardea gularis), Flamingos, einige Möven und
Seeschwalben, Strandläufer, Regenpfeifer (darunter Squatarola
varia) und Brachvögel; an einer mit Avicennia=Gebüsch bewach=
senen Lagune Zwergreiher (Ardea brevipes) und unsere Rauch=
schwalbe; in der Wüste und Steppe Trappen, Dickfüße, Lerchen
(Coraphites melanauchen und Galerita cristata), sowie
einige Steinschmätzer; im Gebüsch der Brunnen mehrere Würger=
Arten (Lanius nubicus und Lanius isabellinus, Telephonus

---

[1] Die Industrie der Wüstenbewohner besteht namentlich im Gerben
und Zurichten von Häuten. Zum Gerben verwenden sie gewöhnlich die
Fruchthülle der Sunt=Akazie (Acacia nilotica), die Qeret genannt wird.
Sie fertigen Riem= und Sattelzeug, Schilde, Sandalen, Gefäße zu Butter
(Batah), Schnüre, Trettelschürzen für die Mädchen und Frauen, Decken,
Ueberzüge für Bettstatten, Scheiden zu Messern und Schwertern, Peit=
schen, Gürtel, Geflechte aus Lederschnüren, namentlich aber Säcke (Djurab)
und Schläuche (Seu, Qirbah und Raï), Satteldecken (Farca); Tabaksbeutel
und andere Geräthschaften.

erythropterus), dann verschiedene Sänger (eine Drymocca,
Argia, Cercotrichas und Pycnonotus), sowie gelbe Schafstelzen
(Budytes flava) in größeren Flügen, endlich Turteltauben; im
Orte selbst trieben sich Schildraben, Schmarotzer-Milane und
Aasgeier herum.

Die Fischer von Aqiq, welche ihr Gewerbe übrigens in
primitivster Weise betreiben, lieferten uns stets Seefische aus
den benachbarten Buchten, jedoch zum Gebrauch bei Tische meist
unansehnliche und zum Theil recht fad schmeckende Arten.

Vom Vorhandensein prachtvoller Langusten und ihrer Verwerthung für die Tafel hatten sie keine Ahnung, und nur einige
Hetem waren, nachdem ich ihnen die Thiere und ihre Lebensweise beschrieben, im Stande, solche herbeizuschaffen und zwar
in Exemplaren, deren jedes mehrere Pfunde wog. Die Araber
des Rothen Meeres nennen die Languste Om Bint el Roban; die
überall in unglaublicher Menge auftretenden, jedoch nichts weniger
als schmackhaften Taschenkrebse werden Abu Djalambo, auch Abu
Djuran genannt.

Wir haben bereits der Gebirge Erwähnung gethan, welche
unfern Aqiq sich wiederum der Küste nähern. Namentlich ist es
der Gebirgsstock Hedarbeh und dessen zahlreiche und malerisch
gestaltete Verzweigungen, die dem Golf einen stattlichen Hinter-
grund verleihen. Die hervorragendsten Punkte des Hedarbeh
dürften immerhin eine Höhe von 4000 bis 5000 Fuß erreichen.
Ich vermuthe, daß er in Nordwest in mittelbarem Zusammenhang mit dem Heina stehe, wie denn das ganze Binnenland
bis zum Barkah hinüber vollkommen gebirgig ist und aller weitläufigen Tiefebenen entbehrt. Daher auch die große Anzahl
von Regenströmen, welche zwischen To-Kar und Wold Dau den
Sahel durchfurchen. Manche derselben sollen selbst bei höchstem
Wasserstand das Meer nicht erreichen, andere ergießen periodisch
beträchtliche Wassermassen in dasselbe, so der Chor Eibub und

die Torrenten von Abomanah, von Qarora und der Falkat.
Als ich mich im Juli 1857 gemeinschaftlich mit Admiral von
Tegetthoff auf der Insel Bahdur befand, war in Folge des
angeschwollenen Stromes von Abomanah die See zwischen dem
Dorf Bahdur und dem Festland, soweit das Auge reichte, voll-
ständig mit stark getrübtem Süßwasser erfüllt. Die allgemeine
Richtung aller dieser Torrenten geht von Süd oder Südwest
nach Nordost.

Die Eingeborenen versichern, daß im Lauf der letzten zehn
Jahre die Menge der Sommerregen auf dem Ostabfall des
Gebirges sowohl, als die feuchten Niederschläge im Vorlande
in auffallender Weise sich verringert haben.

Zur Zeit der griechischen und römischen Herrschaft muß
überhaupt die ganze Westküste des Rothen Meeres weit reichlicher
bewässert gewesen sein, als heut zu Tage. In den Verbrecher-
Colonien der Goldbergwerke wurde das Metall gewaschen und
es muß sich somit eine große Menge des hierzu nöthigen
Elementes vorgefunden haben. Uebrigens irrt man sich sehr,
wenn man glaubt, die Gebirge zwischen Suakin und Sues seien
regenlos. Die Bergkette nördlich von Suakin bis zum Djebel
Elba hat zumeist eine wirkliche Herbstregenzeit; weiter nordwärts
bis zum Ataqah hin fallen wenigstens im Hochland weit mehr
Winterregen, als dies im Nilthal der Fall ist. Ein Gleiches
beobachtete ich beim Besuch der Oasen westlich vom Nil, sowie
in den Wüstenlandschaften des nördlichen peträischen Arabiens,
auf dem Gebirgsstock des Sinai und den Hochländern östlich
vom Golf von Aqabah.

In gewissen Tiefen und an geeigneten Orten findet man
übrigens in den Strombetten stets Wasser, namentlich an Oertlichkeiten, wo sich geschlossene Felsbänke quer über die Thal-

sohle ziehen. Durch Anlage von Brunnen könnte vielfach dem Wassermangel genügend abgeholfen werden, nur ist die Beschaffenheit des flüssigen Elementes häufig eine ungenügende. Die früheren Insassen des Landes haben der jetzigen Bevölkerung ein treffliches Beispiel gegeben, wie durch ein einfaches System von Rinnen und Cisternen dem Bedürfniß in Bezug auf Versorgung mit Wasser genügt werden könne. Noch zweckdienlicher wäre die Anlage von gemauerten Wasserbehältern und Saugpumpen. In Länderstrichen, wo die Existenz der ganzen Einwohnerschaft und ihres Besitzthums, der Heerden, zum größten Theil von der hinreichenden Menge von Trinkwasser abhängig ist, sollte besonders auf reichliche Beschaffung dieses Lebens-Elementes hingewirkt werden.

———

Unser Aufenthalt in Aqiq währte vier Tage. Trotz der Bereitwilligkeit des Bezirksbeamten Hadji-Agha und des Schech Ali war die Beschaffung der nöthigen Last- und Reitkameele zur Fortsetzung der Reise bis Wold Qan mit verschiedenen Schwierigkeiten verbunden. Die Hetem und Beni Amer waren eben von der Regierung aufgefordert worden, 500 Lastthiere für den Transport von Truppen und Telegraphen-Requisiten nach Berber zu liefern, auch der Schech der Kameeltreiber von Sauakin nach Aqiq entsendet worden, um über diesen Gegenstand mit den Beduinen der Gegend zu verhandeln und denselben Geldvorschüsse zu leisten. Doch gelang es weder der Autorität des Bezirksbeamten (Mamur) noch den blanken Thalern des Schech, die argwöhnischen Eingeborenen zur gedachten Dienstleistung willfährig zu stimmen. Einestheils erklärten die Kameelbesitzer, ohne das eben abwesende Stammesoberhaupt keine Verträge eingehen zu können, anderntheils sind die Leute überhaupt nicht leicht zu bewegen, mit ihren Heerden die Grenzen des Bezirks

zu verlassen. Ueberdies eignen sich die Kameele der Habab und
Beni Amer nicht gut zum Tragen schwerer Lasten durch weite,
sandige, fast wasserlose Steppenlandschaft, in welcher den Thieren
ihre gewohnte Nahrung fehlt. Endlich waren die Heerden in
Folge von anhaltender Trockenheit und Futtermangel sehr herab=
gekommen.

Schließlich gelang es wenigstens unserer Reisegesellschaft,
nach verschiedenen langen und umständlichen Verhandlungen, die
ich mit den Leuten führen mußte, und durch mäßige Erhöhung
des üblichen Preises, die Transportmittel bis zur Südgrenze
des Habab=Gebietes zu erlangen.

Der größte Theil unseres Reise=Gepäckes sollte auf dem
gewöhnlichen Karawanenwege über das Thal von Qarora nach
Wold Qan dirigirt werden und zwar unter Leitung eines
zuverlässigen Soldaten des Mamur.

Wir selbst beabsichtigten, nur mit den nöthigsten Provi=
sionen versehen, in die Gebirgslandschaft einzudringen, dort
einige Zeit der Jagd und naturwissenschaftlichen Untersuchungen
zu widmen und uns dann in Qarora oder Wold Qan mit der
Karawane wieder zu vereinigen. Ali, der Schech von Aqiq, sowie
ein der Gegend sehr kundiger Unterofficier, Mohamed el Senari,
waren uns als Begleiter und Führer beigegeben.

Der schwere Train sollte erst einige Tage nach unserem
Abgang aufbrechen.

Am Nachmittag des 4. Februar verließen wir Aqiq, noch
ein Stück Wegs geleitet vom Mamur und dem Quarantäne=
Beamten Attart. Den Zug führte Schech Ali, angethan mit
rothem Burnus. Das kleine Männlein ritt eine junge Naqa
(Kameelstute), welche durch ihr unruhiges und geschwätziges
Wesen ganz zu ihrem Herrn paßte. Bald hatten wir die sterile
Küstenebene und den Chor Makro, welcher in westlicher Rich=
tung umgangen werden mußte, hinter uns, und zogen dann

über mehrere tief eingerissene Torrenten weg nach Süden,
den Ausläufern des Af Sanab[1] zu. Der Weg steigt leicht
bergan. In den mit Geröllmassen erfüllten Schluchten ent=
falteten einzelne Akazienbüsche ihr erstes Frühlingsgrün. Mehrere
Gruppen alter muhamedanischer Gräber bedecken etwas erhabene,
freie Stellen. Schon nach zweistündigem Marsch lagerten wir
am Fuße eines Felskegels, dem äußersten Vorsprung des Af
Sanab, um eine Ladung Trinkwasser vom benachbarten Abo=
manah zu erwarten. An den Gehängen der nahen Hügel, die
aus Urgebirgsmassen mit zahlreichen Quarzgängen bestehen,
erscheint mageres Buschwerk, während aus einzelnen Klüften
stattliche cacteenartige Euphorbien ihre kantigen Aeste erheben.
Noch reichlicher und auffallender entwickelt sich die Vegetation
in den Niederungen und Wasserrissen unmittelbar um das Ge=
birge, wo baumartiger Tundub (Cadaba) und Samra=Akazien
vorherrschen. Den Reiz der allerdings bescheidenen Pflanzenwelt
erhöhte der liebliche Gesang von Würgern und Droßlingen
(Cereotrichas).

Der Fuß des Af Sanab liegt zum mindesten schon 100 Meter
über dem Meeresspiegel, doch war die Fernsicht wegen der trüben
nebligen Atmosphäre ziemlich beschränkt. Nur die Lagune Makro
zeigte sich als langer, meergrüner Streif im rostig gelblichen
Flachland zu unseren Füßen.

Drei beträchtliche Torrenten münden in den Chor von
Abomanah, der Hamalaïb, Hamal und Abarat. Ersterer (der
Hamalaïb) tritt zwischen den Gebirgszügen Af Sanab und

---

[1] D. i. der Mund, die Mündung der Straße. Das Wort Af kommt
in Tigrie und Amchara sehr häufig bei Ortsbenennungen vor, gewöhnlich in
der Bedeutung von Eingang, Defilé; man braucht es aber auch in Eigen=
namen von Personen z. B. Af=Work (Goldmund, Chrysostomus). Endlich
giebt es am äthiopischen Hofe die Würde der Afa Negus, d. i. das Wort,
der Wortführer, Sprecher des Königs.

Kirba Kerai in das Vorland. Wir folgten ihm drei Stunden lang in südwestlicher Richtung in einer ganz ebenen, breiten Thalfläche von geringem Gefäll.

Je weiter man in die Berge eindringt, um so grüner werden die Gelände und die Ufer der im Geröll eingefurchten kleineren Regenströme. Die hervorragendste Rolle spielen Nabaq (Zizyphus) und Samra (Acacia spirocarpa), welch letztere bereits einige Blüthen ansetzte; die Büsche sind überdies oft gänzlich mit schlingenden Cucurbitaceen behängt und namentlich der Fuß derselben, also die schattigen und feuchteren Plätze, bedeckt mit jungen Blattpflanzen, als Gräsern, Compositen und kriechenden Tradescantien. In dem Unterholz der Torrenten gaggerten Schaaren munterer Perlhühner, welche bei nahender Gefahr in eiligem Lauf in den Schluchten der Thalwände Schutz suchten; aus den Büschen erschallte der fröhliche Gesang des Erdwürgers (Telephonus erythropterus), das schwätzende Lied des Bulbul (Pycnonotus Arsinoe) und das scharfe Zirpen des gelblichen Webervogels (Hyphantornis galbula), während auf kahleren, steinigen Flächen sich Haubenlerchen, gelbe Bachstelzen, Steinschmätzer, sowie unstete kleine Gesellschaften von Steppenkiebitzen (Sarciophorus tectus) herumtummelten und in den hier und da fallenden leichten Sprühregen badeten.

Die Gegend war jetzt ziemlich stark bevölkert. An verschiedenen kleinen Gehöften von Mattenzelten, umgeben von Dornhecken, führte unsere Straße vorüber; an den grünen Bergrücken weideten unzählige Heerden von Ziegen und Schafen. Mehrmals bot man uns etwas frische Milch in Kürbisschalen, mit dem Bemerken, daß die nachtheiligen Folgen der seitherigen Trockenheit und des damit verbundenen Mangels an frischem Futter immer noch nicht gehoben seien. Wollten wir den Leuten ein kleines Geschenk reichen, so verweigerten sie stets dessen Annahme mit dem Zusatze, unsere Gegenwart möchte ihnen Glück bringen, und sie betrachteten dieselbe als ein gutes Zeichen, daß der Himmel ihnen bald reichlichen Regen und Segen durch ihre Heerden bescheren werde. Weiter bergwärts verengt sich das Thal. Sein Bett ist von mächtigen Rollsteinen erfüllt, der Baumschlag kräftiger, dagegen die Bestände von Dattelpflaumen (Zizyphus) im Gegensatz zu den Akazien des Vorlandes noch weniger kräftig belaubt. In der Nähe einiger Brunnengruben begegneten wir auch kleinen Truppen von ausgehungerten Kühen. Endlich wurde am Fuß des Hedarbeh-Gebirges, dem nächsten Ziel der Wande= rung, gelagert. Die unmittelbare Umgebung bot allerdings des Interessanten nicht viel; da die Gegend durch eine Unzahl von Heerden beunruhigt wurde, hatte sich das Wild mehr in das Hochland zurückgezogen und nur Zwerg = Antilopen (Antilope Hemprichiana), Hasen und Perlhühner ließen sich sehen.

Voraussichtlich hätte ein Besuch des Hauptstockes des Ge= birges mehr Jagderfolg geliefert, sicherlich aber wäre derselbe in geographischer Beziehung von hohem Werth gewesen, aber der Weg zum höchsten Gipfel schien ziemlich beschwerlich und nach Ansicht des Führers konnte die Besteigung gegen einen halben Tag in Anspruch nehmen; mein Begleiter trieb daher zu schleuniger Umkehr und Weiterreise, die nach kurzer Rast noch im Lauf desselben Nachmittags angetreten wurde.

Dichte Wolken von Wanderheuschrecken wälzten sich südwärts. Mehrmals mußten wir solche Schwärme durchreiten, die schnee= flockenartig zur Erde fielen und alles Buschwerk gleichförmig, wie eine Moosschichte, überdeckten. Sie bringen durch ihr unstetes und unsicheres Flattern und Anschlagen mit den Flügeln, das Kauen an Blättern und Knospen und endlich durch den zur Erde fallenden Regen von Excrementen ein eigenthümlich unheimliches Geräusch hervor. Ihnen folgen Schaaren von Raben, Milanen, Thurm= falken und, wie es scheint, selbst Aasgeier. Auch Mangusten und

andere kleine Raubthiere scheinen nicht weniger Geschmack an
Orthopteren zu finden, als die Negervölker Inner-Afrika's und
die nomadisirenden Hirten des Steppenlandes. Die Heuschrecken
werden von letzteren ihrer Extremitäten entledigt, an einen
Palmzweig gereiht und in ihrem natürlichen Fett geröstet.
Andererseits sammelt man dieselben in großer Menge, trocknet
sie an der Luft und reibt sie mit Gewürzen und dürren Früchten
der Bamieh (Hibiscus) zu Pulver, das in Ledersäcken auf-
bewahrt und gelegentlich zu pikanten Saucen verwerthet wird.
Der Geschmack ist dann wirklich nicht unangenehm und hat einige
Aehnlichkeit mit dem der Flußkrebse.

Der meist enge Weg wand sich meist südwärts durch
Schluchten und über mehrere kluftartige Pässe zum weiten Dahara-
Thal, welches in den Hamalaïb mündet. An den Gehängen
verdrängt hier die Selem-Akazie (Acacia Ehrenbergiana) die
Samra; aus den Spalten der Felsen wuchert üppig die schon
erwähnte cactusartige Euphorbie, deren vielkantige stachlige Aeste
fast Mannshöhe erreichen.

Die Gebirge gehören meist der Formation des Urthon-
schiefers an, der nicht selten ein wackenähnliches Aussehen angenommen hat; an einzelnen Stellen bildet derselbe pyramidale
Hügel, über welche, regelmäßig an einander gereiht, die staffel-
förmig unter einem Winkel von etwa 45 Graden geneigten
Schichten verlaufen. Letztere werden vielfach durch Quarzgänge
von einander geschieden.

An einer Stelle verengte sich der Sattel, durch welchen
unsere Straße führte, derart, daß kaum Raum genug blieb, um
die beladenen Kameele durchzulassen; beim Niedersteigen aber
verursachten die überhängenden Dornbäume und viele lose Felsblöcke, welche die Schlucht erfüllten, nicht wenig Schwierigkeiten.

Während des Einlenkens in das Dahara-Thal ließen wir
ein beträchtliches Zeltlager zur Linken und folgten dann dem

ersteren bergwärts in Südwest. Hoch oben an den Wandungen der Berge bemerkte ich die ersten wilden Feigenbäume (Urostigma?) in stattlichen Exemplaren und mit weit herabhängenden Luft= wurzeln.

Gegen Abend trübte sich der Himmel immer mehr und bald fiel ein ziemlich starker, die Vegetation augenscheinlich er= quickender Regen, der erst mit Sonnenuntergang aufhörte.

Am folgenden Tage ging es noch ein Stück thalaufwärts, dann aber, den Chor zur Linken lassend, in Süd zu West über niedriges, durch mehrere grüne Thaleinschnitte unterbrochenes und mit Geröll bedecktes Hügelland zum großen Strom von Adomanah.

Nicht selten stießen wir hier auf Gazellen, die sich meist paarweise zusammenhielten. Sie gehörten den weit verbreiteten Formen Antilope dorcas und Antilope laevipes an.

Uebrigens bemerkte ich auch eine dritte Art, welche ich nicht zu erkennen vermochte, dieselbe schien etwas kräftiger als die ge= meine Gazelle, auffallend dunkelrothbraun gefärbt, ohne schwarzen Flankenstreif; das Weibchen ist wahrscheinlich nicht gehörnt.

Weder früher noch später ist uns ein ähnlich gefärbtes Thier vorgekommen.

Zu meinem Bedauern gelang es mir nicht, mich in den Besitz eines der im Dahara=Thal gesehenen Exemplare zu setzen, obgleich ich einem derselben einen Kugelschuß beibrachte, auf welchen es Kehrt machte und ein gutes Stück weit direct auf mich zulief, seine Richtung aber wieder änderte, nachdem der hinter mir reitende Diener einen Höllenlärm anschlug.

Die Stelle, wo wir den Chor von Adomanah erreichten, war mit dichten hohen Musoaq=Büschen (tigrisch Oerfa, Salva- dora persica) bestanden, zwischen denen wir ganz frische Fährten und Losung von Nashorn, Wildschweinen, Affen und wilden Hunden entdeckten. Nach Aussage unserer Kameeltreiber war die Gegend ganz unbewohnt und so hofften wir hier einige Jagdbeute zu machen. Die Karawane folgte dem von mächtigen Tamarisken erfüllten Strombett noch eine Meile weit ostwärts, wo dann in der Nähe eines natürlichen Wasserbeckens die Zelte aufgeschlagen wurden. Der Platz heißt Tschelhindié oder Tschelhindeh.

Die Umgebung des Thals war übrigens öder und trockener, als wir vermuthet hatten, namentlich die Gehänge der benachbarten Berge, wo nur an günstigen Stellen grünes Buschwerk auftrat. Die Tamarisken des Thals, mit Nabaq, Akazien und Oersa fast undurchdringliche Dickungen bildend, hatten allem Anschein nach vor noch nicht langer Zeit durch Feuer sehr gelitten. An etwas schattigen Fleckchen zeigte sich hier wohl ein magerer grüner Grasteppich, während im fetten aufgeschwemmten Lande viel Ricinus-Büsche, mehrere Sena-Arten und eine große gelbblühende Schmarotzerpflanze mit dickem, fleischigem Stengel (eine Orobranche) gediehen. Hier namentlich stießen wir auf zahllose Spuren von Warzenschweinen, die den Boden überall aufgebrochen hatten, wohl um zwiebelartige Gramineen-Wurzeln auszugraben. Auch die Lager dieser Thiere fand ich unter Wurzeln an den überhängenden und unterwaschenen Stellen der Regenstrombetten.

Der genannte Wasserplatz ist an einer Felsecke und der scharfen Biegung der Thalsohle gelegen; ein ziemlich tiefes Becken von oben 30 Schritt Länge. Der Inhalt war durch die hin und wieder einkehrenden Heerden, sowie durch Wildschweine, welche sich hier suhlen, sehr verunreinigt, selbst die aus den in der Nähe im Sand und Geröll abgeteuften Gruben gewonnene Flüssigkeit ihres unangenehmen Geruchs wegen fast ungenießbar. Dagegen fanden unsere Leute an einer benachbarten Stelle thalaufwärts nach kurzem Graben ganz gutes und reines Trinkwasser.

Um den Teich schwärmten himmelblaue Cicindelen, aus dem Wasserspiegel selbst reckten kleine Schildkröten (Pentonyx Gehafie) ihre dunklen und spitzigen Köpfchen.

An den Berglehnen begegneten wir Windspiel=Antilopen und Ketten von Perlhühnern; auf Akazienbäumen in engeren Hoch= thälern dem metallglänzenden abessinischen Honigsauger im Pracht= kleid, einzeln auch Staffelschwänzen (Urorhipis rufifrons), welche schon recht munter sangen; auf kahleren Flächen zeigten sich Haubenlerchen, Steinschmätzer und ein Flug wüstenfarbener Gimpel, welche, einen sanft flötenden Ton ausstoßend, zweimal vor mir aufgingen, jedoch so schüchtern waren, daß es mir nicht gelingen wollte, einen derselben zu erlegen. Ohne Zweifel gehörten diese Vögel zur Gattung Carpodacus.

Am Teich wechselten unaufhörlich größere Flüge von gelb= lichen Webervögeln (Hyphontornis galbula) und Lanzenschwänz= chen (Uroloncha cantans) hin und her, theils um den Durst zu stillen, theils um ein erfrischendes Bad zu nehmen. In den waldartigen Tamariskengruppen girrten Turteltauben (Turtur senegalensis), schreiend verfolgten sich mehrere Paare Nashornvögel (Toccus erythrorhynchus), dazwischen ertönte das eigenthümliche Flöten der Mäusevögel (Colius macrourus), das Geflüster des Grauvogels (Pycnonotus Arsinoe), der Angstruf des Schweifdroßling (Cercotrichas) und der neckende Gesang des rothflügligen Würgers (Telephonus erythropterus).

Während der Zeit der Abenddämmerung belebte der gelle Lockton zahlreicher Flüge von Sandhühnern (Pteroelis Lichten= steinii), welche am Wasser einfielen, das stille Thal. Mehrere dieser durch ihr taubenartiges Wesen ausgezeichneten und zwar einfach, aber doch höchst reizend gezeichneten Vögel, welche ich öffnete, hatten Kropf und Magen mit unreifen Samen einer Sena=Art vollgepfropft.

Unmittelbar nach unserer Ankunft in Tschelhindeh wurde

ein Soldat nebst einem der Kameelführer abgesandt, um in den nächsten Zeltlagern einige Schafe oder Ziegen zu erstehen. Nach ihrer Rückkehr am folgenden Mittag verließen wir den Wasser= platz, um noch ein Stück weit thalaufwärts zu ziehen. Von der Stelle, wo wir den Chor von Abomanah zuerst betraten, führte unser Weg Anfangs südlich, etwas zu West, dann mehr südsüd= östlich meist durch weite Thalflächen. In Süd zeigten sich zwei mächtige Berggipfel, der östlichere wurde mir Eibab, der westlicher gelegene Uben gabeïn benannt.

Am Strombett erheben sich hier und da frisch grüne Dickichte von Salvadora, einer Lieblingsspeise der Kameele, die übrigens auch gierig alle jungen Blätter und Schosse der hier häufigen Wunderbaum= (Ricinus-) Büsche verzehrten. Auf freieren Flächen zeigten sich oft flüchtige Gazellen (Antilope dorcas und A. laevipes), die Böcke meist einzeln oder in kleinen Rudeln, die Ricken abgesondert mit ihren stark halbgewachsenen Kälbern, welche übrigens noch gesäugt wurden.

Nach zweistündigem Marsch erweiterte sich das Thal be= trächtlicher. Die Gegend heißt Dar=Abut und war gegen unser Erwarten von Vieh= und Ziegenheerden besucht. Eine weit= läufige muldenartige Einsenkung, welche theils ziemlich dicht mit niedrigem, aber lebhaft grünendem Akazien=Buschwald bestan= den war, enthielt sehr sumpfige Flächen und einen Teich von Regenwasser. Die Dickichte wimmelten von kleinen, flüchtigen Hasen, während auf lichteren Stellen einige Rudel Antilopen sich am jungen Laub der Ub=Büsche (Acacia nubica) gütlich thaten.

Zwei Hügelrücken der Gegend Daber Amar, zwischen denen beträchtliche Regenbetten, namentlich der Chor Daqbaq hervortre= ten, überschreitend und dann nach Ost zu Süd umbiegend, erreichte unsere Karawane den Felskessel Oedab, wo wir im Strombette selbst an mehreren Stellen Wasser antrafen. Hier wurde nach

3³/₄ſtündigem Marſch gelagert, um am folgenden Tage noch
einige Meilen weiter aufwärts zu wandern und zwar in einer
meiſt ziemlich engen, von ſteileren Wänden eingeſäumten Thal=
rinne, in welche von beiden Seiten her wild zerriſſene Schluch=
ten münden. Ein auffallend üppiger Baumſchlag verleiht die=
ſer Landſchaft, die ſo ganz den Charakter eines afrikaniſchen
Jagdplatzes trägt, einen beſonderen Reiz, der noch durch zahl=
reiche Stellen mit theils rieſelndem, theils ſtehendem Waſſer
und mächtige ſenkrechte, vielfach zerklüftete Felsgruppen er=
höht wird.

Auf einer grünen Lichtung wurde das Zelt aufgeſchlagen
und mein Begleiter machte ſich unter Führung einiger unſerer
Leute ſofort auf den Weg, um zu jagen. Ich ſelbſt war in
Folge einer Erkältung und vielleicht auch durch Genuß von
ſaurer Milch an mein Lager gebunden und hatte einen heftigen
Fieberanfall zu beſtehen.

Schon nach anderthalb Stunden kehrte Herr Vieweg mit
der Kunde zurück, daß die Berge theilweiſe von Hirten mit
ihren Heerden beſetzt ſeien und er keine Spur von Wild gefun=
den habe. Bereits war das Zeichen zum Aufbruch und Rückzug
gegeben, als mehrere unſerer Diener, welche in entgegengeſetzter
Richtung das Thal durchſtreift hatten, die Meldung machten,
ſie wären einem Rudel von einigen zwanzig großen Antilopen be=
gegnet, welche eben im Begriff ſeien, nach der Tränke zu ziehen.
Es ging nun an Verfolgung der Thiere, welche ſich indeß wieder
anſchickten, den Weg in die ſteilen Gehänge einzuſchlagen.
Mein Begleiter feuerte mehrmals, namentlich auf einen Kudu
mit ungeheurem Gehörn, jedoch auf allzu große Entfernung. Die
weitere Verfolgung der Antilopen lieferte nicht das erwartete
Ergebniß, doch begegnete die jagende Geſellſchaft, wie es ſcheint,
noch mehreren Kuh=Antilopen und Klippſpringern (Oreotragus).

Indeß war es Abend geworden, die ſchon abgebrochene

Leinwandhütte wurde wiederum aufgebaut und den nächsten Mor=
gen ein Streifzug nach der Gegend hin, wo sich das Wild ge=
zeigt hatte, unternommen. Aber auch diesmal entsprach der Er=
folg den Erwartungen keineswegs. Die Antilopen waren wohl
durch die gestrige Begegnung eingeschüchtert, auch kommen sie
erfahrungsgemäß während der Vormittagsstunden gewöhnlich
nicht zu Thal. Es ist jedoch nicht daran zu zweifeln, daß wir
bei einiger Ausdauer und mit Aufopferung von ein paar Tagen
hier sicherlich reichliche Jagdbeute gemacht haben würden, zumal
da sich auch hier eine nicht weniger interessante kleine Thierwelt
vorfand.

Die Felsklüfte beherbergten Klippdächse und Ichneumonen.
Zahlreiche Raubvögel, namentlich verschiedene Thurmfalken und
eine Sperberart umschwärmten die Berggipfel, um Heuschrecken
zu vertilgen.

An den Klüften und den überhängenden Gesträuchen trieben
sich prachtvolle Bienenwölfe (Merops Lafresnayei), Nashorn=
vögel und Trauer = Drongos (Dicrourus lugubris) herum,
ebenfalls eifrig mit Insectenjagd beschäftigt. Von Baum zu
Baum schwirrten Honigvögel (Nectarinia habessinica), Trauer=
meisen (Parus leucopterus), Stutzschwänzchen (Oligocercus
microurus), Staffelschwänze (Urorhipis) und Halsbandschnäpper
(Batis orientalis), letztere stets paarweise.

Die stagnirenden Gewässer wimmelten von Schildkröten,
welche, um sich zu sonnen, oder vielleicht auch um Fliegen zu
fangen, zur Morgenzeit ihr heimisches Element verließen und eine
Strecke weit auf steile Felsvorsprünge emporkletterten, von wo
sie sich bei unserer Annäherung eiligst wiederum in das Wasser
stürzten.

Nach meinen barometrischen Messungen liegt die Stelle,
wo wir unser Zelt aufgeschlagen hatten, 353 Meter über dem
Meeresspiegel.

Am Mittag des 9. Februar ging es auf dem früheren Wege zurück bis Dar-Abut, dann wandte sich die Straße in südöstlicher Richtung vom Chor von Abdomanah ab bis zum Fuße des Passes von Dareïta, wo sich mehrere beträchtliche Ansiedelungen befanden. Zahllos war die Menge der Heerden, welche gegen Abend von allen Seiten her nach den Dornparken, welche die Mattenzelte der Eingeborenen umgeben, eingetrieben wurden. Die Leute überließen uns etwas Milch, Butter dagegen war nirgends aufzutreiben.

Die Gehänge des Thalkessels von Dareïta, sowie vereinzelte Felsmassen, welche sich um denselben erheben, bestehen aus Thonschiefer mit mächtigen Quarzgängen; auch Talkschiefer steht an einzelnen Stellen an, während im Geröll der Wildbäche Brocken von Granit, Gneis, Porphyr und Mandelsteinen zerstreut liegen. An einer Stelle hat der Urthonschiefer ein wackenartiges Ansehen, jedoch bemerkt man stets noch die Spuren seiner charakteristischen Structur.

Während der letzten Tage fielen in den Vormittagsstunden und gegen Abend von Zeit zu Zeit leichte Sprühregen; über Mittag war die Luft meist dumpf und schwül.

Der Morgen des 10. Februar brachte wiederum Regen, doch konnten wir um 7½ Uhr in der Frühe aufbrechen. Vor uns lag ein Gebirgssattel, die Atabah (Paß) von Dareïta, welche erstiegen werden mußte. Je höher wir gelangten, um so mehr verengerte sich der Weg, der in südöstlicher Richtung vom Lagerplatz (320 Meter) bis auf 397 Meter anstieg. Zwischen steilen Bergwänden, die mit Akazien und Nabaq bestanden sind, windet sich der felsige, theils mit ungeheuren Geröllmassen bedeckte Pfad vom Gipfel des Passes aus ein Stück abwärts, dann über einen zweiten Sattel (353 Meter hoch) in mehreren Schlangenlinien zum Thal von Derqer (an der Mündung der Schlucht 190 Meter hoch) herab, wo sich wiederum verschiedene kleine Ort-

5*

schaften aus Mattenzelten befanden. An der nördlichen Thal=
wand erheben sich zwei beträchtliche Bergmassen, deren eine mit
scharfkantigen pyramidalen Felszacken gekrönt ist.

Das Thal von Oerger erweitert sich nach Osten zu und biegt
bald in Nordost um. Am Fuße des Südvorsprunges eines kahlen
Thonschieferfelsens, auf dem eine Warte aus Feldsteinen erbaut
ist, befinden sich im Geröll mehrere Brunnengruben, ebenfalls
Oerger oder Oeraqer genannt, welche in einer Tiefe von 2 Klaf=
tern ziemlich viel Wasser enthielten, dessen sich auch die Bewoh=
ner von Eidarbeh bedienen.

Die Straße von Oerger oder Oeraqer nach Oarora und
Wold Oan führt direct südlich; auf Anrathen unseres Führers
wandten wir uns jedoch nach Nordost, nach der nur 2½ Mei=
len entfernten Niederlassung Eidarbeh, um dort Nachricht über
die Karawane, welche das schwere Gepäck zu befördern hatte,
zu erhalten. Ein Diener war vorausgeeilt und bald darauf
kam der Schech der Gegend auf flüchtigem Dromedar zur Be=
grüßung angeritten. Derselbe lud uns ein, bei ihm abzusteigen,
wo auch der andere Theil der Gesellschaft unserer warte.

Die Beni Amer der Gegend gehören zum Stamm der
Hazeri,[1] welcher auch im Gebiet des oberen Anseba Weide=
gerechtigkeit hat und seine Wohnsitze während des Sommers
dorthin verlegt. Der Weg dahin führt über das Falkat=Thal und
den Paß von Haschkob. Ihr Oberhaupt, Okut Wold Musah,
Schech el Onnub,[2] hat sein Winterlager in Eidarbeh, einer un=
bedeutenden Niederlassung aus Mattenzelten auf einer ziemlich ein=

---

[1] Rüppell berichtet über einen Stamm im peträischen Arabien, der
einen ähnlichen Namen führt. Diese „Haterie" sollen Nachkommen einer
moghrabinischen Besatzung von Tor sein und die Benennung Haterie vom
Arabischen Hader und nicht Hater, d. i. zum Dienst bereit, abgeleitet sein.

[2] Onnub bedeutet Küstenland, also das arabische Sahel. Aber auch
ein Gebirge der Gegend soll diesen Namen führen.

förmigen Fläche zwischen vereinzelten Ausläufern des Hauptgebirgs=
stockes und den Vorbergen gelegen. Die Meereshöhe des Orts
beträgt nach meinen Messungen 137 Meter. Charakteristisch für
die vollkommen sandige Gegend ist neben dem Auftreten von
Uscher (Calotropis) auch das Wiedererscheinen des Atlib=Strauches
(Suaeda), der uns seit der Abreise von Aqiq nicht mehr zu
Gesicht gekommen war. Auf trockenen Flächen wächst gesellschaft=
lich ein Wüstengras, welches die Sudan=Araber Dasrit benen=
nen, und ein sehr niedriger graublättriger Dornstrauch mit zart
ziegelrothen Blüthen, der Helot heißt.

Von Eibarbeh nach dem Hafenplatz Berisah rechnen die
Eingeborenen 6 bis 8, nach Aqiq el sogheïer 14 Wegstunden.

Von letzterem Ort ausgehend gelangt man nach Aussage
unserer Kameelführer:

1. nach Abomanah in 2   Stunden
2. von da nach dem Chor Aderat mit Brun=
    gruben in 2   ″
3. von Aderat nach dem ebenfalls Trinkwasser
    enthaltenden Chor Derbit in 3   ″
4. von Derbit bis zum Chor Denet, wo sich
    wiederum Wasser findet, in . . . . . 4½   ″
5. von Genat nach Eibarbeh in 3   ″

zusammen 14½ Stunden.

Ich erkundigte mich hier wiederholt nach der Mündung
des Anseba=Stromes, welche die Ats Hazeri öfter besucht haben,
sie ist nach dem Berichte dieser Leute 4 Tagereisen in Nordwest
von Kerkebat gelegen, also beiläufig unter 17 Grad 30 Minuten
nördl. Br.

Man kann von Eibarbeh aus bereits die Gebirge bei
Qarora und selbst einige Gipfel des Habab=Landes unfern Wold
Dan wahrnehmen. Der Weg bis Qarora führt auf einer fast

vollkommen ebenen Fläche hin, zur Rechten (West) bleibt der
Hauptabfall der Küstengebirge, aber auch nach der Seeseite zu
erheben sich allenthalben noch niedrige pyramidale Gipfel und
Grate von Urgebirgsmassen aus dem Sahel. Das Meer ist von
der Karawanenstraße aus nicht sichtbar.

Schon am Nachmittag des 10. Februar brachen wir von
Eidarbeh wiederum auf. Schech Okut gab uns das Geleite.
Nach einer starken Meile blieb die Mündung des breiten Thals
Niet in den Sahel in West. Bei Hochwasser sollen sich seine Fluthen
bis nach Mirsah Berisah wälzen. Die Ausläufer des Gebirges,
durch welches dasselbe in die Ebene heraustritt, bestehen aus
Thonschiefer mit Quarzgängen, deren Westseite häufig sehr
steil abgebrochen erscheint, während die Schichten ein regelmäßiges
Fallen unter einem Winkel von etwa 35 Graden nach Nord zu
zeigen. Nicht wenige, aber meist flache Regenstrombetten durch=
furchen die Ebene des Vorlandes, welche fast alles Baumwuchses
entbehrt, daher auch seltener von Wild besucht wird.

Doch ist die Gegend nicht ganz einförmig, indem die Straße
mehrmals durch fast kesselartige, von wunderlich geformten Fels=
hügeln umschlossene Flächen führt, aber ohne sich merklich zu
heben oder zu senken.

So waren wir 4 Meilen von Eidarbeh zwischen den Ber=
gen Afbalu (West) und Difo (Ost) durchgekommen, von welchen
aus sich eine mehrfach unterbrochene Reihe von Graten bis zum
Qabif-Berg (nordöstlich) hinzieht; zwei starke Meilen weiter
südwärts ließen wir den vereinzelten Bergkopf Murmur hart
in Ost.

Am folgenden Tage führte der Weg stets noch über sandige
Flächen hin, welche jedoch bereits deutliche Spuren der letzten
Regen trugen. Sie waren, wenn auch spärlich, so doch allgemein
mit einem leichten Grasteppich bestanden, aus dem da und dort
die großen saftigen Blätter von Pancratium tenuiflorum ragten.

Einige dieser reizenden Pflanzen trugen bereits Blüthen. Diese stehen auf spannlangen dicken, fleischigen Stielen, welche büschel= artig (meist 6 oder 7 beisammen) gruppirt sind. Fein zugespitzte, aufgerichtete Kelchblätter umschließen die faserig zerschlissenen weißen Blüthen und die Staubgefäße gänzlich.

Im Verlauf des Marsches näherten wir uns mehr und mehr dem in zwei hohe Terrassen gegliederten Küstengebirge, das, nur an wenigen Stellen durch enge Thalrisse unterbrochen, ziem= lich grablinig nach Süd verläuft. Die Ebene des Vorlandes scheint sich nach dem Fuß dieser Höhenzüge hin etwas zu senken. Auf ersterer liegen zuweilen riesige Granitblöcke sowie kleinere Trümmermassen desselben Gesteins zerstreut.

Der Schech des Districts, Mohamed Lebab, eine sehr statt= liche Erscheinung, gefolgt von einem Trupp Reisiger, traf hier mit uns zusammen, gleich darauf auch der dritte Sohn des Kantebai der Habab, Schech Mohamed, der im Auftrag seines Vaters von Wold Oau gekommen war, um uns bis zu dessen Residenz das Ehrengeleite zu geben. So vermehrte sich die Karawane bis zur Ankunft bei den Brunnen von Oarora beträchtlich.

Von Eidarbeh bis hierher rechne ich 12 Meilen.

Oarora ist ein mächtiger, aus Süd nach Nordnordost ver= laufender Regenstrom, in welchen zahlreiche Thäler aus den be= nachbarten Hochgebirgen münden.

Er soll in Mirsah Berisah das Meer erreichen, nach einer anderen Angabe etwas südlicher, bei Mirsah Mendalub.

Das eigentliche Bett des Torrenten besteht zur trockenen Jahreszeit aus einer breiten, glühenden Sandfläche mit Geröll= anschwemmungen. Es enthält eine große Anzahl von Brunnen, welche Wasser von sehr verschiedener Güte liefern. Ungeheure Heerden von Kameelen, Rindvieh, Ziegen und Schafen der Beni Amer und Hetem versammelten sich eben hier zur Tränke.

Die flachen Ufer des Wadi Oarora sind mit walbartigen

Gruppen von Bäumen und Sträuchern eingesäumt, unter denen Tamarisken und Uscher die hervorragendste Rolle spielen, vereinzelt finden sich auch Dickichte von Nabaq und Akazien.

Die nächste Umgebung der Brunnen soll unbewohnt sein, wie es denn bei allen Nomaden Nordost-Afrika's üblich ist, ihre ambulanten Niederlassungen stets in einiger Entfernung von den Wasserplätzen anzulegen.

Die Gebirge rücken sich hier ziemlich nahe, denn ostwärts vom Thal verläuft eine Hügelreihe, welche übrigens theilweise aus neuen Gebilden zusammengesetzt zu sein scheint. Es muß dort ein sehr eisenhaltiger Sandstein anstehen. In West zu Süd von den Brunnen erhebt sich der Doppelberg Teslanai und der wohl noch höhere Danbubié, aber die ganze Kette wird weit überragt durch das Plateau des Deber Djindjei,[1] der übrigens etwas weiter im Innern gelegen und nur von wenigen Punkten aus sichtbar ist. Auf den höheren Theilen der Bergwände zeigt sich ein reichlicher Baumschlag, sowie in den benachbarten unbedeutenderen Torrenten und Klüften.

Schech Okut und Schech Mohamed Lebab verabschiedeten sich hier, während die Karawane am Nachmittag des 11. nach Süden weiter zog, eine Zeit lang dem Chor von Darora folgend. Der Hauptstrom kommt vom Berg Agamet, einem in Südwest zu West gelegenen stattlichen Granitkegel mit abgestutzter Spitze, auf welcher sich wiederum eine kleine Felspyramide erhebt; ein ähnlich geformter Berg näher und etwas südlicher von der Straße heißt Fakal.

Nach einem Marsch von einer schwachen Meile von den Brunnen lassen wir hart links vom Weg einen eigenthümlich geformten Granitklumpen mit natürlichen Höhlen und einigen

---

[1] Nach Munzinger zu Deutsch „Fliegenberg". Meinem Gehör nach wäre dieser Name Tschindschei zu schreiben.

Grab-Monument am Fuß des Berges Wolf-Abarat.

I. Seite 73.

thurmähnlich emporragenden losen Blöcken, der mir Aba Dschagat benannt wurde. Hier wendet sich der Pfad mehr nach Südsüd= west, wiederum an niedrigen Granitmauern vorüber, welche an ihrem oberen, fast horizontalen Rande schalige Absonderungen zei= gen, die wie durch heftige Brandung durchlöchert sind. Ueber eine weite, ziemlich baumlose Steppenfläche ging es sodann einem Querthal zu, welches die Berge Arob und Wold Aberat scheidet. Unmittelbar vor diesem Thal mündet von Ost her eine kleine Ebene mit wenigen vereinzelten Salvadora=Büschen. In ihrer Mitte erhebt sich die sehr wohlerhaltene Ruine eines Grabmals. Das Material desselben besteht aus schmalen Platten von Thon= und Glimmerschiefer, die zierlich und symmetrisch, jedoch ohne Binde= mittel an einander gefügt sind. Das Ganze besteht aus vier Stockwerken, welche sich staffelartig nach oben verjüngen, aber senkrechte Wände haben. Die drei unteren Stockwerke sind von rundem, das oberste dagegen von viereckigem Querschnitt. Dieser Thurm ist von einer niedrigen, kreisrunden Mauer umgeben, deren Oberfläche sowie diejenige der einzelnen Absätze des eigent= lichen Monuments einst gleichförmig mit weißen Quarzstücken belegt war. In der Ringmauer sind vier Eingänge angebracht, deren westlicher von einer Felsplatte überdeckt wird. Zur Linken vom östlichen Zugang erheben sich stelenartig zwei rohe rechteckige Säulen. Der Hauptbau ist malerisch von Oersa=Bäumen und Strauchwerk beschattet, auch im Fundament der Ringmauer wur= zeln mehrere offenbar sehr alte Stämme von Salvadora.

Noch wäre zu bemerken, daß die Zugänge sowie die Mauern des Würfels, welchen das vierte Stockwerk bildet, nicht genau nach den vier Himmelsgegenden gerichtet sind.

Ich gebe hier eine Skizze dieses Bauwerkes, in dessen Nähe sich noch die Trümmer einer zweiten ähnlichen, aber kleineren Grabstätte, sowie mehrere Schutthaufen finden.

Im Verlauf unserer Reise begegneten wir an den verschie=

densten Oertlichkeiten, theils vereinzelt, theils dorfartig gruppirt, solchen Gräbern, die von den Eingebornen Daber benannt werden.

Dr. Schweinfurth beschreibt[1] eine vollkommene Gräberstadt, die er am Fuße des Maman-Gebirges, westlich vom Barkah, besucht hat. Saleh Efendi sah ähnliche Gruppen in der Gegend von Hasta, Munzinger in der Dahera-Ebene; auf diejenigen bei Af Abed und Desit werde ich später zurückkommen. Alle von mir näher untersuchten derartigen Grabmale unterscheiden sich übrigens von denjenigen, welche Schweinfurth gesehen hat, durch Mangel eines Eingangs in das Erdgeschoß. Auf meine Erkundigungen über den Ursprung und das Alter derselben erzählten mir unsere Führer, sie seien von den Ureinwohnern des Landes errichtet worden, von welchen vereinzelte Reste in den nahen Gebirgen wohnen und die Bet Maleh genannt werden. Diese sollen heut zu Tage noch während der Regenzeit in runden Steinhütten wohnen und besitzen für ihre wenigen Ziegenheerden Stallungen, welche in Felsklüften angebracht und durch künstliche Außenmauern geschützt sind.

Diese Bet Maleh bekennen sich formell zum Islam, seien aber im Grund doch Ungläubige und überhaupt arme, verkommene, menschenscheue Geschöpfe, die in einer Art Dienstverhältniß zur herrschenden Raße der Beni Amer stehen.[2]

Jenseits des bereits erwähnten Querthales, welches die Berge Wold Aberat (auch Abarat) und Arob durchschneidet und eine nordwestliche Richtung hat, lagerten wir zwischen hübschen grünen

---

[1] Zeitschrift für allgemeine Erdkunde XIX, S. 397.

[2] Ich erwähnte dieses Stammes und seiner Verwandten in einem Bericht über das Gebiet der Beni Amer in Petermann's Geogr. Mitth. 1867, S. 172. Sie kommen übrigens schon auf der Karte der deutschen Expedition 1861/1862 vor, ihre Wohnsitze sind aber dort etwas südlich von 17 Grad n. Br. verlegt. — Der Häuptling der Bet Malha oder Bet Maleh soll in Ed-Leleh im Thale Derabtie oder Derabte residiren. Ich vermuthe, daß dieses Thal in den Fallat oder nach Darera münde.

Arabs=Trappe.

C. WENDT sc.

Dickichten von Qerſa und Akazien, während der untere Theil der Niederung von feinblätterigen Tamariskenbäumen beſchattet wird. In Schluchten der nahen Felswände fanden unſere Kameel= treiber einiges Regenwaſſer. Der Buſchwald beherbergte neben Windſpiel=Antilopen und Perlhühnern auch eine Menge von Wildſchweinen, welche troß des Lärmens der Mannſchaft und wiederholter Schüſſe nicht Willens ſchienen, das Feld zu räumen.

Der nächſtfolgende Marſch führte uns anfänglich wieder über ziemlich kahles Flachland. Rechts, in Weſt, ließen wir die Berge und den Torrent Ela=tjabe, d. i. der Weiße Brunnen, dann folgte weiter ſüdlich das Gebirge Qabanab, das ſich bei Aſerai an den Berg Qatar anſchließt. Auch hier begegnete man wiederum verſchiedenen Antilopen, namentlich aber einer größeren Anzahl von Arabs=Trappen, die flüchtigen Fußes in einzelnen Gruppen blattloſer Akazienbüſche Schuß ſuchten. Dieſe ſtattlichen Vögel ſind, obgleich hier wohl ſelten der Verfolgung ausgeſetzt, ſtets von ſchüchternem Weſen; dies gilt namentlich von den Hähnen. Bei directer Verfolgung und in offenen Gegenden halten dieſelben eine Zeit lang gleiche Diſtanz zwiſchen ſich und dem Jäger und gehen ſchließlich etwas ſchwerfällig auf. Ihr Flug erſcheint auch in höheren Luftſchichten träge, doch iſt er ſehr ausdauernd und ſtets impoſant. Der Vogel fällt nur in der Nähe von Dickichten wieder ein und verändert dort lau= fend ſofort ſeine Richtung. Weniger furchtſam fand ich die Hu= barah bei Steppenbränden, bei welcher Gelegenheit ſie ſich ſo eifrig mit Fang von Heuſchrecken beſchäftigt, daß ſie nicht viel auf das achtet, was um ſie vorgeht.

Bemerkt der Schütze eine Trappe, von der er noch nicht geſehen worden iſt, und kann er ſie mit Benutzung einiger Deckung beſchleichen, ſo gelingt die Jagd beſſer. Aber die Ver= folgung eines einmal flüchtig gewordenen Vogels dieſer Art bleibt in den meiſten Fällen erfolglos. Die Sudan = Araber, welche das Wildpret der Hubarah sehr hoch schätzen, ziehen den Fang mittelst Angeln vor, an denen Heuschrecken oder Mäuse als Köder befestigt sind, auch verstehen sie es sehr gut, das Wild sowohl zu Fuß als zu Kameel durch vorsichtiges Gängeln zu treiben.

Gegen das Thal Aserai, wo wir über die heißen Mittags= stunden unter dem dichten Schirmdach weitästiger Akazien rasteten, steigt der Weg etwas an. Truppe von Glanzstaaren (Notauges chrysogaster) trieben sich zwischen den Bäumen der Niederung umher, auf dem Gipfel der Büsche sangen muntere farbenprächtige Honigvögel (Nectarinia affinis Rüpp.) ihr liebliches Liedchen. Zwischen wirr durch einander liegenden Felsblöcken zeigten sich die ersten Aloe=Pflanzen.

Aserai ist derzeit nicht bewohnt, da sich in der Gegend zwar schöne Weideplätze, aber kein Trinkwasser findet. Hier wird die Steigung des Weges beträchtlicher, doch ist sie eine stetige, und steilere Absätze und Gehänge giebt es nicht. Zwischen Granit= trümmern mit spärlichen Dornbüschen sich durchwindend, erreicht man die Wasserscheide des Falkat und steigt dann mit geringer Neigung durch eine weitläufige kesselförmige Einsenkung auf öderem, steinigem Grund und mehrere verlassene Termitenhügel passirend, zum eigentlichen Thal des genannten Regenstromes herab.

Nur wenige Meilen südwestlich von der Stelle, wo wir dasselbe passirten, tritt es zwischen höheren Gebirgen hervor und breitet sich nun mehr aus, aber sein Bett wird dennoch bis gegen die Mündung in Mirsah Rasat von niedrigen Hügelzügen eingerahmt.

Auf der Thalsohle, den inselartigen Geröllrücken in der= selben, sowie an den Uferböschungen erhebt sich ein sehr reich= licher Baumschlag von mächtigen Tamarisken, deren zartes, lichtes, stets flüsterndes Laubdach sich grell von den dunkelgrünen

schirmförmigen Kronen sehr stattlicher arabischer Sunt=Bäume
(Acacia arabica) abhebt. Vergesellschaftet bilden Oersa=Büsche
(Salvadora) Dickichte, durch welche sich unsere Reitthiere kaum
durchzuwinden vermochten. Am Rand der Niederung erheben
sich da und dort aber auch Gruppen von Uscher (Calotropis);
vereinzelt findet man eine kleine Stapelie mit runden Blattstielen,
die ringsum von Stacheln besetzt sind.

Jenseits des Falkat in Süd thürmen sich mehrere vereinzelte
kegel= und backofenförmig gerundete Hügel auf, über welche die
nahen Habab=Gebirge herniederschauen.

Der untere Falkat wird hin und wieder von Elephanten
besucht, und namentlich in den Dickungen der Oersa fand sich
eine Menge Losung dieser gewaltigen Dickhäuter.

Eine große Julus=Art, die ich weiter nordwärts nicht be=
merkt habe, ist hier nicht selten.

Am Nordufer des Falkat=Thales, welches die Grenze der
Stämme der Beni Amer und Habab bildet, liegen wiederum
Reste von alten Grabmonumenten, ebenso ungeheure durch Men=
schenhände errichtete Steinhaufen.

Der Abend war bereits hereingebrochen, als wir die süd=
liche Thalwand des Falkat erstiegen. Plötzlich blitzte eine Ge=
wehrsalve vor uns auf. Der Kantebai der Habab mit seinen
Söhnen und Gefolge war vom nahen Wold Oan hergekommen,
in der freundlichen Absicht, die Gesellschaft auf der Schwelle
seines Gebietes zu begrüßen.

Wir stiegen von den Reitthieren und besprachen uns nach
den üblichen Bewillkommnungsformen kurz über die nächsten
Reisepläne. Indeß wurde es vollkommen dunkel, das schwere
Gepäck, dem wir vorausgeeilt, war noch nicht zu uns gestoßen.
Aus diesem Grunde beschloß man, nachdem auch die Entfernung
bis zur Winterresidenz des Kantebai eine beträchtliche sein sollte,
in der Nähe Lager zu machen und erst am kommenden Morgen

in Wold Dan einzuziehen, während der Groß-Schech und seine
Leute den Rückweg noch in der Nacht antraten.

Am Fuße eines Hügels, etwa 15 bis 20 Meter über dem
Flußbett, wurde dann das Zelt aufgeschlagen. Die Meereshöhe
des Lagerplatzes beträgt nach einer Beobachtung des Aneroid-
standes 419, also die des benachbarten Flußbettes 400 Meter.

—————

Drittes Capitel.

In der Frühe des 13. Februar trafen wir zeitig am nächsten Ziel unserer Reise an. Wold Dan liegt auf einer etwas nach Nord zu West geneigten Fläche, am Fuße des wohl 600 bis 800 Fuß hohen Hügelzuges Kelan und unmittelbar über der Mündung eines kleines Thales in das ebenere Land. Die nächste Umgebung macht keinen angenehmen Eindruck wegen ihrer Einförmigkeit und fast gänzlichen Mangels an Baumschlag, selbst die benachbarten Hügel sind nur mit magerem Buschwerk bestanden, etwas reichlicher dagegen mehrere Torrenten und Klüfte zwischen zerstreuten Granitmassen.

Der Ort besteht aus vier oder fünf Gruppen niedriger, backofenförmiger, vom Rauch gebräunter Mattenzelte. Die Behausungen jeder Familie sind mit einer besonderen Dornhecke umfriedet, in welcher die Heerden über Nacht Schutz vor Raubthieren finden.

Ein hoher Grad von Reinlichkeit herrscht hier zu Lande eben nicht, und nur Hyänen, Füchse, Geier, Milane, Raben und Schopf-Ibisse (Ibis comata) nebst einigen mageren Haushunden befassen sich mit Abräumen von Aas und Unrath.

Die in Wold Dan angestellten Barometermessungen er

gaben eine absolute Höhe des Orts von 444 Meter (nach einer
Beobachtung 436, nach der zweiten 452 Meter), was gut mit
der durch Munzinger-Bey ermittelten Lage (1300 Pariser Fuß)
übereinstimmt. Die Entfernung von den Brunnen von Darora
bis hierher beträgt 25, diejenige von der Fuhrt des Falkat bis
Wolb Dan stark 5 Meilen.

Wenn die periodischen Sommerregen der benachbarten Hoch-
gebirge ihr Ende erreicht haben und dort durch die nun eintretende
Trockenheit die Weideplätze versengt werden, wandern die Habab
mit ihren Heerden gegen den Sahel herab, um hier ihre Winter-
lager aufzuschlagen. Um Wolb Dan sammeln sich dann die
Ats Hibtes,[1] ein Zweig der Bet Asgabié, welche mit den Ats
Temariam und den Ats Tekles den mächtigsten Stamm des
Volkes der Habab bilden. Sie standen zur Zeit der türkischen
Herrschaft zum Theil unter der Oberhohheit des Naib von Ar-
kito, der in fast unumschränkter Weise im Samhar waltete.

Jetzt hat dagegen der Naib all seinen politischen Einfluß
eingebüßt und der Groß-Schech oder Kantebai regiert seinen
Stamm ganz selbständig. Behufs der Aufrechthaltung seiner
Macht stehen demselben im Fall Truppen der Garnison von
Masaua zur Verfügung.

Das Gebiet der Ats Hibtes umfaßt hauptsächlich die Landschaften südlich von Falkat, Aqra, Raro und Raqsa, während
die Ats Temariam die Gegend um den Athara- und Lebka-
Strom, die Ats Tekles die Ost-Abhänge um den mittleren Anseba
innehaben.

Die Habab bezahlen an ihren Groß-Schech eine Abgabe,
die sich nach der Anzahl ihrer Heerden berechnet. Von je fünf
Kühen, ebenso von je zwanzig Stück Schafen wird eine Steuer

---

[1] Ats und Bet bedeuten im Tigrischen Haus, Familie, Stamm, ähnlich dem arabischen Qabileh. Ersteres Wort wird nach meinem Gehör wie
Ats oder Abs ausgesprochen.

von einem Maria-Theresia-Thaler entrichtet, während die Ge-
sammtsumme, welche der Kantebai als jährlichen Tribut an die Regierung von Masaua zu leisten hat, sich auf 10000 Thlr. beläuft.

Die im Binnenlande fast einzig gangbare Münze ist der
Maria-Theresia-Thaler, erst in neuester Zeit hat sich der alte
große türkische Piaster als Scheidemünze einige Geltung verschafft.
Egyptisches Geld kennen die Beduan (Hirtenvölker) nicht.

Auf die Würde des Kantebai, die sich gewöhnlich von dem
Vater auf den Sohn vererbt, können nur Angehörige der regie-
renden Familie Anspruch machen. Der Vater des gegenwärtigen Groß-Schech Hasan war Kantebai Hedat, sein Großvater
Kantebai Fiqaq.

Kantebai Hasan hat vier erwachsene Söhne, Hedat, Fiqaq,
Hamed und Muhamed; sein Neffe Hamid, welcher die nächste
Aussicht haben soll, seiner Zeit die Würde des Onkels zu er-
langen, verwaltet gegenwärtig ein Amt bei der Regierung in
Masaua. Den Titel Kantebai führt das Oberhaupt der Ats
Hibtes sowie einiger verwandter Stämme. Bei der nach dem
Tode eines Kantebai vorzunehmenden Neuwahl sind sämmtliche
Agnaten der Familie stimmberechtigt, den Ausschlag giebt jetzt
begreiflicher Weise der Einfluß und die Bestätigung durch den
Gouverneur des Küstenlandes, der seinen Sitz in Masaua hat.

Sämmtliche Habab bekennen sich zum Islam, manche Stämme,
Familien und Personen führen jedoch heute noch in Abessinien
gebräuchliche christliche Namen. Viele Eingeborene gehören sogar
einer sehr strenggläubigen Secte an. Besondere Schulen und
eigentliche Geistliche giebt es nicht, dagegen haben die Vornehmeren Leute aus Masaua um sich, welche die Stelle eines
Richters oder Qabi einnehmen und zugleich Schreiberdienste
thun. Die einzige Schriftsprache ist das Arabische, welches überhaupt nur von wenigen Habab verstanden wird. Selbst dem
Kantebai ist dasselbe nicht geläufig.

Bettelnde Foqara (Plural von faqir, arm) aus Arabien und von Takah sollen hier und da noch das Land als muhamedanische Kundschafter durchziehen. Durch eine förmlich organisirte Mission dieser Leute ist es auch leicht möglich geworden, die Reste des faulen abessinischen Christenthums, die sich bis vor etwa fünf= undzwanzig Jahren an verschiedenen Stellen erhalten hatten, vollends auszurotten. Religiöse Schwärmerei und Fanatismus kommen im Lande jedoch selten zum Ausbruch. Viele Männer befolgen nicht einmal die Ausübung der vorschriftsmäßigen täglichen Waschungen und Gebete.

Die Typen der Habab sind unter sich auffallend abweichend und ungleichartig. Manche erinnern an die Schoho, andere zeigen entschieden arabische und jemenesische Züge, bei hellkaffee= brauner Hautfärbung, wieder andere erinnern an die Bedjah, wenige nur an die abessinische Rasse, mit der sie ihrer Sprache nach die nächste Verwandtschaft zeigen sollten.

Ueber die bürgerlichen und häuslichen Verhältnisse der Ein= wohner konnten wir während unseres kurzen Aufenthaltes unter denselben nur wenig erfahren. Sie scheinen von gemessenem, friedlichem Wesen, höchst mäßig und an keine besonderen Bedürf= nisse gewöhnt, aber indolent und arbeitsscheu.

Ihre Nahrung besteht hauptsächlich in Milch, Fleisch und Getreide, welch letzteres in geringer Menge aus Takah eingeführt wird. Der Genuß von Kaffee oder gar von Zucker gehört schon zum Luxus der Reicheren. Nur selten sieht man einen Tabakraucher, viele dagegen schnupfen oder kauen Tabak.

Als Kleidung tragen Männer sowohl als Frauen ein großes, weißes, baumwollenes Umhängetuch mit buntem Saum. Die mei= sten Hirten und Kameelführer scheeren sich die Kopfhaare nicht und gehen stets barhäuptig. Sie lassen jedoch dem Kopfputz eine besondere Pflege angedeihen, indem sie ähnlich den Bedjah und Beni Amer um die Seiten der Schläfe und des Hinterhauptes Zöpfe

flechten und die Scheitelhaare toupé=artig aufrichten. Kleine
Kämme und Nadeln von Holz oder eine Stachel des Stachel=
schweins dienen zum Herstellen dieser Frisur, die zuweilen mit
frischer Butter in reichlichem Maße begossen wird.

Bei Vornehmeren sieht man auch arabische Kleidungsstücke,
namentlich die vielknöpfige Weste mit aufgeschlitzten Aermeln
(arabisch Siberieh) und eine Art von Mantel (Abaïeh), auch
weiße oder bunte jemenesische Untermütze und weißen Turban.

Bei Reisen führt der Habab das gerade, zweischneidige
arabische Schwert, einen ovalen Schild aus Rhinoceroshaut und
zuweilen eine oder mehrere Wurflanzen. Im Gefolge der Häupt=
linge befindet sich stets als Waffenträger ein Junge von 15 bis
18 Jahren. Die Kinder tummeln sich meist in adamitischem
Costüm unter den Ziegenheerden herum; erwachsene Mädchen
tragen gewöhnlich nur den Rahad, einen mit Fransen besetzten
Ledergürtel. Sclaven giebt es wenige im Lande, aber selbst freie
Eingeborene können durch das Gesetz ihre Unabhängigkeit ver=
lieren und ihren Gläubigern verfallen.

Ueberhaupt soll eine strenge Grenze zwischen der freien,
herrschenden und besitzenden Classe oder Kaste und den zu dieser
in Dienstverhältnissen stehenden Eingeborenen gezogen sein, welche
jedoch äußerlich wenig hervortritt.

Eigentlichen Privatgrundbesitz giebt es nicht, dagegen ist die
Weidegerechtsame durch Uebereinkommen mit den Nachbarstämmen
geregelt.

Den Reichthum und die Existenzmittel der Habab bilden
ihre Heerden. Diese bestehen in Kameelen, Rindvieh, Schafen
und Ziegen. Pferde und Maulthiere sieht man höchst selten,
in einzelnen Gegenden dagegen viele Esel. Auch werden nur
wenige Haushühner gehalten.

Die Kameel=Rasse gleicht im Allgemeinen derjenigen der
Bedjah, und man trifft bei Wohlhabenden hier und da schöne

und gute Dromedare (Reitkameele). Im Allgemeinen werden
die Kameele jedoch schlecht genährt und verpflegt; dieselben sind
lediglich auf die Nahrung angewiesen, welche die zuweilen sehr
dürftige Weide liefert, und erhalten keine Zulage an Büschel=
mais. Aus diesem Grunde sind die Thiere in Bezug auf Pflan=
zenkost auch viel weniger wählerisch, als die der Sudan=Araber.
Wochenlang mußten sich unsere Kameele mit den salzigen Blättern
des Atlib=Strauches (Suaeda) begnügen, deren Genuß denjenigen
schädlich sein soll, welche nicht daran gewöhnt sind. Ja ich sah
oft, wie dieselben sogar die Zweige von mehr oder weniger giftigen
Euphorbiaceen abrausten. Neben Gräsern, einer Rosacee, Sena,
Ricinus, Rumex und einigen anderen Krautpflanzen lieben diese
Thiere besonders das junge Laub und die frischen Zweige des
Oerfa=Baumes und einiger Akazien=Arten. Kaum weniger gierig
sind sie auf Nabaq. Auffallend viele Habab=Kameele leiden an
Hautkrankheiten.

Die Eingeborenen verwenden diese Hausthiere nicht nur
zur Zucht und zur Gewinnung von Milch, sondern bei den perio=
dischen Wanderungen ihrer Besitzer werden sie mit Hausgeräth
und anderen Habseligkeiten belastet und auch sonst gelegentlich als
Transportmittel benutzt. Es ist staunenswerth, mit welcher Ge=
schicklichkeit und Sicherheit dieselben die höchsten und unwegsamsten
Gebirgspässe erklettern.

Aber sie sind nicht im Stande, so schwere Lasten zu beför=
dern wie die Kameele aus Takah, Senar, Nubien und Kordofan
und zeichnen sich durch störrisches Wesen und namentlich auch
durch beständiges Stöhnen unvortheilhaft aus. Diese schlechten
Eigenschaften mögen übrigens zumeist ihren Grund in der Be=
handlung Seitens der Besitzer haben, die selbst zu indolent sind,
für angemessenes Sattelzeug zu sorgen und das vorhandene in
Stand zu erhalten. Die Habab verstehen so wenig als die
östlichen Beni Amer ihre Lastthiere zweckmäßig zu satteln und

zu beladen und während des Marsches in gehöriger Ordnung
zu erhalten.

Der Rindviehschlag des Landes zeichnet sich ebenfalls nicht
durch Schönheit und Vollkommenheit aus. Wir sahen nur Kühe
unter mittlerer Größe, vorherrschend von grauer Farbe oder
weiß mit schwarzen Flecken, mit kleiner Halswamme und schwa=
chem, häufig ungleichartig gebogenem Gehörn. Während unserer
Anwesenheit herrschte neben ungewöhnlichem Wassermangel und
Trockenheit überdies noch eine Seuche, wodurch der weitaus größte
Theil der Kühe weggerafft wurde, so daß der Kantebai erklärte,
er sei außer Stande, die fälligen Steuern für das Gouverne=
ment zu erheben.

Den gefallenen Thieren wurde zwar die Haut abgezogen,
die Preise der Häute jedoch dadurch fast vollkommen entwerthet,
weil der Ausfuhr durch besondere Maßnahmen der Zollbehörden
große Schwierigkeiten im Wege lagen.

Da auch viele Schafe, nicht aber die Ziegen, derselben Krank=
heit erlagen, wie die Kühe, und dadurch sehr viele Familien die
einzige Quelle ihrer Nahrung eingebüßt hatten, herrschte im
ganzen Lande allgemein Noth und Elend, zumal nicht einmal
für die Zufuhr von Getreide aus dem benachbarten fruchtbaren
Takah Sorge getroffen war.

Bei Kantebai Hasan in Wold Oan, dem wir durch gütige
Fürsorge des Gouverneurs Arakel=Bek von Masaua aufs Wärmste
empfohlen waren, fanden wir die freundlichste Aufnahme. Er
erklärte, daß es ihm zu seinem Leidwesen nicht möglich sei, uns
eine besondere bessere Wohnung anzuweisen, da er und seine
Leute als ächte Nomaden stets nur Mattenhütten besäßen; wir
würden deshalb wohl unseren Zelten den Vorzug geben.

Für Aufstellung der letzteren wurde dann ein freier Platz
einige hundert Schritte vom Lager des Groß=Schech herge=
richtet.

Seine Söhne beaufsichtigten die tägliche Lieferung von
Brennholz und Trinkwasser, an dem hier allerdings kein Mangel
ist, dagegen ließ die Qualität viel zu wünschen übrig, denn die
Brunnengruben im Thal südlich von der Niederlassung, sowie
diejenigen im Chor nordwestlich davon, waren mehr oder weniger
brack und durch das Tränken der Heerden verunreinigt.

Wir hatten kaum das Lager aufgeschlagen und einiger=
maßen eingerichtet, als uns der Kantebai mit einigen Verwandten
seinen Besuch abstattete.

Der Groß=Schech mag etwa 55 Jahre zählen, er ist ein
Mann von kaum mittlerer Statur, etwas wohlbeleibt, von ein=
nehmendem Aeußeren und ruhigem, würdevollem und dabei un=
gezwungenem, einfachem Wesen. Er spricht in gemessenem Ton
und mit viel natürlichem Anstand. Seine Kleidung be=
steht meist im weißen arabischen Tob mit übergeworfenem
leichten schwarzen Mantel und weißem Turban. In der Rechten
trägt er einen Rosenkranz aus Mekah, dessen Holzperlen bestän=
dig durch seine Finger gleiten.

Nach den gewöhnlichen Bewillkommnungsformeln und nach=
dem der Kantebai Hasan wiederholt sein Bedauern ausgedrückt,
uns nicht in gastfreundlicherer Weise entgegenkommen zu können,
ersuchte er um eingehende Erörterung unserer Reisepläne. Ich
theilte ihm mit, daß wir hauptsächlich die Absicht hätten, die
Hochländer um den Anseba zu besuchen, um die Natur derselben
kennen zu lernen, daß es aber namentlich meinem Begleiter aus=
schließlich darum zu thun sei, der Jagd wegen wildreiche Gegen=
den aufzusuchen. Wir ersuchten ihn um seinen Rath in Bezug
auf die Wahl des Weges und der Plätze, die in Bezug auf
Reichthum an Wild besonders zu empfehlen seien, sowie um die
nöthigen Transportmittel und um einen landeskundigen, zuver=
lässigen Führer.

Der Schech erklärte sich bereit, nach Kräften die Ausfüh=

rung des Unternehmens zu unterstützen. Seine Unterthanen
beschäftigen sich allerdings wenig oder gar nicht mit Waidwerk,
er könne aber tüchtige Leute stellen, die uns in entsprechende
Gegenden bringen würden. Auch die nöthigen Reit= und Pack=
thiere werde er binnen wenigen Tagen beschaffen, nur müsse er
uns darauf aufmerksam machen, daß die Wege im Inneren häufig
über steile Gebirgspässe führen und daher eine Reduction des
sehr umfangreichen Reisegepäcks unumgänglich nöthig sei. Die
ergiebigsten Jagdgründe befänden sich im Westen, am unteren
Anseba und dessen Umgebung; dort sei Ueberfluß an Elephanten,
Rhinoceronten, Antilopen aller Art, Wildbüffeln, Löwen und
Leoparden, und jene Gegenden auch deshalb günstig, weil sie in
der gegenwärtigen Jahreszeit nur selten von Hirten beunruhigt
würden. Der Kantebai sowie seine Umgebung riethen daher
entschieden für die Tour durch das Falkat=Thal und über den
Paß von Haschkob, von wo aus dann nach Belieben auch die
Hochgebirge Hager oder Tembelen (Deber abi) erforscht werden
könnten.

Die für die nächsten Wochen entbehrlichen Provisionen
sollten unter Obhut einiger Soldaten auf der großen Karawanen=
straße nach Keren im Bogos=Land befördert werden und uns
daselbst erwarten.

Herr Vieweg, der sich nicht unerheblich am Fuße verletzt
hatte, gab dem directen Besuch von Naqfa den Vorzug, entschied
sich aber auch für Transport des schweren Gepäckes nach Keren,
wo uns dann ja immer Gelegenheit geboten sei, noch einen
Ausflug stromabwärts längs dem Anseba zu bewerkstelligen.

Glücklicherweise fand sich in Wold Dan ein treffliches
Maulthier, das mein Begleiter ankaufen konnte; bei Besteigung
der Gebirgspässe sowie Jagdexcursionen leistete dasselbe ausgezeich=
nete Dienste.

Unser Aufenthalt in Wold Dan währte drei Tage, welche

Zeit ich zumeist im Lager zubringen mußte, da verschiedene Reise-
vorbereitungen zu treffen waren und es noch Vieles mit dem
Kantebai und seinen Söhnen zu besprechen und abzumachen gab.
Das Miethen der Kameele, das Vertheilen der einzelnen Lasten
und sorgfältige Aufbinden derselben ist stets mit unglaublichen
Umständen und Geduldsübungen verknüpft.

Da Herr Vieweg sein Ruhebett nicht verlassen konnte,
mußte ich allein den Besuch des Groß-Schech erwiedern. Ich fand
ihn in einer Mattenhütte, welche sich durch Geräumigkeit kaum
von denen der übrigen Einwohner unterschied. Der Hof war
erfüllt von Eingeborenen und Dienstleuten, da der Kantebai
eben im Begriff stand, eine Reise nach Masana anzutreten,
die aber unserer Anwesenheit wegen auf kurze Zeit verscho-
ben wurde.

Durch eine niedrige Mattenthür gelangte ich in das Innere
der Hütte, welche mittelst Vorhängen von Baumwollstoffen in
zwei Hälften geschieden ist. Das hintere Gemach schien für
den Harem des Schech bestimmt. Die darin befindlichen Damen
kicherten lebhaft und zeigten ohne weitere Umstände ihre hübschen
schwarzen Augen durch die Lücken der Gardinen. Der Boden
des vorderen Theiles der Behausung war mit Strohdecken und
Teppichen belegt und gegenüber der Thür befand sich eine Art
von Ruhebett mit hohen Rück- und Seitenlehnen, ebenfalls mit
Teppichen garnirt. Mehrmals wurde Kaffee gereicht und die
Unterhaltung bezog sich wiederum theilweise auf unsere Reise-
projecte, theilweise auf den Zustand des Landes, die Verkehrs-
wege und die Verhältnisse des Groß-Schechs zur früheren und
zur jetzigen Regierung.

Nicht nur die zahlreichen Verwandten des Kantebai, sondern
auch viele andere Eingeborene kamen, um uns in unserem großen
Zelt zu begrüßen. Die Leute betrugen sich ohne Ausnahme sehr
artig und anständig, belästigten nicht durch lange Besuche und

erfüllten alle unsere Wünsche, soweit es die Umstände gestatteten, in zuvorkommender Weise.

Jeden Morgen erschienen einige Mädchen mit Wasserschläuchen, ebenso ein Mann, der mit Herbeischaffung von Brennholz beauftragt war. Die Leute des Kantebai lieferten Milch und der Schech beschenkte uns schließlich noch mit einer Kuh, welche eine Tagereise weit hergebracht werden mußte.

Zur Zeit unserer Anwesenheit war der Himmel meist klar, nur Morgens und Abends hin und wieder in Süd und West bewölkt; auch fielen dann zuweilen und für kurze Zeit sehr leichte Regen. In den Mittagsstunden stieg die Lufttemperatur bei mäßigen Südwinden bis auf 26° N. Ueber Nacht klärte sich der Himmel stets unter beträchtlicher Abkühlung.

Der Wildstand ist gering. Auf einigen Ausgängen behufs geographischer Aufnahmen begegnete ich wohl hier und da vereinzelten Gazellen, namentlich Windspiel-Antilopen; auch Hasen und mehrere Fuchsarten zeigten sich in den Schluchten und Regenstrombetten. Während der Nacht streiften Hyänen heulend um die Niederlassung und allarmirten jedesmal sämmtliche Haushunde.

In den Morgenstunden sammelten sich Truppe von Schopf-Ibissen auf den Weideplätzen, um den Dünger nach Insectenlarven zu durchstöbern oder um Heuschrecken zu jagen. Außer ihnen, Geiern, kurzschwänzigen Raben, Schildraben und Milanen bemerkte ich nur einige Paare Wüstenhühner, Perlhühner, isabellfarbige und graue Würger (Lanius isabellinus und L. Lahtora), Haubenlerchen, Steinschmätzer, Fächerschwänze (Urorhipis rufifrons) und rostbrüstige Sänger (Sylvia provincialis).

Am 15. Februar verließen uns Schech Ali von Aqiq mit seinen Kameeltreibern und Lastthieren nebst Senavi, einem der Soldaten Hadji Agha's; einen Diener des letzteren, Idris, wünschte Herr Vieweg bis zur Rückkehr von Masaua bei sich zu behalten, auch blieb noch ein junger Beni Amer Namens Ibrahim mit seinem Reitkameel in unseren Diensten.

Das für Keren bestimmte Gepäck sollte sich am 17. Februar von Wold Qan ab in Bewegung setzen, wir brachen mit zwölf Kameelen und dem neu erkauften Maulthier am Abend des 16. auf, noch ein Stück weit geleitet von den Söhnen des Kantebai.

Die Straße führte Anfangs in nordwestlicher, dann in westlicher Richtung dem Falkat zu, an zwei ziemlich grünen von Süd her mündenden Hochthälern vorüber. Nach einem Marsch von nahezu 4 Meilen bogen wir in den großen Chor ein, der hier eine starke Krümmung aus Südost zu Ost macht, und lagerten bald darauf am Wasserplatz Metemeh bei der kleinen Niederlassung Helet Kantebai Idris. Hier tritt der Falkat aus der meist engen Thalschlucht mehr in das Flachland heraus und vereinigen sich unfern Metemeh zwei Torrenten mit dem Hauptstrom, der eine, beträchtlichere, aus West zu Nord, der andere, kleinere, aus entgegengesetzter Richtung. Die Ufer des Falkat sind mit Uscher, Nabaq und Tamarisken bewachsen, auf den schroff aufsteigenden, mit mehreren pyramidalen Felsgipfeln gekrönten Thalwänden gedeiht dagegen nur eine sehr spärliche Vegetation von Akaziengebüsch. Die Formation besteht aus Glimmerschiefer und Thonschiefer mit Quarzgängen; das enge Flußbett selbst ist sandig, an einzelnen Stellen mit Auflötzungen von Geröll bedeckt.

Eine genaue Aufnahme des vielfach gewundenen Chors von Falkat und seiner nächsten Umgebung ließ sich während des Marsches nicht bewerkstelligen. Die Hauptrichtung desselben bis zur Abzweigung des Dschewa-Thals ist jedoch eine nordöstliche. Der Strom mündet bei Hochwasser etwa 22 Meilen in Nordost zu Ost von Wold Qan, in den kleinen Hafen Narat oder Teklai, den ich am 30. Juni 1857 besucht habe.[1] Dort soll sich selbst

---

[1] Petermann's Geogr. Mitth. 1860, S. 341.

zur trockenen Jahreszeit im Flußbett Trinkwasser finden. Der Platz heißt auch Qaber el Schech nach einem dort befindlichen Grabhügel.

Nordwärts von Rarat wurden mir noch mehrere, jedoch nur für kleinere Fischerboote zugängliche Hafenplätze bezeichnet, nämlich Mendalub oder Herum, Oenbetat mit Brunnen, die aber nur während der Regenzeit genießbares Wasser enthalten, und Gundelait; nördlich von letzterem Ankerplatz liegt die schon erwähnte Bucht Berisah oder Baher Isa,[1] in welche der Chor von Qarora mündet, dann folgen die Buchten von Eri, Bahdur und Aqiq.

Von Metemeh setzte unsere Gesellschaft die Reise längs des Falkat am Morgen des 17. Februar fort. Die Steigung des Thals ist eine ziemlich gleichförmige.

Nach einer Stunde Wegs blieb eine kleine Ansiedelung sowie die Mündung eines Torrenten zur Linken (in Süd). Das Flußbett enthielt hier eine gute Strecke weit fließendes Wasser, das an einzelnen Stellen ganz mit Algen erfüllt ist.

Ungeheure Schaaren von Wüstenhühnern kamen zur Tränke, ebenso ein Rudel von etwa 60 Stück Hundskopf-Pavianen, die soeben ihren Durst gestillt hatten und nun unter Anführung einiger alter, graubemäntelter Männchen von ehrwürdigem Aeußern in einer langen Reihe ziemlich furchtlos thalabwärts an unserer Karawane vorüberzogen, ohne sich die Mühe zu nehmen, ihren Weg über die nächsten Felsen einzuschlagen, obwohl einzelne dann und wann ein warnendes und unwirsches Bellen in verschiedenen Tonarten ausstießen. Sie beeilten sich keineswegs und gingen meistens auf allen Vieren. Einige Weibchen trugen ihre possirlichen Sprößlinge auf den Rücken, andere trieben sie unmittelbar vor sich her oder drängten sie vorwärts, wenn diese neugierig anhielten, um zu äugen.

---

[1] Auch Gota Baher Eisa.

Am östlichen Fuß des mächtigen Kaihafa-Berges, der steil aus dem hier fast schluchtartig verengten Thal (in Nord) aufsteigt, befindet sich wiederum die Mündung eines starken Regenstromes. Hier versiegt das Wasser im Bett des großen Thales; die Straße macht (bergwärts) eine starke Biegung nach Südost. Nachdem die Thalwände wiederum etwas zurückgetreten, gelangt man an eine Stelle, wo von Süd her die Ma-Augeli-Schlucht, welche Brunnengruben enthält, gleich darauf von Nord her der Chor Schimgeh in den Falkat eintreten. An der Mündung des letzteren befindet sich eine Gruppe alter Grabmäler, wie die schon beschriebenen, jedoch ohne Ringmauer. Das eine derselben ist dreistöckig.

Einzelne Uferböschungen und Inseln des wasserlosen Falkat werden von riesigen Tamarisken beschattet; am Fuß der Berge finden sich bereits zusammenhängende Dickichte von Aloe, auf schattigen Felsen eine hübsche weißblühende, unserer Saponarie ähnliche Blume, ebenfalls meist vergesellschaftet wuchernd. Fast gleichzeitig mit der Aloe und oft weite Strecken buschartig bedeckend, tritt die Albuca auf, welche mit ihren zähen, drei Fuß hohen, schwertförmigen, dunkelgrün und grau gescheckten Blättern undurchdringliche Massen bildet.

Die Blüthezeit dieser eigenthümlichen Pflanze muß in den Spätsommer fallen, jetzt trafen wir nur hier und da noch die dürren, sparrigen Rispen ohne Samen, welch erstere viele Aehnlichkeit mit denen von Dracaena Ombet haben.

Es ist zu verwundern, daß die an gewissen Oertlichkeiten in ganz unglaublicher Menge vorhandene Albuca nicht in größerem Maßstab gesammelt und nutzbar gemacht wird. Ihre Fasern, welche eine ungemeine Zähigkeit besitzen, liefern schöne und dauerhafte Stricke und ließen sich vielleicht auch zu Geweben verwenden, obwohl mir nicht bekannt ist, ob denselben die nöthige Geschmeidigkeit und Feinheit zum Spinnen von Faden gegeben werden kann.

Die Vegetation des Falkat hatte an vielen Stellen durch
Wanderheuschrecken gelitten, aber diese unersättlichen Pflanzen-
fresser sind ihrerseits auch wiederum vielen Feinden ausgesetzt, welche täglich Tausende derselben aus dem Wege räumen.
Milanen, Thurmfalken, kurzschwänzige Raben und Schopf-
Ibisse (welch letztere wir weiter im Binnenlande nicht mehr
angetroffen haben), Nashornvögel und Drongos waren in großer
Menge versammelt, um sich mit fetten Orthopteren zu mästen.
Ein Theil dieser Insectenräuber nimmt die Beute einfach von
der Erde auf, die Thurmfalken, Nashornvögel und Drongos
fangen sie mit großer Gewandtheit im Flug.

An verschiedenen Stellen des Hauptthales stehen seitlich von
der Sohle und zuweilen eine Mächtigkeit von einigen Metern
erreichend, horizontale Bänke einer offenbar sehr neuen Gesteins-
bildung an. Es ist dies ein nagelfluhartiges Conglomerat von
größeren und kleineren Rollstücken und Kieseln, durch ein sandiges
Bindemittel zusammengebacken. Diese Bänke zeigen nur wenig
in die Augen springende Spuren von Schichtung. Sie finden
sich, wie gesagt, zu den Seiten des eigentlichen Flußbettes, hier
eine Art von Böschung bildend, namentlich aber auch, und in
diesem Fall von viel beträchtlicherer Mächtigkeit, als Ausfüllung
von Schluchten, unmittelbar vor deren Mündung in den Chor.

Offenbar erfüllte dieses Gestein während einer gewissen
Periode das Thalbett bis zu einer gewissen Höhe, aber der
periodische Strom, der sich zeitweise mit großer Gewalt zu Thal
wälzt, hat die erhärteten Niederschläge auf seiner eigentlichen Sohle
jetzt wieder theilweise zerstört und weggewaschen.

Vielleicht bildete das Thal, ehe es seine jetzige Gestalt angenommen, stufenförmig an einander gereihte und durch Fels-
barren abgedämmte Mulden, in welchen sich das Trümmergestein,
gemischt mit Sand, ansammelte und schließlich zu einer com-
pacten Masse verhärtete. Nach und nach wurden dann die

Urgebirgsbarren abgescheuert und der Strom wühlte sich nun seine Bahn in den von ihm selbst bereiteten Conglomerat=bänken.

Am Mittag des 17. Februar rasteten wir in der Nähe einiger armseliger Hütten aus rohen Holzstämmen, welche backofenförmig mittelst eines unregelmäßigen Haufwerks von dürrem Gras und Blättern bedeckt waren. Der Platz heißt Obelet. Die wenigen Bewohner, deren ganzer Reichthum in einem Dutzend magerer Ziegen bestand, gehörten zum Stamm der Bet Maleh. Sie sprechen unter sich einen Bedjanieh=Dialekt, verstehen aber die Mundart der Beni Amer, von denen sie als Unterthanen betrachtet werden. Es waren höchst arm=selige, durch Hunger und Elend verkommene Gestalten, schwäch=liche Leute von untersetztem Bau mit schlankem Hals, fast kugel=rundem Kopf, etwas eingedrückter Stumpfnase und wenigen kurzen, gekräuselten Haaren. Auch schien mir ihre Hautfarbe etwas dunkler und mehr blauschwärzlich als diejenige der herr=schenden Rasse. Der Stamm soll nur noch in vereinzelten Resten vorhanden sein und während und nach der Zeit der Sommer=regen die höchsten Gebirge der Nachbarschaft bewohnen. Die Männer trugen ein in Gestalt einer Badehose zusammengebun=denes Ziegenfell, darüber die letzten Reste eines Umhängetuches.

In der Nähe begegneten mir die ersten Bartvögel (Pogono-rhynchus melanocephalus), die sich paarweise im niedrigen Gebüsch der Oerja umhertrieben, ferner beobachtete ich einzelne schwarzschwänzige Steinschmätzer (Cercomela melanura), etwas thalaufwärts einen Gaukel=Adler (Helotarsus ecaudatus), der, wie es schien, einer Kette gaggernder Perlhühner nachstellte; wenigstens kreiste er nicht hoch über letzteren.

Die Vegetation des Falkat nimmt hier auf einer Meeres=höhe von 600 Meter ein anderes Aussehen an; wohl ver=treten mächtige Tamarisken, vereinzelte schirmförmige Akazien und Dattelpflaumen (Nabaq) mit Oerfa noch den kräftigeren Baumschlag, aber Aloe und Albuca nehmen zusehends überhand und neben ihnen noch eine oft mannshohe, strauchförmige, stachellose Euphorbie mit zum Theil aufwärts stehenden, oft aber auch hängenden, stielrunden, blattlosen, hellgrünen Aesten und Zweigen von der Dicke eines Bleistifts, welche eine zähe, klebrige weiße Milch enthalten, der giftige Wirkungen zugeschrieben werden. Der Strauch bildet weitläufige Bestände, sowohl an den Böschungen und auf inselartigen Rücken der Thalsohle, als auch an den Gehängen. Er gelangte eben in die Entwickelung seiner Blüthen, die sehr klein und von citronengelber Färbung sind, und zu je fünf quirlförmig um die Spitze der Zweige gestellt sind. Wohl Euphorbia Schimperii der Botaniker.

Es ist dies eine der bezeichnendsten Pflanzenformen für das Gebiet um Aqra bis nach dem Lebka hinüber, welche der Gegend einen ganz eigenthümlichen landschaftlichen Charakter verleiht. Uebrigens stößt man hier bereits auch auf kleine Gruppen von Kronleuchter-Euphorbien (Euphorbia habessinica, amcharisch Dolqual), die allerdings auf so geringer Höhe noch nicht zu ihrer ganzen Entwickelung gelangen. Sie erscheinen gewöhnlich im Unterholz als 7 bis 12 Fuß hohe, scharfkantige, gleichförmig dicke Stämme mit zugerundeter Spitze, ohne alle Verastung, aber auch ohne Anzeichen von krankhaftem oder verkrüppeltem Wachsthum.

Die höheren Partien der Thalwände werden an einzelnen Stellen übrigens kahler, es fehlt dort theilweise fast ganz an Buschwerk, andererseits ist dasselbe dürr und blattlos.

Die Gebirge bestehen aus schön dunkelgrauen Thonschiefermassen mit zahlreichen, meist sehr mächtigen Quarzgängen, die häufig band- und gratartig hervortreten.

Das Thal selbst macht verschiedene hufeisenförmige Windungen, auch nimmt seine Steigung an einzelnen Stellen in augenscheinlicher Weise zu. Sie betrug während des dreistündigen Nachmittagsmarsches etwa 130 Meter, also 43 Meter auf die Stunde.

Das Nachtlager (17./18. Februar) wurde an einer weiten, großen Krümmung des Thalbettes aufgeschlagen. Das von der Curve umschlossene Terrain bildet ein niedriges Plateau aus Trümmergestein und Sand, mit sehr wenig Vegetation. Am Südwestende desselben befindet sich eine kleine alte Gräberstadt. Manche der theilweise noch gut erhaltenen Monumente bestehen aus einer Ringmauer, in welcher sich ein nach Osten gerichteter Katafalk erhebt; andere sind zweistöckig, die meisten aus Glimmer- und Thonschieferplatten, mehrere jedoch ganz aus weißen Quarzbrocken aufgeführt, und zwar ohne Mörtel und andere Bindemittel. Auf dem Abhang der südlichen Wand der gedachten Fläche, deren obere Partie in Folge von Erosion eingestürzt ist, liegen mächtige lose Bänke von Conglomeraten, Trümmergestein und Rollstücke von Urgebirgsmassen, durch Kalksinter zusammengebacken. Auch auf der entgegengesetzten Seite des Thals, namentlich vor den Mündungen einiger Torrenten, stehen ähnliche hohe Alluvialgebilde an, die theilweise ein moränenartiges Ansehen haben.

Bald gelangt man zum Nordostfuße eines beträchtlichen Gebirgsstockes, der mir Daboba benannt wurde. Hier mündet von West zu Süd her ein breites Thal, welches nach Aussage unserer Führer Djin oder Dschin, auf der Munzinger'schen Karte der Habab-Länder Gaboba heißt.

Durch dasselbe führt die große Karawanenstraße über den hohen Paß von Haschkob nach dem Barkah hinüber. Wir ließen erstere zur Rechten, dem obersten Theil des Falkat folgend, der anfänglich etwas südöstliche, später südwestliche Richtung annimmt, stets längs dem Fuße des Daboba hinziehend.

Verschiedene Stellen des Thales enthalten malerische Grup-

pen von Tamarisken, neben vereinzelten mächtigen Sunt-Bäumen,
(Acacia arabica?), in deren horizontalen Schirmdächern einige
Paare von Aasgeiern (Neophron pileatus) ihre Horste aufgeschlagen hatten. Die Vögel saßen eben auf der Brut. Auch
der Rabaq kommt hier zu ungewöhnlich schöner Entwickelung;
viele Baumstämme sind vollständig in Schlingpflanzen gehüllt,
die zuweilen Guirlanden auf nachbarliche Aeste hinüber spinnen.

Ueber Mittag machte die Karawane Halt unmittelbar unter
der Mündung des großen Hochthals von Aqra, welches von hier
ab, nach seiner Vereinigung mit der aus West zu Süd hervor-
tretenden Dschewa, den Namen Falkat führt. Auf etwa 6 Meilen in West zu Nord erscheinen die hohen Bergrücken von
Dauano.[1]

Während unsere Kameeltreiber mit mehreren Lastthieren
nach Brunnengruben, welche zwei Meilen weit vom Lager in
der Dschewa-Schlucht gelegen sind, zogen, um die Wasservor-
räthe zu ergänzen, streifte ich etwas in der Gegend umher,
namentlich um die Horste der Aasgeier zu untersuchen. Ich
stieß bei dieser Gelegenheit auf die Ueberreste eines starken Elephanten. Eine Heerde Paviane, mindestens aus hundert Köpfen
bestehend, zog über die Fläche nach den Felsen des Qaboba,
welcher nach Munzinger sehr schöne Ebenen enthalten soll. Jetzt
waren seine vielzerklüfteten Abhänge kahl und ausgebrannt.

Nach den von mir am Lagerplatz, eine halbe Meile unter
der Aqra-Mündung angestellten Messungen hat letztere eine
Meereshöhe von 970 Meter.

Vor derselben steht wiederum eine senkrechte Wand von Allu-
vialtrümmern an. Sie mag eine Höhe von mindestens 80 Fuß
haben und scheint früher quer über die Fläche nach der Dschewa

---

[1] Munzinger verzeichnet den Dauano oder Daueno fast südlich von
der Aqra-Mündung.

hingeführt zu haben. Diese Schuttmasse besteht aus Bänken von Sand und Geröll, darunter übrigens viele Stücke, welche nicht abgerundet und abgeschliffen sind, und noch ihre ursprüng= lichen scharfen Kanten zeigen, ganz wie sie in Moränen vorzu= kommen pflegen. Auch ist das Conglomerat wenigstens auf der der Witterung ausgesetzten Oberfläche sehr bröcklicher Natur.

Möglicher Weise bildete dereinst der ganze obere Falkat einen ansehnlichen Gebirgssee, wie auch der nördliche Theil von Aqra.

Ob hier eine wirkliche Moränenbildung vorliege, wage ich nicht zu behaupten. Dafür sprechen allerdings einige Anzeichen. Erstlich finden sich die Schuttwälle hauptsächlich an der Ver= gablung der Thäler; ferner sind die darin eingeschlossenen, wie gesagt zum Theil noch mit scharfen Bruchflächen versehenen Gesteinstrümmer nicht in besondere Schichten geordnet, son= dern in allen Größen bunt durch einander gemischt mit Sand und Grus; endlich finden sich an mehreren Stellen der Thal= sohle ebenfalls kantige lose Felsblöcke, zum Theil Tausende von Kubikfußen mächtig, welche jedenfalls nicht durch Wassergewalt, auch wohl kaum durch Herabrollen von den benachbarten Gebir= gen auf ihren jetzigen Standort verrückt worden sind.

Professor O. Fraas hat übrigens am Eingang des Wadi Hebran im peträischen Arabien, also auf einer Meereshöhe von höchstens 320 Meter und unter 28 Grad 26,5 Min. nördl. Br. noch deutliche Spuren von der Wirkung einstiger Gletscher nachge= wiesen, es wäre also nicht so ganz außer Bereich der Möglichkeit, daß hier auf nahezu 1000 Meter Höhe und unter 17 Grad 10 Min. nördl. Br., am Nordfuße des Hochlands von Naqfa, dessen Spitzen auf 2000 Meter ansteigen, ähnliche Erscheinungen hätten stattfinden können.

Ich berechne die directe Entfernung von Wold Dan bis zur Mündung des Dschin-Thals in den Falkat auf stark 16

Meilen, diejenige von letzterem Punkt bis zur Mündung von Aqra
auf 5 Meilen. Nach der Munzinger'schen Karte beträgt die
Luftlinie zwischen Wolb Dan und dem unteren Aqra gegen
13 Meilen, welche Entfernung offenbar zu gering angenommen ist.
Die Stelle, wo der Torrent von Aqra aus Süd zu Ost in
den Falkat heraustritt, ist eng; auf der Westseite der Mündung erhebt sich der riesige vereinzelte Felsklumpen Dababedschi mit äußerst
steilen, klüftigen Wänden aus Thonschiefer; thalaufwärts erweitert
sich jedoch die Sohle beträchtlich; etwas südlicher mündet von West
zu Süd her das Thal von Qaber tsabe, durch welches ein Weg
zum Barkah über den Paß von Qaihat führt.[1] Unsere Straße
verläßt hier das Strombett ebenfalls, das zur Linken bleibt,
während wir über Schutthügel und Vorland zum Fuß der
Oelat[2] ansteigen, welche die westliche Thalseite einrahmen. Es
ist dies eine unregelmäßige Reihe herrlicher Granitfelsen, die
mindestens zu einer relativen Höhe von 800 bis 1200 Fuß ansteigen und deren Spitzen von ruinenartig aufgethürmten natürlichen Mauern, Zinnen und Säulen geziert sind. Die steilen
Gehänge werden von herabgerollten Steinmassen aller Größen

---

[1] Nach Munzinger „Kaihat i. e. die Rothen", die richtige Schreibart
ist Qaihat.

[2] Munzinger schreibt Gelat und übersetzt diesen Eigennamen mit
„Scherben". Gela bedeutet auch auf amcharisch zerbrochenes Geschirr aus
Thon. Mir wurde derselbe stets wie das arabische Qelat (Plur. von Qalah)
ausgesprochen. Qalah heißt gewöhnlich Festung, namentlich Bergfeste, entsprechend dem amcharischen Amba. Die Sudan-Araber bezeichnen damit
aber auch isolirte Gebirgs- und Felsmassen im Flachland; so sagen sie niemals Djebel Arandj, sondern Qelat Arandj. Spricht man im Allgemeinen
von der ganzen Gruppe der zahlreichen um den Arandj sich erhebenden
Felsen, so belegt man sie mit dem Collectivnamen Qelat, mit vorgesetztem
Artikel.

Nach der Munzinger'schen Karte beträge die Entfernung von der
Mündung des Aqra bis zu dem unteren Qelat 12 Meilen; wir haben den
Weg dahin in einer Stunde zu Fuß zurückgelegt.

überlagert und zwischen diesen erhebt sich einiges Buschwerk, an ihrem Fuß stellenweise höherer Baumschlag.

Die Fläche des Vorlandes, mehrfach von engen, tief einge=schnittenen Regenstrombetten durchfurcht, verläuft nach Norden zu in zumeist kahlen Stufen, zwischen welchen nur einige Ein=senkungen durch undurchdringliche Dickichte von Aloe erfüllt wer=den. Hart am äußersten Abfall der nördlichen Oelat breitet sich ein Friedhof neueren Ursprungs aus. Die meist niedrigen Gräber bestehen in einem kreisförmigen Massiv, das eine flache konische Spitze trägt. Das Material bildet weißer Quarz. Einzelne Gräber=Gruppen derselben werden von viereckigen Mauern umschlossen. Ohne Zweifel sind hier mehrere Mitglieder einer und derselben Familie beerdigt.

Das ganze weite Aqra=Thal wird nur zur Sommerregenzeit bewohnt; während unserer Anwesenheit war dasselbe vollständig menschenleer. Permanente Brunnen sollen sich hier nirgends vorfinden, da im tiefen Granitgrus die Wasser allzu rasch ver=sinken. Aber selbst zur trockenen Jahreszeit ist die Gegend wirklich paradiesischer Natur und würde einem Maler reichlichen Stoff zu Studien liefern. Wir haben hier eine Alpenlandschaft mit vollkommen tropischem Vorgrund. Die kühn sich aufthür=menden Felsmassen der Oelat, deren violettröthliche Wände duftig im Abendroth leuchten; die Flächen der Terrassen des Vorlandes, gruppenweise mit fremdartigen Pflanzenformen be=standen, unter denen mit Cissus-Gewinden behangene Schirm=Akazien, wunderbar gestaltete Kronleuchter=Euphorbien mit fuß=dicken Stämmen, sowie die stets gesellschaftlich auftretenden Aloe=Büsche besonders in die Augen fallen; im Mittelgrund die von dunklen Hochbäumen eingefaßten Ufer der Regenstrombetten; in blauer Ferne endlich die scharfen Contouren des über 6000 Fuß hoch ansteigenden Gebirgsstockes von Naqfa.

Die unteren Oelat bestehen aus zwei mit ihrem Fuß zu=

sammenhängenden Zacken; östlich davon, unmittelbar über dem Rand des Vorlandes, erhebt sich eine etwas niedrigere Kuppe aus wild zerrissenen Granitblöcken. Mehrere größere Massen desselben Gesteins liegen auf der Terrasse zerstreut, unter ihnen ein fast würfelförmiger Fels, dessen Fuß theilweise durch Abschalung unterhöhlt ist. An den Wänden befinden sich rohe Kohlenzeichnungen, Menschen und Thiere, namentlich Kameele darstellend.

Nach 2½stündigem Marsch vom obersten Theil des Falkat schlugen wir das Nachtlager im Chor von Aqra auf, in welchen wir am südöstlichen Fuß der unteren Oelat wiederum herabgestiegen waren, zwischen stattlichen Tamarisken und ehrwürdigen Sunt= Bäumen, welche die ganze Thalfläche erfüllen. Wir hatten bei unserem Weg über die erwähnte Terrasse einen starken Bogen abgeschnitten, welchen der Torrent nach Osten zu beschreibt, wo noch mehrere andere Wildbäche in denselben münden.

Am Morgen des 19. Februar wandte sich der Weg etwas südwestlich, ein Stück weit im Strombett aufwärts und dann über eine ziemlich kahle, dasselbe östlich begrenzende Terrasse aus Trümmergestein, welche mir Momber Haratib benannt wurde. Etwa Meilen vom Lager blieben die Oelat=qaih (d. i. die rothen Oelat) in West; die sich erweiternde Thalfläche oberhalb derselben heißt Mohalat Af Luah. Etwas südöstlich von Luah mündet die ziemlich weitläufige Thalfläche Nahiel. Dort erhebt sich ein niedriger Felsgrat, auf welchem sich Reste alter steinerner Bauwerke finden sollen.

Während der heißen Mittagsstunden rastete die Karawane am sandigen, an einzelnen Stellen tief eingerissenen Strombett, im Schatten weitastiger Akazien. Die überall häufigen Nabaq= Bäume sind meist verstümmelt, indem die Hirten einen Theil der Aeste abhauen, um grünes Futter für ihre Ziegen zu erlangen. Die Dattelpflaume begann eben zu reifen, und die Zweige waren dicht behängt mit Früchten, die übrigens hier auffallend kleiner und heller gefärbt sind, als diejenigen des Nil-Gebietes. Trotz der jetzt herrschenden Trockenheit begegnet man in Agra noch ziemlich vielem Wild. Wir sahen mehrere hoch= beinige, lebhaft rostgelb gefärbte Füchse, zahlreiche zerstreute Rudel von Arab=Gazellen (Antilope Soemmeringii) und stießen auf eine Menge ganz frischer Elephantenfährten, welche berg= wärts führten. Von Vögeln bemerkten wir Perlhühner, Raub= Adler, Glanzstaare (Notauges chrysogaster und Amydrus Rüppellii), mehrere Würger=Arten, darunter den Brubru, einige Paare Halsbandfliegenfänger (Batis orientalis) und falbe Lach= tauben (Turtur decipiens). Von alten Baumstämmen herab lockten Wiedhöpfe, im Gestrüpp von Euphorbia Schimperii und Oerfa (Salvadora) Drossüinge und Pelzrückenvögel (Cerco- trichas und Pycnonotus). Einzelne grünere Bestände waren von großen, braungelben Heuschrecken überfluthet, welche selbst die giftigen Asclepiadeen (Calotropis) nicht verschonen.

Nachmittags ging es rasch den Bergen zu, über kahle, nur mit wenigen halbdürren Akazien besetzte Flächen weg, das Hauptthal zur Linken, das wir an einer Stelle, welche Ater oder Aser heißt, ganz verließen, um bald darauf in eine enge, vielfach gewundene, nach Südwest ziemlich steil ansteigende Schlucht einzubiegen.

Auf einem weit vorspringenden, mit etwas Buschwald be= standenen Abhang äßten gemüthlich zwei Kudu=Böcke mit mäch= tigem Gehörn. Einzelne Stellen der Bergwände sind vollständig bedeckt mit Buschwerk der schon öfter erwähnten stachellosen Euphorbie mit stielrunden Zweigen. Unsere Kameele, denen es stets an passendem Futter mangelte, rauften von Zeit zu Zeit einige der milchigen Sprossen dieser Pflanzen ab.

Die Schlucht, durch welche der Pfad nach dem Paß von Nagfa hinaufführt, heißt Metabeleh. Je höher man ansteigt, um ſo mehr wird der Weg durch Bäume und Felſen eingeengt; an einzelnen Stellen iſt wirklich kaum Raum für beladene Pack= kameele oder für den Reiter. Eine Truppe Elephanten, deren friſche Excremente haufenweiſe zerſtreut lagen, hatten unmittelbar vor uns das Thal paſſirt und da und dort Aloe=Wurzeln aus= gewühlt und die Zweige der zartblätterigen Acacia etbaica abgeſchält, welche dem Auswurf dieſer rieſigen Dickhäuter eine eigenthümlich braunrothe Farbe, ähnlich der Gerberlohe, verleihen. Der Geruch der Loſung erinnert an den des friſchen Pferde= düngers. Die Thiere freſſen übrigens nur die roſtig grünen Blätter und die Rinde der Akazien und werfen das abgeſchälte Holz wiederum weg.

Eine Begegnung zwiſchen einer Elephanten=Heerde und einer Karawane in dieſer Felsgaſſe, durch welche die regelmäßigen Wechſel der erſteren führen, könnte ſehr ernſtliche Folgen haben. Bald fanden wir eine Stelle, welche weit genug war, um die Zelte über Nacht aufzuſchlagen, und dies ſchien doppelt nöthig, weil wir uns bereits auf einer beträchtlichen Höhe über dem Meeresſpiegel befanden. Nach meinen barometriſchen Meſ= ſungen beträgt die Höhe des Lagerplatzes am Fuß der unteren Oelat (18/19. Februar) 1146, diejenige bei Rahieh 1305, die der Nachtſtation im Thal von Metabeleh 1619 Meter.

In der Schlucht begegneten wir bereits verſchiedenen der abeſſiniſchen ſubalpinen Flora angehörigen Pflanzenformen. Von Vögeln wurden bemerkt einige Arten Steinſchmätzer, namentlich Saxicola lugubris und eine Kette von großen Frankolinen (Fran- colinus Erkellii, Rüpp.).

Am Morgen des 20. Februar wurde ſpäter als gewöhnlich aufgebrochen, da die Kameele ſehr empfindlich gegen Kälte ſind und gegen Tagesanbruch das Thermometer nur noch wenige Grade über dem Eispunkt zeigte.

Ich ging allein der Karawane voran, in der Hoffnung,

während der Ersteigung des letzten, höchsten Theils des Passes
noch einige Winkelmessungen vornehmen zu können. Der Pfad
führt ein Stück weit auf der Sohle der Schlucht hin, welche
schließlich aber durch senkrechte Felswände vollkommen abgesperrt
wird; dann windet man sich stets über mächtige Steinmassen
weg an der rechten Thalwand (Ostseite) empor. Häufig wächst
hier ein Strauch mit hell leberglänzenden Blättern, welche einige
Aehnlichkeit mit denen unserer Frühbirnen haben; in Klüften
glaubte ich einige verkrüppelte Adansonien bemerkt zu haben; in
Felsritzen gedeihen Rochien und ein kleiner Sauerklee; die weniger
steil geneigten Flächen und Mulden sind dagegen mit Acacia
etbaica, Euphorbia Schimperii und mit einer weiter nordwärts noch nicht von uns gesehenen baumartigen Aloe erfüllt.

Unerwartet rasch hatte ich den Gipfel des Passes erreicht,
der nach meiner Messung eine Meereshöhe von 1781 Meter
hat. Die Fernsicht war leider ziemlich beschränkt; doch gelang
es mir, von einem Ausläufer des Madfidfa-Gebirges, welches
von der Nordwestecke von Naqfa nach Nord hin sich verläuft,
einen Blick nach dem Aqra-Thal zu gewinnen.

Nach Süd zu Ost öffnet sich das Hochthal Abelu, welches
mit geringerem Gefäll nach Naqfa hinabführt. Der Paß selbst
heißt Esmet Debelah, ein zweiter, welcher etwa 4 Meilen weiter
ostwärts von Aqra hinaufführt und der für Lastkameele nicht
gangbar ist, führt den Namen Angef oder Angef. Nach unserer
Rechnung beträgt die Länge von Aqra bis zu unserem Paß
20 Meilen, nach der Munzinger'schen Karte dagegen 26 Meilen.
Unsere schwächlichen Lastthiere legten denselben in 9³/₄ Stunden zurück.

Man hatte mir diese durch ihren Wasser- und Futterreich-
thum berühmte Gegend stets als eine weitläufige Hochebene beschrieben. So weit ich Naqfa kennen gelernt habe, besteht dasselbe jedoch in einem 3 bis 4 Stunden weiten und etwa 5 Stunden

langen, nach Süd zu geneigten Kessel, der in West, Nord und
Ost von theils zusammenhängenden, theils vereinzelten Höhen=
zügen eingesäumt ist. Die Einsenkung selbst umschließt ebenfalls
keine Ebene, sondern nur unregelmäßig zerrissenes Hügelland,
durch welches einige mehrfach verzweigte Thäler führen, welche
sich wohl hier und da zu Flächen von ½ bis 1 Meile in der
Breite erweitern. Die Erhebungen und Gehänge bestehen aus
zerklüfteten krystallinischen Gesteinen, namentlich aus Gneis,
Hornblende und Thonschiefer mit Quarzgängen.

Der obere Theil des Abelu=Thales ist ziemlich kahl und
einförmig, auch die Berglehnen hier spärlicher mit Buschwerk be=
wachsen. Im weiteren Verlauf der Einsenkung, in welche bald
noch ein zweites Thälchen mündet, werden die Böschungen jedoch
merklich dichter mit Sträuchern besetzt, unter denen besonders
der Oelbaum sich durch sein stattliches Laubdach auszeichnet.
Als Charakterpflanze des Hochlands ist ferner ein strauchartiger
Sauerampfer, der jetzt in Blüthen stand, zu nennen; an Thal=
wänden und Schluchten stehen bereits stärkere Baumformen, da=
zwischen meist gesellschaftlich vielarmige Kronleuchter=Euphorbien,
welche zwar hier im Allgemeinen keine so mächtigen Stämme
als in ihrer eigentlichen Heimath, der abessinischen Dega, aber
verhältnißmäßig höhere Aeste treiben.

Nach zweistündigem Marsch, vom Paß an gerechnet, erweitert
sich das Thälchen Abelu etwas. Die in Menge hier wachsenden
Uscher=Büsche zeigen an, daß man sich nicht mehr fern von
einem Wasserplatz befindet. Auf dem Grunde der Thalsohle
erscheint ein grüner Rasenteppich, auf welchem wirklich mehrere
Brunnengruben in Sand und Humus abgeteuft sind, die beiläufig
auf 10 Fuß Tiefe zwar wenig, aber recht schmackhaftes Trinkwasser
enthalten. Hart am Pfad stand eine Kudu=Antilope und ein Rudel
von Maskenschweinen zog eben von einer schlammigen Mulde ab,
in welcher sie sich gesuhlt hatten. Der Platz heißt Tschewetu.

Um die Brunnenlöcher, wo etwas gerastet wurde, um das Gepäck zu erwarten, ging es ziemlich lebhaft zu; Turteltauben und Schwärme verschiedener Finken-Arten (Hyphantornis Guerinii, Pyrgita Swainsonii, Crithagra tristriata) kamen, um ihren Durst zu stillen. Weiße Bachstelzen und gelbe Schafstelzen, mit Mückenfang beschäftigt, trippelten und flatterten munter auf dem Boden herum, an den Thalwänden gaggerten Perlhühner und Frankoline (Francolinus gutturalis), auf Felsstücken und Büschen wippten Steinschmätzer (namentlich Thamnolaea semirufa), hoch in den Lüften zogen Augur-Bussarde ihre Kreise und um die Pfützen schwärmten behenden Fluges prachtvolle Tagfalter (Equites).

Von Tschewetu oder Mai Tschewetu aus wendet sich das Thal in einem Bogen nach Südwest mehr südöstlich. Von letzterem halb umschlossen, erhebt sich ein kleiner Hügel mit malerischen Gruppen von Kronleuchter-Euphorbien. An seinem südlichen Fuß und zwar an einer kleinen Ausbuchtung der Einsenkung stehen ältere Gräber mit Umfriedungen von Feldsteinen; etwas höher gelegen ist ein vereinzelter ungeheurer Haufen von Steinen, unter welchen ein Habab angesehener Herkunft begraben liegt, der sich verschiedener schwerer Verbrechen schuldig gemacht haben soll.

Jeder Vorübergehende wirft mit einem Ausruf der Verachtung einen weiteren Stein, einen Ast, Knochen, oder eine Aloe-Wurzel auf diesen Tumulus. Manche Stellen des Thales und seiner Verästungen bilden, wie schon bemerkt, kleine ebene Flächen. Mitten auf einer solchen freien Platte stehen mehrere uralte Akazienstämme (wohl Acacia arabica), andere ähnliche Oertlichkeiten sind dicht bewachsen mit Stechapfel- und Ricinus-Stauden, welche eine Höhe von mehr als 20 Fuß erreichen und über und über mit Flaschenkürbissen behangen sind; darunter wuchert undurchdringliches Dickicht von jetzt meist trockenen Gräfern und Krautpflanzen, in welchen sich zahlreiche Wachteln und viele finkenartige Vögel aufhielten.

Beständig zeigten sich Kudus, sowohl einzelne alte Böcke, als kleine Rudel von Thieren und Kälbern; auch an Frankolinen (Francolinus Rüppellii) und Perlhühnern war kein Mangel, in unglaublicher Menge schwärmten namentlich aber aufgelöste Flüge von Lachtauben (Turtur semitorquatus) thalauf und ab. Weiter stromabwärts ziehend, gelangt man an eine Stelle, wo sich der Bach tief in die eigentliche Thalsohle gewühlt hat. Diese besteht hier aus wohl 10 bis 15 Meter mächtigen Allu= vial=Anflößungen, aus Sand, etwas Geröll und vorzüglich aus etwas eisenhaltiger Dammerde. Das eigentliche, jetzt aber auch trockene Bett des Stromes senkt sich darin theilweise bis auf den ursprünglichen Thalgrund hinab, auf dem hier und da Thon= schieferfelsen zu Tage kommen. Die Breite der Schlucht wechselt zwischen 20 und 30 Schritt, ihre Wände sind senkrecht und das Bett selbst oft halb erfüllt mit den in Folge von Unterwaschung herabgestürzten Massen der Seitenflächen, welche zuweilen den Grund der Spalte derart bedecken, daß sich die Hochwasser wäh= rend der Regenzeit einen neuen Weg durch dieselben bahnen müssen.

Diese Einsenkung scheint trotz der periodischen Ueberschwem= mungen für den Pflanzenwuchs sehr günstig. Im Grund treten Krautpflanzen und etwas Gräser auf, an den Wänden verschie= dene Salbei=Arten, Ricinus, Rumex (wohl R. alismaefolius?), namentlich aber ein Cappern=Strauch mit hakig rückwärts gebo= genen Dornen und sehr wohlriechenden weißen Blüthen (Capparis tomentosa), dazwischen mehrere Compositen, Notonien, ein blau= blühendes Solanum mit citrongelben Fruchtkapseln; seltener Tamarisken.

Auf der Thalfläche zu beiden Seiten der beschriebenen Schlucht bemerkt man einige Spuren einstiger sehr primitiver

künstlicher Bewässerung mittelst Handschöpfmaschinen (arabisch
Schaduf). Der Platz, wo Munzinger-Bek vor einigen Jahren
den Versuch machte, eine Muster-Landwirthschaft für die Eingeborenen anzulegen, wurde uns Mentele benannt; derselbe mag
eine Länge von 600 bis 800 Schritt haben, und beginnt eigentlich erst dort, wo die Thalschlucht ihr Ende erreicht und wiederum
in ein normales Bachbett verläuft, in welchem auch zur Zeit
der Trockenheit hier und da Wasser zu Tage tritt, das kleine
Tümpel und Pfützen bildet, stellenweise jedoch wieder versiegt.
Dieser Bach scheint die Hauptquelle des Mao (Mö der Munzinger'schen Karte) auszumachen.

Hart am Ufer des genannten Gewässers schlugen wir für
zwei Tage unser Lager auf, am Fuße eines Hügels, auf welchem
einige halbzerfallene Strohhütten zerstreut liegen, während den
höchsten Punkt ein Flaggstock ziert.

Wie bereits früher angegeben, bezieht ein Theil des Stammes
der Ats Hibtes zur Zeit der Sommerregen, während welcher
das ganze Hochland von Naqfa sich in frisches Grün kleidet,
diese Gegenden. Die verschiedenen Familien siedeln sich für
5 bis 6 Monate im Thal von Abelu, in Kilmet in der Nähe
des Angef-Passes, im Kessel Ataf Abut, bei Mentele und um Diq-
diq an, indem sie dort Strohhütten, sowie Dornhecken zum Schutz
ihrer Rinder, Ziegen und Schafe gegen Raubthiere errichten.
Die Weiden liefern in günstigen Jahren einen Ueberfluß von
Futter, aber die im Spätherbst eintretende Trockenheit, und der
damit verbundene Mangel an frischen Gräsern und Krautpflanzen
nöthigt die Hirten, dann die Wasserplätze und Weidegründe des
Tieflandes aufzusuchen.

Sie ziehen daher mit ihrer ganzen Habe nach dem Sahel
hin, wo die periodischen Regen erst zur Winterzeit einfallen.
Zur Zeit der Dürre ist Naqfa eben so wenig bewohnt als Aqra.

Der Haushalt der Einwohner regelt sich somit nach den

meteorologischen Verhältnissen ihrer Heimath. Tritt eine Störung derselben ein, so kann dies einen theilweisen Verlust der Existenz- mittel der Bevölkerung nach sich ziehen, welche zu indolent ist, um sich durch Arbeit und praktischere Verwerthung ihres Grund und Bodens andere Hülfsquellen zu schaffen.

Ihre Nachbarn, namentlich die Bewohner von Mensa und vom Gebiet der Anseba, treiben ebenfalls Viehzucht, nebenbei bestellen sie aber auch ihre Felder, welche oft fern von den festen Wohnsitzen gelegen sind. Die Anstrengungen Munzinger-Bek's, auch die Habab mit dem volkswirthschaftlichen Werth der Bear- beitung des Bodens bekannt zu machen, verdienen daher gewiß alle Anerkennung; es ist nur zu bedauern, daß der Versuch einer Colonisation von Naqfa nicht wiederholt wurde. Der Grund wird wahrscheinlich in der Berufung Munzinger's auf einen höheren Posten, als Generalgouverneur von Takah, zu suchen sein.

Die ursprüngliche Wahl des Platzes scheint mir nicht un- günstig, wenn auch nur ein verhältnißmäßig sehr beschränkter Raum urbar gemacht werden konnte. Bei der Anlage selbst wirkten die Eingeborenen, nach ihrer eigenen Versicherung und trotz ihrer eingewurzelten Abneigung gegen den Feldbau, sowie überhaupt gegen jede Art von Arbeit, thätig mit. Die Aus- rodung und Ebnung des Terrains muß keine Schwierigkeiten verursacht haben. Die Grundstücke wurden in einzelne regel- mäßige Felder eingetheilt und diese von niedrigen Dämmen umschlossen, auf welchen das Wasser des Baches, welcher den Platz durchschneidet, nach allen Seiten hin gleichmäßig vertheilt werden konnte. Zu dem Ende war es nöthig, hart am Ufer Schöpfmaschinen zu errichten. Man führte eine kleine Mauer in der Böschung auf, rammte auf derselben einige Baumstämme ein und befestigte am oberen Theil der letzteren nach Art der Ziehbrunnen einen Balken, an dessen einem Ende ein Schöpf- eimer, am anderen ein Gegengewicht angebracht war. Am Fuß der Mauer befand sich eine Vertiefung, in welcher sich das Wasser sammeln konnte. Das Ausheben desselben auf eine Höhe von etwa 12 bis 15 Fuß und das Ausgießen in die Gräben, welche auf den die Felder durchschneidenden Dämmen hinführten, geschah durch Menschenhand.

Während der Regenzeit ist eine Bewässerung des Bodens natürlich nicht nöthig; später erfordert dieselbe aber viel Kraftaufwand.

Der Boden besteht aus einer mächtigen Schicht von Dammerde, gemischt mit Sand und einigem Geröll.

Ich schätze die mittlere Jahrestemperatur von Naqfa höchstens auf 15° Celsius. Die absolute Höhe der Anlagen beträgt nach unseren Messungen 1670 Meter, welches Ergebniß ganz gut übereinstimmt mit Munzinger's Angaben (5326 Par. Fuß).

Der Grund des Mißerfolges der ersten Versuche lag nach den Aussagen der Ats Hibtes im Mangel an der nöthigen Wassermenge. Ich möchte denselben eher in der unrichtigen Wahl der Culturpflanzen suchen. Es sollen namentlich Dattelpalmen und Baumwolle eingeführt worden sein. Die Dattelpalme gedeiht jedoch nur im Tiefland und in Gegenden, welche keine Sommerregenzeit haben. Auch für Baumwollpflanzung scheint Naqfa zu hoch gelegen.

Durch Herstellung von Dämmen und Teichen ließe sich dem Wassermangel abhelfen, wobei mit großem Vortheil die oben beschriebene Schlucht benutzt werden könnte. Um den Aufwand von Menschenkräften bei der Bewässerung zu vermeiden, müßten Wasserräder oder eine Dampfpumpe angelegt werden.

Gerste, Weizen, Eleusine, Hülsenfrüchte, Oelpflanzen (Quizotia), Kartoffeln und selbst der Weinstock würden hier sicherlich einen guten Ertrag liefern, wohl auch verschiedene Flachs- und Hanf-Arten, Gemüse, Melonen, Tabak, Eragrostis. Selbst

der Anbau von Kaffee, namentlich aber der von China-Rinde
ließe sich versuchen.

Mangel an der Möglichkeit eines regelmäßigen und billigen
Verkehrs mag wohl auch theilweise Schuld sein, daß die Feld-
wirthschaft selbst im benachbarten glücklichen Abessinien noch stets
auf so niedriger Stufe stehen bleibt. Der Landmann erzeugt dort
selten mehr, als er zu seinem eigenen Bedarf nöthig hat, oder
auf dem nächstgelegenen Marktplatze verwerthen kann. Die jährliche Ausfuhr von Bodenproducten aus Habesch nach Massaua und
Qalabat beschränkt sich auf etwas Kaffee, Gewürze, Getreide,
Harze und Baumwolle, im Gesammtwerth von höchstens zwanzig-
tausend Maria-Theresia-Thalern.

Das Getreide, welches die Habab und Beni Amer nöthig
haben, wird zu verhältnißmäßig hohen Preisen vom Barkah und
Qasch her bezogen.

Naqfa hängt im Osten mit einer, der Küste des Rothen
Meeres ungefähr parallel laufenden hohen Gebirgskette, der
Rora tselim (wörtlich „Schwarze Berge") zusammen, welche bis
zum Falkat verläuft, im Westen aber mit der Rora Asgabié,
die — vorzugsweise die Umgegend des nahen Baqla (nach
Munzinger 7700 Fuß hoch gelegen) — als vortreffliches Weide-
land beschrieben wird. Dieser Gebirgszug hat gleiche Richtung
wie die Rora tselim, und beide sind im Norden durch das Thal
von Aqra, im Süden durch die Schluchten von Naro (Mao,
Hedai und Modsabat) von einander geschieden. Die Rora
Asgabié bildet einerseits die Wasserscheide zwischen dem Falkat
und den Regenströmen südwärts bis zum Ostabhang von
Mensa, andererseits diejenige des Anseba, welch letzterer Fluß
am Nordabhang der Gebirge von Hamasien, in der Nähe des
Städtchens Tsazega entspringt und etwas südlich vom 18. Grad
in den Barkah-Strom mündet.

Von den von mir besuchten hervorragenden Punkten von

Naqfa ist Baqla nicht sichtbar, von der Ebene von Af Abed aus erscheint dasselbe als vollkommen ebenes Hochland. [1]

Wir müssen hier noch zweier beträchtlicher Gebirgsstöcke erwähnen, welche sich auf der Westseite der mächtigen Nora Asgadié erheben. Sie heißen Deber abi und Hager. Ersterer, nur 10 Meilen von Naqfa entfernt, erreicht nach Munzinger's Schätzung 8000 bis 9000 Fuß Höhe und besteht aus einem Conglomerat von kahlen, steilen, sogar für die Heerden unzugänglichen Gipfeln. Nach Ost zu scheint dieses gar nicht umfangreiche, aber ziemlich isolirte Massiv durch den Tankas-Rücken mit Baqla zusammenzuhängen. Eine nähere Erforschung desselben wäre schon in geologischer Beziehung höchst wichtig, da der Deber abi oder Tembelen, seiner Gestalt nach zu schließen, wahrscheinlich nicht der Urgebirgsformation angehört.

Der Hager, dessen Gipfel auch beiläufig auf 8000 Fuß Höhe ansteigen, muß gleichfalls einen mehr vereinzelten, jedoch weitläufigeren Gebirgsstock ausmachen. Derselbe liegt etwa 12 Meilen westwärts vom oberen Falkat. Sein vollständiger Name ist nach Munzinger Hager Abei Nedjran (besser aber Hagara abaj Nedjran). Hager bedeutet in der alten äthiopischen Staatssprache (Geez) eine Hauptstadt. Nedjran soll eine Nachahmung des gleichen jemenesischen Stadtnamens sein.

Das Gebirge sendet mehrere Ausläufer gegen Südwest und West dem Anseba zu und nach Nord, wo sich dasselbe an die ausgedehnte Hochfläche Kamere anschließt. Dieses Plateau enthält fließendes Wasser und finden sich dort Ruinen alter Gebäude, denn Hager war — wie Debra Salié am oberen Barkah — in alter Zeit der Sitz eines christlichen, ackerbau-

---

[1] Unter den zur Herrschaft der Bahernagasch gehörigen Provinzen zählt schon Ludolf die Landschaft Baqla auf. Ueber die Gebirgszüge und Volksstämme nördlich von Habesch vergl. Munzinger in Petermann's Geogr. Mitth. 1872, S. 201 ꝛc. nebst Karte Taf. 12.

treibenden Volksstammes, der durch die gut bevölkerte Nora As=
gabié mit dem Mutterland Abessinien in Verbindung stand. Hager
wird jetzt nur noch von Ziegenhirten bevölkert, welche steinerne
Hütten oder Höhlen bewohnen und nicht eigentlich wandern.
Sie werden, obwohl ohne Zweifel einst die Besitzer des Landes,
jetzt als Unterthanen der Beni Amer betrachtet, und ihre Sitze
beschränken sich auf die Gebirge Qaboba, Aiget und Hager selbst.
In patriarchalischer Abgeschiedenheit lebend, nähren sie sich
hauptsächlich von Milch. Ihre Abgaben bezahlen sie an den
Groß=Schech der Beni Amer, sind jedoch sonst unabhängig und
werden von den Nachbarstämmen ihrer Räubereien wegen ge=
fürchtet. Wir haben oben schon[1] dieser Ureinwohner gedacht, die
sich Bet Maleh, Bet Aued, Bet Bascho und Hamasien nennen.
Ihre Sprache ist das Bedjanieh sowohl, wie auch das Tigraia
oder Chasi.

Während unseres nur zweitägigen Aufenthaltes in Naqfa
befaßte ich mich hauptsächlich mit geographischen Aufnahmen,
deren Ergebnisse auf meiner Karte eingetragen sind. Gleich=
zeitig durchstreifte ich die Hügelgruppen nordwärts, sowie ein
kleines Stück des Mau=Thals, welches sich, unterhalb des Lager=
platzes einen großen Bogen nach West beschreibend, schließlich
nach Süd zu Ost wendet, mit dem Hedai vereinigt und als
Moqa oder Medsabet bei Hochwasserstand das Rothe Meer in
dem Hafen Mobarak erreicht.

Im Allgemeinen bietet die Gegend von Naqfa[2] wenig Ab=
wechselung; so ziemlich überall, wo ich hinkam, waren die Ge=
steins= und Vegetationsverhältnisse je nach der Oertlichkeit die=

---

[1] S. 74 und 94.
[2] Munzinger schreibt Nakfa und Naqfa, das abgesetzt oder Absatz be=
deuten soll. Dem Gehör nach würde ich diesen Eigennamen mit dem äthio=
pischen und himyaritischen ⲫ wiedergeben, das dem arabischen ق entspricht,
also mit q zu umschreiben wäre.

selben. Die Flächen der Seitenthäler, welche mit Granitgrus erfüllt sind, enthalten zur trockenen Jahreszeit noch weniger frische Vegetation als die humus- und dammerdereicheren Hauptthäler; die Ufer des Rinnsals der Torrenten werden dagegen gewöhnlich von dichtem grünen Buschwerk und Schlingpflanzen eingesäumt. Einsenkungen mit einer Spur von wiesenähnlichem Graswuchs trafen wir bei den Brunnengruben von Tschewetu und in der Nähe von Diq-diq am südöstlichen Rand des Kessels, ferner im Moa-Bett thalwärts vom Lager in Mentele oder Mentelié, wo neben verschiedenen Gräsern auch Veronica Anagallis aquatica in Blüthe stand. Am Fuße einer mächtigen senkrechten Felswand, eine halbe Meile südlich vom Lagerplatz, bildet der Mao ein ziemlich tiefes Wasserbecken, das zum Theil von Algen und anderen Wassergewächsen erfüllt wird. Noch ein Stück weiter stromabwärts sind die Ufer dicht beschattet von Oelbäumen mit frisch lichtgrünem Laubdach. Aus der Ferne gesehen, gleichen diese stattlichen Weiden, auch das Blatt erinnert im Bezug auf Form und Färbung etwas an diese Pflanze.

Charakteristisch für das steinige Hügelland ist der Oolqual (Euphorbia habessinica) und eine verwandte stammlose Art (Euphorbia polyacantha). Die höheren Gipfel selbst zeichnen sich mehr durch Kahlheit aus, dagegen enthalten die Schluchten oft recht malerische Partien von Buschwald.

Der Dickichte von Stechäpfeln und Wunderbäumen, welche im Thal Mentele auftreten, ist bereits Erwähnung gethan.

Eine Aufzählung der wenigen von mir eingesammelten botanischen Vorkommnisse hat mein Freund Dr. Schweinfurth versprochen, gelegentlich zu veröffentlichen.

Was die Thierwelt von Naqfa anbelangt, so reichte ein Aufenthalt von wenigen Tagen natürlich nicht hin, dieselbe eingehender kennen zu lernen.

Von Raubthieren finden sich der Leopard, verschiedene Füchse und der Hyänenhund. Die gefleckte Hyäne soll sich nur zur Zeit, wo das Hochland bewohnt ist, einfinden, auch der Löwe sich zuweilen bis in diese Gegenden verirren; doch soll er nach der Versicherung unserer Führer weit häufiger im Falkat sich zeigen.

Einen kleinen Ichneumon glaube ich flüchtig gesehen zu haben. Die am häufigsten hier vorkommende Antilope ist jedenfalls der Kudu, der theils einzeln, theils in kleinen Rudeln alle Gehänge bewohnt. Auch die Sasa (Oreotragus saltatrix) findet sich an felsigen Plätzen, sie gehört jedoch zu den selteneren Erscheinungen; die Windspiel-Antilope, allgemein im Anseba-Thal, Hedai und Falkat, habe ich in Naqfa selbst nicht beobachtet.

Wildschweine (Phacochoerus Ailiani) zeigen sich in der Nähe der Grasflächen und Rinnsale überall, gewöhnlich gesellschaftlich. An vielen Stellen sind die überhängenden Bachufer von ihnen unterwühlt und zu Lagern hergerichtet. Auch stößt man häufig auf ihre regelmäßigen, kreuz und quer über die Thäler und Höhen laufenden, meist geraden Wechsel.

Zuweilen begegnet man einem zwergartigen Hasen; in Steinhaufen und alten Gräbern hausen paarweise muntere Erdeichhörnchen.

Fledermäuse bemerkte ich nicht. Nach meinen Erfahrungen wandern dieselben mit den Viehheerden und den sie begleitenden Fliegenschwärmen.

Eine Heerde von mehr als 150 Stück Hundskopf-Pavianen, wohl auf der Wanderung von einem Wasserplatz zum anderen begriffen, stieß mit mir und dem mich begleitenden Diener auf einem engen Bergpaß zusammen.

Bereits habe ich einiger Vögel des Hochlands gedacht. Ich zähle nachstehend alle von uns beobachteten Arten deshalb noch speciell auf, weil Naqfa die nördlichste Grenze des Vorkommens mancher derselben zu bilden scheint.

8*

Falco lanarius, var. tanypterus, öfter gesehen, jedoch nicht erlegt. — Aquila rapax, einzeln. — Helotarsus ecaudatus, am Rand des Hochlandes. — Nisus, wohl N. badius, mehrfach gesehen. — Melierax polyzonus. — Buteo augur.

Eulen wurden nur gehört (wahrscheinlich Bubo lacteus). Cotile (ohne Zweifel C. obsoleta), öfter am Rand der Hügel gesehen.

Merops Lafresnayei, paarweise um Felsgesimse und auf Kronleuchter=Euphorbien. Irrisor aterrimus, in kleinen zer= streuten Flügen, Junge und Alte, ohne Zweifel auf der Wan= derung.

Nectarinia affinis und Nectarinia habessinica, beide un= gemein häufig längs der Regenströme im Gebüsch von Capparis, Calotropis u. s. w. — Beide Arten trugen bereits das voll= kommene Hochzeitskleid und kämpften die Männchen viel unter sich. — Nectarinia cruentata glaube ich öfter bemerkt zu haben.

Camaroptera brevicaudata, paarweise im Gestrüpp und Wurzelwerk der Rinnsale; die Männchen sangen herrlich. — Oligocercus microurus, einzeln auf kahlen Bäumen. — Sylvia rufa, Sylvia fitis und Sylvia garrula.

Verschiedene Saxicolinen, darunter Saxicola lugubris, Thamnolaea rufo-cinerea, Pratincola rubicola torquata.

Ruticilla phoenicurus.

Motacilla alba und Budytes flava, letztere in allen Va= rietäten.

Anthus sp.? öfter gesehen. — Parus leucopterus. — Pycnonotus Arsinoe.

Dicrourus divaricatus. — Therpsiphone melanogastra, sehr einzeln, ebenfalls im Hochzeitskleid. — Batis orientalis.

Dryoscopus aethiopicus; wahrscheinlich auch Dr. gambi= ensis; Nilaus brubru. — Telephonus erythropterus. — Fiscus humeralis (nur gesehen).

Corvus affinis.

Hyphantornis habessinica und H. Guerinii (im Winter=
kleid). — Uroloncha cantans. — Passer Swainsonii. —
Poliospiza tristriata. — Crithagra striolata.

Galerita cristata, einzeln.

Agapornis Tarantae, paarweise auf Kronleuchter=Euphorbien.

Trachyphonus margaritatus.

Picus sp.? mehrmals gehört.

Turtur semitorquatus, ungemein häufig, einzelner Turtur
senegalensis.

Numida ptilorhyncha, stellenweise in großen Schaaren. —
Francolinus Rüppellii, im Gesträpp paar= und kettenweise. —
Francolinus gutturalis, paarweise. — Coturnix communis, in
großer Menge im Dickicht der Thalflächen im Monat Februar.

Scopus umbretta, an Bächen, einzeln.

Totanus ochropus? an Bächen.

Schlangen und Eidechsen haben wir nicht bemerkt. Im
Magen einer Umbrette (Scopus umbretta) fand ich dagegen
Ueberreste kleinerer Fische (Lebias?).

Schmetterlinge und Käfer waren nicht häufig. An Brun=
nengruben zeigte sich eine Equites=Art; an feuchten Stellen im
Sand Chlänien und eine Anthia.

In Felsritzen siedeln sich große Colonien wilder Bienen
an. Auf Rollgestein der Bäche findet sich eine kleine Schnecke
neben einer Menge von Dipteren=Larven und Blutigeln.

Was das Klima von Naqfa anbelangt, so muß dasselbe
der Gesundheit sehr zuträglich sein. Zur Winterszeit sollen
zuweilen Nachtfröste eintreten. Mir liegen nur zwei Thermo=
meterablesungen von unserem Lagerplatz in Mentele vor, näm=
lich vom 22. Februar 10 Uhr Vormittags, wo die Wärme
18,2° R. betrug, und vom 23. Februar Morgens 6 Uhr, wo
das Thermometer + 6° R. zeigte. Zwischen dem 21. und

23. Februar hatten wir Morgens etwas Nebel, Vormittags stets frische klare Luft mit Windstille bis gegen 10 Uhr, Mittags kräftige Südwestwinde; der Nachthimmel war häufig bewölkt.

Am 21. Februar fanden sich zwei Eingeborene aus dem Hedai-Thal ein, wohlgebaute junge Leute, welche von einem Unterofficier, der mit 4 Soldaten vom Gouverneur von Massaua, Arakel Bek, uns mit Briefen entgegengeschickt worden war, den Auftrag erhalten hatten, unsere Spur ausfindig zu machen.

Seine Excellenz übermittelte uns gleichzeitig warme Empfehlungen an den Schech der Ats Temariam und an den Commandanten von Keren.

Da die Reiseprovisionen stark zur Neige gingen, so veranlaßten wir unsere neuen Geleitsmänner, unsere Ankunft ruhig in Hedai abzuwarten, wo die Möglichkeit gegeben war, wieder einige Schafe oder Ziegen einzukaufen.

Schon während der vorhergehenden Nacht war das Lager mehrfach durch das Geschrei von Raubthieren in Aufregung versetzt worden. Rudelweise jagende Füchse, wahrscheinlich Canis lupaster, umschwärmten unter heiserem Bellen und Geheul die Gegend, wo die Zelte aufgeschlagen waren. Es schien daher besondere Vorsicht nöthig, wollten wir unseren geringen Fleischvorrath, der nur noch aus drei kleinen Ziegen bestand, vor den hungrigen Räubern sichern. In der nächsten Nacht wurden die Thiere deshalb von den Dienern in einer aus Gepäckstücken errichteten Verschanzung unmittelbar zwischen dem Zelt, das wir bewohnten, und zwischen demjenigen der Dienerschaft untergebracht. In der Nähe brannten zwei Feuer, um welches die Kameeltreiber nebst ihren Lastthieren lagerten. In unserem Zelte war die eine Hälfte der Wand abgenommen; ein Licht brannten wir nicht, da mein Begleiter, der immer sehr zeitig zur Ruhe ging, sich während des Schlafes dadurch belästigt fühlte. Nach Einrichtung des Lagers hatte ich den Versuch gemacht, an

einer Fuhrt des Baches anzustehen, in der Hoffnung, daß dort
Wild irgend einer Art hin und her wechseln möchte. Es dunkelte
jedoch bald so stark, daß ich nach Verlauf einer halben Stunde wie=
der zum Lager zurückkehrte und mich bald darauf niederlegte. Die
sämmtliche Mannschaft, die sonst die Nacht über viel schwatzte und
lärmte, war heute auch früher als gewöhnlich eingeschlafen.

Gegen 10 Uhr wurden wir plötzlich durch schreckliches Angst=
geschrei einer der Ziegen aufgeschreckt. Die Büchse, welche nie
von meiner Seite kam, in der Hand, sprang ich ins Freie. Auch
mehrere der Kameelführer und Diener waren sofort mit ihren
Waffen zur Stelle. Doch wir kamen zu spät! Eine der Ziegen mit
durchbissenem Hals wimmerte am Boden, das angreifende Raub=
thier hatte dieselbe nicht fortzuschleppen vermocht, da sie wie ihre
Kameraden in der improvisirten Stallung festgebunden war.
Der Attentäter selbst war verschwunden.

Nachdem das arme Schlachtopfer vollends getödtet worden
war, trat nach der Aufregung bald wieder die gewohnte Stille ein.

Mein Nachtlager befand sich an der offenen Seite des
Zeltes, so daß es mir möglich war, von meinem Lager aus ins
Freie zu sehen. Es mochte eine kleine halbe Stunde vergangen
sein, als ich ein schwaches Geräusch zu vernehmen glaubte. Nicht
zweifelnd, daß die hungrige Bestie nochmals versuchen werde, zu
ihrer Beute zu gelangen, suchte ich, das Auge möglichst anstren=
gend und ohne mich aufzurichten, auf der gegenüberliegenden Fläche
den Räuber zu erkennen. Der Blitz eines glühend rothen Auges
machte mich auf die richtige Stelle aufmerksam und gleich
darauf unterschied ich die undeutlichen Umrisse eines größeren
Thieres, welches platt auf die Erde gedrückt, lautlos näher kroch.

Mein Gewehr lag bereits im Anschlag, doch erlaubte die
Dunkelheit und meine Lage auf der Erde nicht, Visir, Korn und
Ziel richtig in eine Linie zu bringen. Der Schuß knallte und
einen Augenblick später der zweite.

Aus dem Zelt eilend, konnte ich nur noch sehen, wie der ungebetene Gast flüchtig dem nahen Bachbett zueilte.

Am nächsten Morgen fanden wir die deutlichen und mächtigen Fährten eines Leoparden, aber keine Spur von Blut. Ohne Zweifel war er mit dem Schreck davongekommen.

———

In der Frühe des 23. Februar wurde das Lager in Mentele abgebrochen, in der Absicht, den Weg nach Keren einzuschlagen.

Dieser führt eigentlich über Bagla und das obere Thal des Anseba, doch soll er für Kameele kaum gangbar sein. Wir schlugen deshalb eine mehr östliche Richtung ein.

Bis zum nahen Südostrand des Hochlands von Raqfa steigt der Boden wiederum etwas an. Man gelangt durch mehr offenes, nur stellenweise mit niedrigem Buschwerk bestandenes Terrain, auf dem sich hier und da Grasflächen finden, über welche einzelne kahle graue Felsgrate ragen.

Der Platz heißt Diq-diq und mag etwa einen Durchmesser von 2 Meilen haben. In seiner Mitte finden sich einige alterthümliche Reste.

Diese bestehen in einem einige 60 Fuß im Durchmesser haltenden niedrigen Ringwall aus Feldsteinen, welcher zwei massive Grundmauern von quadratischem Querschnitt umschließt. Die äußere derselben mißt etwa 28 Fuß im Gevierte und der best erhaltene Theil, die Nordostecke, hat noch fast Mannshöhe. Das Gemäuer ist aus rohen Steinen ohne Bindemittel aufgeführt, jedoch Alles streng symmetrisch und sorgfältig auf einander gefügt. Es hat den Anschein, als ob sich in der Mitte jeder Seitenwand ein Eingang befunden hätte, doch läßt sich dieses bei dem jetzigen Zustand der Ruine ohne Wegräumung des Schuttes nicht mehr sicher nachweisen.

Die innere, beiläufig 12 Fuß im Gevierte haltende Grundmauer ift noch weniger gut erhalten. Zwischen den Trümmern wuchert einiges Buschwerk.

Vielleicht stand hier einst eine christliche Kirche. Mit den Grabmonumenten der Bet Maleh hat die Ruine keine Aehnlich= keit, weil die inneren Theile offenbar kein thurmartiges Massiv mit Stockwerken bildeten. Auch scheint der Bau nach den Him= melsgegenden orientirt und weit umfangreicher, als alle von uns besuchten Gräberstätten.

Etwas ostwärts von hier befindet sich eine hügelartige Stelle mit einem Kreis von rohen Steinbänken, in deren Mitte ebenfalls ein Sitz oder eine Altarplatte angebracht war.

Die Sitze selbst bestehen aus stark fußdicken und 2 bis 3 Fuß langen und eben so breiten Platten, hinter welchen eine aufrechtstehende Rücklehne von derselben Form eingerammt ist.

Die Ureinwohner mögen hier ihre Rathsversammlungen abgehalten haben.

Auch im Thal von Agra und im unteren Lebka sollen sich ähnliche Plätze finden.[1]

Wir begegneten hier mehreren Rudeln von Wildschweinen, während aus dem nahen Aloe=Dickicht der gellende Lockton zahl= reicher Frankolinhühner erschallte.

Bald war der steil nach dem Hedai=Thal abfallende Rand des Hochlandes erreicht. Durch einen Felsriß führt der Paß jäh in die Tiefe der engen Thalschlucht.

Die Gehänge sind im Allgemeinen ziemlich reich mit Busch= wald und Baumschlag bestanden. Auf den Felsen bemerkte ich Moose und Steinflechten neben zierlichem Sauerklee und Farrn= kräutern; auf Oelbäumen schmarotzende Loranthen.

Die Vegetation war hier belebter und weit mannigfal=

---

[1] Sapeto entdeckte in Enjelal oder Enzelal, etwa 10 Meilen südlich von Baqla Ruinen von steinernen Gebäuden mit einer äthiopischen Inschrift.

tiger als in Agra, jelbjt an frijchgrünen Krautpflanzen man=
gelte es jtellenweije nicht, bejonders am Grunde des Thals,
das jich in jeinem Verlauf nach Süd zu Oft bald erweitert.
Eine jtarke Meile unterhalb des Pajjes mündet aus Nordojt
her ein Seitenthal mit dem Wajjerplatz Asqaq. Wir janden
hier allenthalben Spuren von Sommerlagern, und jelbjt jetzt
war die Gegend nicht ganz unbewohnt, die kleinen Niederlajjun=
gen werden übrigens meijt in Klüften der Seitenthälchen an=
gelegt.

Nach jtark dreijtündigem Marjch, vom Lager von Mentele
ab gerechnet, rajteten wir im Hedai unter dem Schirmdach weit=
ajtiger Akazien. Wir waren in der kurzen Zeit ungefähr 1200
Fuß tief herabgejtiegen.

Jagdbares Wild wurde nicht bemerkt, dagegen beobachtete
ich Nashornvögel, die prachtvolle gejtrichelte Racke (Coracias
pilosa), verjchiedene Steinjchmätzer, Haubenlerchen, unjeren
europäijchen rothnackigen Würger und Schwärme von Ochjen=
hackern (Buphaga erythrorhyncha).

––––––

Diese eigenthümlichen Vögel erreichen fajt die Größe der
Singdrojjel. Sie jind von jchlankem Körperbau, ihre Farbe
ijt ein einfaches grauliches Rojtgelb, die des kräftigen Schnabels
und der aufgedunjenen Augenlider lebhaft korallroth; die kur=
zen Füße tragen jcharfe, jehr gekrümmte Nägel und der lange,
etwas jpitzige und jteiffedrige Schweif dient zuweilen zur Unter=
jtützung beim Klettern. Bejonders bemerkenswerth erjcheint die
Lebensweije der Ochjenhacker. Man trifft jie jtets in kleinen
oder größeren Flügen bejammen und zwar ausjchließlich in
Gejelljchaft der Heerden von Hausthieren, Wildbüffeln und großen
Dickhäutern.

Sie ſcheinen nicht eigentlich zu wandern, ziehen aber mit ihren Ernährern von einem Weide= oder Waſſerplatz zum anderen. Ihre Nahrung beſteht in Larven von Fliegen, Zecken, geronnenem Blut und Hautſtücken, welche ſie den Vierfüßlern entnehmen.

Namentlich auf kranke und durch Satteldruck verwundete Kameele und Maulthiere hat es der Ochſenhacker abgeſehen. Unter lebhaftem Zipen umſchwärmt er die Heerde und läßt ſich endlich auf den Rücken der Thiere nieder. Ruckweiſe und mit erſtaunlicher Gewandtheit hüpft er hin und her, klettert ge= wandt auf und ab, die Haare, Falten und Riſſe nach Schmarotzer= Inſecten und ihrer Brut durchwühlend.

Im Allgemeinen leiſtet der Vogel den Thieren durch Ver= tilgung des Ungeziefers wohl große Dienſte, verwundeten wird er jedoch läſtig. Dieſe ſuchen ſich ſeiner dann durch Zucken der Haut, durch Schwanzſchläge und ſchließlich durch Wälzen auf der Erde zu entledigen. Aber die zudringlichen Gäſte fliegen bloß ab, um im nächſten Augenblick wieder zur Stelle zu ſein.

Glaubt ſich der Ochſenhacker verfolgt, ſo flüchtet er auf die entgegengeſetzte Seite ſeines Reitthieres. Aufgeſcheucht ſtreift die ganze Geſellſchaft entweder einer benachbarten Heerde zu oder ſie fällt auf Zäunen und kahlen Baumäſten ein, bis ſie ſich wieder in Sicherheit glaubt.

Die Gattung Buphaga iſt über das ganze tropiſche und ſubtropiſche Afrika verbreitet, doch kennt man bis jetzt nur zwei Arten derſelben. Die meiſten Naturforſcher zählen ſie den ſtaarenartigen Vögeln bei, nach meiner Anſicht ſtehen ſie den Hunde= und Mäuſevögeln (Schizorhis und Colius) näher, doch möchte ich dieſelben immerhin als eine geſonderte Familie betrachten, die auch mit den Honigkukuken (Indicator) einige Analogie zeigt.

Am Lagerplatz im oberen Hedai stießen die vom Gouver=
neur von Masaua nach uns ausgesandten Soldaten zur Gesell=
schaft. Sie waren durch verschiedene Flintenschüsse auf unsere
Anwesenheit aufmerksam gemacht worden.

Am Nachmittag ging es weiter thalabwärts. Gegenüber
dem hohen Denden=Berge führt der Weg Anfangs etwas mehr
südöstlich über zwei Hügelrücken weg, wodurch ein starker Bogen
des Hedai abgeschnitten wird. Hier blieb das kleine Hirtendorf
Schimageli zur Linken. Der ganze Gebirgszug westlich vom
Thal des Hedai, zwischen letzterem und dem Mao, heißt Daber
tsade und Amba, der östliche Roret. Das jetzt ganz trockene
Flußbett und der untere Theil der Gehänge, namentlich aber
engere Schluchten sind häufig mit reizenden Waldpartien besetzt,
gewaltige Felsmassen bilden den nicht weniger malerischen Hinter=
grund der Landschaft.

Die Oolqual=Euphorbien des Hochlands fehlen, dagegen
fand ich zu meiner großen Freude neben manchen abessinischen
Strauchformen auch einen alten Bekannten, den ich in den
Hochgebirgen westlich von Sauakin entdeckt hatte. Ich meine den
eigenthümlichen Ombet, einen stattlichen Drachenblut=Baum, der
hier zwar nur einzeln auf den Gipfeln hervorragender Fels=
hügel auftritt, im Lebka dagegen sehr häufig vorkommt.

Der Stamm dieser Dracäne erreicht selten über 15 Fuß
Höhe, er ist, wie die wenigen Aeste meist dichotom, ähnlich der
Dompalme, und die Krone besteht aus dichten Büscheln dunkel=
grüner, armlanger, schwertförmiger Blätter von ungemein zähem
Gefüge.

Die Blüthezeit des Ombet fällt in den Hochsommer, jetzt
gab es nur verdorrte sparrige Blüthenrispen. Das Laub war
zum Theil mit Schmarotzerpilzen bedeckt. Die Eingeborenen
kennen die färbende Eigenschaft der Wurzelfaser, welche jedoch
erst in getrocknetem Zustand hochroth wird. Man benutzt

übrigens nur den Bast, um Schnüre und Stricke daraus zu drehen.

In den Gärten um Gondar wird häufig ein Drachenbaum als Zierpflanze gehalten, der dem Ombet nicht unähnlich ist und vielleicht der gleichen Art angehört. Das Gewächs soll aus dem Süden her importirt worden sein. Im Februar beginnt seine Blüthezeit. Die Blüthe ist dottergelb gefärbt.

Gegen die Brunnengruben von Baian, 3 Meilen südsüd= östlich von Schimageli, wird die Gegend öder, trockener, auch der Boden auffallend sandig. Der Sand besteht aus zumeist groben, rauhen Trümmern von Granit.

Am Vormittag des 24. Februar rasteten wir an der Mün= dung des Mao in den Hedai. Ersterer kommt durch eine enge Schlucht aus Nordwest. Die Gegend heißt Mohaber Af Schari; unfern des Zusammenflusses befinden sich im Mao=Thal die Brun= nengruben Edkalat, aus denen die Kameelführer sich mit Wasser versorgten.

Die thurmartige Felsmasse auf der Südspitze des hier endigenden Amba=Gebirges bildet eine die Gegend weit beherr= schende Landmarke, von welcher aus man den Brand des Städt= chens Arkiko bei Masaua gesehen haben soll. Die directe Ent= fernung dahin beträgt übrigens mindestens 70 Meilen.

Das Gebirge unmittelbar südlich von Mao wurde uns Ufer benannt.

An einzelnen Stellen des Hedai fand ich Spuren von Ter= miten=Bauten; an anderen liegen enorme lose grobkörnige Gra= nitblöcke zerstreut, die ziemlich rasch zu verwittern scheinen, während geröllartig gestaltete, härtere Massen desselben Gesteins aus der Oberfläche hervorragen.

Auf den Vorbergen zeigten sich einzelne Kudus, im Gestrüpp der Thalsohle Windspiel=Antilopen, Füchse und Perlhühner, auf den Dickichten metallfleckige Turteltauben (Chalcopelcia afra),

Halsbandfliegenfänger (Batis orientalis), kleine rothköpfige Spechte und Goldkukuke (Chrysococcyx Clasii). Endlich erlegte ich eine neue Stein= oder besser Strauch=Schmätzer=Art (Philothamna minor, Hgl.). Auf einzelnen Tamarisken bemerkten wir dichte, jetzt laublose Büschel von Schmarotzergewächsen (wohl Loranthus).

Weiter thalabwärts treten die nach und nach auch an Höhe abnehmenden Gebirge noch mehr zurück.

Zwei Meilen unterhalb des Mao mündet ebenfalls von Nord zu West her ein anderer Torrent, der mir Dera benannt wurde. Etwas über dem Eintritt desselben in den Hedai erhebt sich mitten in der Thalsohle eine hohe und steile, isolirte Fels= masse; nach zwei weiteren Meilen passirt man die Mündung des Akbar Deqeli, gleich darauf die Brunnengruben Moqa und dann die Mündung des beträchtlichen Regenstromes Qirqir. Hier wendet sich das Hedai=Thal als Qubqub nach Ost zu Nord zum großen Paß von Modjabet, den es durchbricht, um in Mirsah Mobarak das Meer zu erreichen. An der Biegung des Qubqub verzweigt sich die Thalsohle in eine Menge von Rinnsalen, zwischen denen sich inselartige, mit dichtem Gebüsch bewachsene Geröllrücken erheben.

Die Biegung des Thales zur Linken, den Berg Harb zur Rech= ten lassend, erstiegen wir nach Süd zu den zwar nicht hoch gele= genen, aber engen Felspaß Aschorim. Man befindet sich hier auf der Hochfläche Qaroat, welche nach Süd und Südwest etwas ansteigt, bis zu zwei weiteren niedrigen Gebirgsübergängen. Dann wendet sich die Straße aus Südsüdost nach Südsüdwest, sanft nach der Fläche des weiten Athara=Thales abfallend. Zur Linken bleibt das Kiset=Gebirge, im Süden erscheinen bereits die Höhenzüge, welche den Lebka einsäumen, dahinter einzelne ferne zackige Gipfel von Mensa.

Die Gegend erscheint einförmiger, die Vegetation mehr er= storben als im Hedai.

Naber Nerench.

I. Seite 127.

Auf der dem Athara zugewandten Abdachung finden sich
wieder mehrere beträchtliche Gruppen von alten und theilweise
auch von neueren Gräbern. Letztere bestehen aus einem nur
wenige Fuß hohen kreisrunden Massiv von rohen Schieferstücken,
auf denen sich eine sehr stumpfe kegelförmige Spitze erhebt, welche
mit kleinen Brocken von milchweißem Quarz sorgfältig bedeckt ist.

Ein älteres, recht stattliches Monument hat zwei niedrige
Stockwerke, über denen sich ein etwas konisch zulaufender Thurm
erhebt, dessen Spitze eine Art von Kuppel ziert. Es war ursprünglich mit Kalk verkleidet, den der Zahn der Zeit übrigens
zum großen Theil zerstört hat. Dieses Grabmal, von dem ich
hier eine kleine Skizze beifüge, heißt Daber Kreneh oder Dereneh.

Den kleinen Hügelzug Schager in Ost umgehend, gelangt
man schließlich in ein baumreiches Regenstrombett, das unsere
Führer Om Schom benannten, während dasselbe nach anderen
Angaben Meheiah heißen soll. Seine Richtung ist hier eine südwestliche bis westliche, es erweitert sich, aus den Ausläufern des
Schager hervortretend, beträchtlich und vereinigt sich bald darauf
mit dem Strom von Athara.

Am Mittag des 25. Februar rastete unsere Karawane im
Thal von Meheiah, etwa eine Meile westlich vom Schager-
Gebirge, unter stattlichen Schirm-Akazien. Im Osten hatten wir
das Kiset-Gebirge, während die Westspitze des Jemho, der sich
als hohes, langes Plateau darstellt, in Südost zu Süd (Ost
58 Grad Süd) gelegen war.

Trotz der großen, jetzt hier herrschenden Trockenheit und
Hitze war die Gegend um unsere Baumgruppen ziemlich belebt
von munteren Vögeln.[1]

---

[1] Ich beobachtete hier bunte Spechte (Picus aethiopicus), Meisen
(Parus leucopterus), Nashornvögel (Buceros erythrorhynchus), Mäusevögel (Colius macrourus), Halsbandfliegenfänger (Batis orientalis),

Nachmittags schlugen wir anfänglich eine südliche Richtung
ein und gelangten bald in das nahezu eine halbe Meile breite, mit
Buschwerk bestandene Strombett des Athara, in welchem einige
Adansonien=Bäume von mittlerer Stärke sich erheben. Auch
Arab=Antilopen und Frankoline trieben sich in der Ebene umher,
welche nach Süd zu sanft ansteigt. Hinter derselben erscheinen
mehrere pyramidenförmige Felskegel.

Der Athara hat sein Quellgebiet in den Gebirgen westlich
von hier, welche jedoch keine beträchtliche relative Höhe besitzen.
In östlichem Lauf umfließt er den Kiset, nimmt dann mehr
nordöstliche Richtung an und ergießt sich bei Hochwasser bei
Mirsah Melhid in das Rothe Meer. Die jenseitige (südliche)
ziemlich kahle Thalfläche, in welche man eintritt, heißt Af Abeb,
und schlagen die Ats Temariam, ein Zweig des Habab=Stammes,
dort ihre Sommerlager auf. Ueberall finden sich Spuren von
weitläufigen Viehparken und zahlreichen Feuerstellen. Schon von
fern fällt jedoch eine kleine viereckige, weiß getünchte, in maurischem
Stil erbaute Kuppel auf, das Grab des vor wenigen Jahren
verstorbenen Oberhauptes der Ats Temariam, Schikar Wold
Figaq, welches dessen Sohn, der Schech Mohamed Wold
Schikar, errichten ließ. Etwas weiter westlich liegen verschie=
dene andere Grabstätten, darunter ein älteres Monument von
viereckigem Massiv mit etwas geneigten Wänden und thurm=
artigem Aufsatz, auf welchem noch eine kugelartige Verzierung
angebracht war. Das Material besteht aus Feldsteinen, der
ganze Bau war jedoch einst mit einer Kalkverkleidung versehen.

Von Af Abeb wendet sich die Straße Anfangs nach Süd=

Drongos (Dicrourus), einige niedliche Sänger (Oligocercus microurus und
Urorhipis rufifrons), Racken (Coracias pilosa) und Bienenwölfe (Merops
Lafresnayei). Im Aloe=Dickicht eine kleine Kette von nachthalsigen Franko=
linen (Pternistes leucoscepus).

Grab-Monument in der Ebene von Af-Abeb.

I. Seite 128.

weſt, dann aber nach Weſt, wenig zu Süd, zuerſt mit geringer Steigung, dann ſtark und ſtetig in der zuletzt angegebenen Rich= tung ſich abdachend, nach einer ſehr weitläufigen, theils mit Buſchwerk beſtandenen Fläche zu. Der Boden wird bedeckt von Felsblöcken aller Größen und Formen, welche aus ſehr grob= körnigem Granit beſtehen, deſſen Verwitterungsproduct nicht minder rauh iſt. Die ziemlich ſpärliche Vegetation der Ein= ſenkung beſchränkt ſich zumeiſt auf Akazien, unter welchen der Oiter oder Tiqer (Acacia mellifera) mit ſeinen hakig nach rück= wärts gebogenen Dornen eine hervorragende Rolle ſpielt; hin und wieder zeigt ſich auch eine verkrüppelte Abanſonie.

Der Himmel war ſtark bewölkt und die Abendluft trüb, doch konnten wir zuweilen zwiſchen Wolkenſchleiern einen flüch= tigen Blick nach dem Hochland von Baqla gewinnen, das in Form einer rieſigen Mauer den Horizont in Nordweſt begrenzt.

Im Grund der Niederung führen drei tief in die Granit= felſen eingeriſſene Strombetten nach Süd zu Oſt. Das erſte derſelben, welches wir paſſirten, heißt Hotſet oder Hodzet (Hotza der Munzinger’ſchen Karte) und ergießt ſich nach Ausſage unſerer Habab als Arqeb in den Lebka, während auf den bisherigen Karten dasſelbe als Zufluß des Athara figurirt. Die als Ort= ſchaften dort angegebenen Punkte Arwat (wahrſcheinlich Abewat tſaber) und Qabon ſollen, wie das benachbarte Oetre, Regen= ſtrombetten mit Sommerwohnſitzen der Ats Temariam ſein.

Im Hotſet befinden ſich mehrere Brunnengruben, welche zur Zeit übrigens nur wenig und brackes Waſſer lieferten. Der genannte Fluß kommt vom Qabqab=Gebirge in Südſüdweſt. Das Flußbett des Hotſet muß beträchlich tiefer liegen als das des benachbarten Athara.

Nachdem wir jenſeits der drei genannten Torrenten, die ſich jedenfalls bald vereinigen, noch ein Stück weit über die Ebene hin geritten waren, wurde nach ſchwach zweiſtündigem

Marsch von Af Abeb das Nachtlager auf der steinigen Fläche Oetre bezogen.

Von hier aus liegt der Berg Schaqer in Nordost (Nord 28 Grad Ost), der Kiset in Nordost zu Ost (Nord 56 Grad — 65 Grad Ost), die niedrigen langgestreckten Bergrücken Mileh in Süd zu West (Süd 8 Grad — 50 Grad West).

Am kommenden Morgen ging es bis zur südlichsten Spitze des zuletzt genannten Gebirgszuges, durch lichten Buschwald mit mehreren felsigen Torrenten, die sich zwischen flachen Granit-massen durchwinden. Dann steigt die Straße in Südwest über einen Gebirgspaß (Ataba Eslul) nach dem Thal Aza (oder Atsa) Sarqa herab, welches dem Arqeb oder Erqeb zuströmt.

Auf dem Paß eröffnet sich eine ziemlich ausgedehnte Fern-sicht nach den theils schroffen und zackigen Gebirgen nördlich von Mensa. Eine hervorragende Spitze über dem Anseba-thal, in Süd 32 Grad West gelegen, wurde mir Oiriwindi benannt.

Vom Sarqa-Thal aus führt der meist sehr steinige und felsige Pfad über mehrere niedrige Sattel und eben so viele Thal-einschnitte in vielen Krümmungen zwischen Südost und Südwest, schließlich ganz westwärts bis zu den Gehängen des Lebka, in welchen wir nach 3½stündigem Ritt herabstiegen. Eine kleine halbe Meile weiter stromaufwärts (West zu Nord) erreichten wir darauf die Station Oalamet mit Brunnengruben und einem Wachtposten für die durch das Lebka-Thal führende Tele-graphenlinie zwischen Masaua und Takah.

Hier wurde für einige Stunden abgesattelt. Von unserer Gepäck-Karawane, welche von Wold Oan aus auf der bequemeren Straße nach Keren dirigirt worden war, und die jedenfalls den oberen Lebka passiren mußte, hatten die Bewohner von Oalamet keine Kunde, dieselbe mußte daher zuverlässig in kürzester Frist anlangen.

Es wurde beschlossen, sie an irgend einer Stelle des Thales zu erwarten und die Zeit indeß auf Jagd zu verwenden. Unsere Führer schlugen zu dem Ende vor, noch einige Meilen weiter stromaufwärts bis zu den Brunnen von Oetbah oder Ketba vorzugehen, wo dann am Abend des 26. Februar die Zelte aufgeschlagen wurden.

Bei Oalamet, wo von Westnordwest, vom Karobel-Paß her, ein kleiner Torrent in den Lebka mündet, verflachen und erweitern sich die Thalseiten beträchtlich, jedoch nur für kurze Zeit. Der Fall des Strombettes ist kein namhafter. An mehreren Stellen finden sich Brunnengruben, welche von den in den benachbarten Thalschluchten hausenden Hirten stets offen erhalten werden.

Nach meinen Messungen beträgt die Meereshöhe von Ketba ungefähr 1140 Meter. Die Umgebung ist weit malerischer als diejenige von Oalamet. An feuchteren Stellen der Thalsohle erheben sich frischgrüne, zartblätterige Tamarhinden-Bäume neben sehr stattlichen Sunt = Akazien (wahrscheinlich Acacia arabica). Die Böschungen und Vorberge sind bedeckt von undurchdringlichen Dickichten von Aloe, Albuca und Büschen der öfter genannten stachellosen Euphorbie (E. Schimperii?). Zwischen Felsklüften haben mächtige Abansonien=Stämme, deren einige hier bereits einen Umfang von 80 Fuß erreichen, Wurzel gefaßt. Leider waren diese Riesen der afrikanischen Waldregion jetzt ganz blattlos, und ihre röthlichgrauen Massen bildeten einen eigenthümlichen Gegensatz zum grünen Unterholz. Höher an den Gehängen haben sich meist gesellschaftlich Kronleuchter=Euphorbien angesiedelt, dazwischen einzelne Sterculien und Balsambäume. Den Unterwald tieferer Bergschluchten bilden verschiedene Akazien=Arten, während um die höheren Gipfel weite Strecken mit vereinzelt gruppirten Drachenbäumen (Dracaena Ombet) bestanden sind.

9*

Von blühenden Pflanzen fanden wir neben Euphorbia Schimperii und einer reizenden feuerrothen Stapelie nur wenige Compositen und Leguminosen, ebenso ein eigenthümliches baumartiges Gewächs mit niedrigem, weichem, auffallend kegelförmigem, graugrünem Stamm, aus dem ein Büschel langer, zuweilen rankender Zweige emporschießt, die ein mageres, aber saftiges Laub tragen. Die unscheinbaren röhrenförmigen Blüthen sind von grünlichweißer Färbung.

Das obere Lebka-Thal hat, obgleich von einer nunmehr sehr lebhaften Verkehrsstraße durchschnitten, Ueberfluß an jagdbaren Thieren. Löwe und Leopard zeigen sich nicht selten, rudelweise trifft man Hyänenhunde, vereinzelt erscheinen verschiedene Füchse und die Hyäne; ungemein zahlreich sieht man jedoch allenthalben den Kudu, wiewohl diese Antilope den Aufenthalt im freieren Hügelland demjenigen in schrofferen Bergen vorzuziehen scheint. Nach der großen Anzahl von Kudus, denen wir hier begegneten, glaube ich den dermaligen Stand zwischen Oalamet und dem Paß von Meshalit wohl auf 200 bis 300 Stück veranschlagen zu dürfen. Die stattlichen alten Böcke leben — die Brunstzeit (August und September) ausgenommen — zumeist vereinzelt, die Thiere und jüngere Männchen gewöhnlich in kleinen Rudeln bis zu 10 Stück beisammen. Auch ausschließlich jüngere Böcke scheinen sich in gesonderten Trupps zusammenzuhalten.

Wie in allen Gegenden Afrika's, in welchen viel Vieh gezüchtet wird, sind auch im Lebka die Fliegen eben so häufig als lästig. Sie wandern mit den Heerden von einer Station zur anderen, eine Gewohnheit, welche ich auch bei den Waldfledermäusen Ost-Afrika's zu beobachten Gelegenheit hatte. Die Fliegen folgen dem Rindvieh, die Fledermäuse den Fliegen, wie denn auch die Bachstelzen sich mit Vorliebe in der Nähe der Schafe und Kühe aufzuhalten pflegen. Jene Insecten hausen hauptsächlich in den vor Wind geschützten Thälern und fallen schon am frühesten Morgen über die verschiedenen gezähm= ten und wilden Wiederkäuer her. Dem Rindvieh scheinen sie weniger lästig zu fallen, für Pferde, Maulthiere und Antilopen sind sie jedoch eine wahre Plage. Erstere werden in gewissen Gegenden derart von Fliegen und Bremsen gepeinigt, daß sie nicht im Stande sind, ruhig ihrer Nahrung nachzugehen und deshalb rasch abmagern, ja nicht selten zu Grunde gehen.

Die schweiß= und blutsaugenden Zweiflügler werden in tro= pischen Gegenden hauptsächlich während der kühleren Tageszeiten unangenehm, den glühenden Sonnenschein dagegen meiden fast alle Arten. Dies mag mit anderen Umständen die Ursache sein, warum die meisten Antilopen sich über Nacht auf höhere, luftigere Standorte zurückziehen und diese am Morgen erst ver= lassen, wenn die Sonnenstrahlen bereits kräftig wirken. Unser europäisches Hoch= und Rehwild birgt sich zum Schutz gegen Insecten in den undurchdringlichsten Dickichten, solche fehlen aber zumeist in den Tropen.

Alle Busch=Antilopen erscheinen daher im Gegensatz zu ihren die Wüste bewohnenden Verwandten stets viel später auf den Weideplätzen, und zu einer Zeit, in welcher letztere bereits zu ruhen pflegen.

Erst zwei bis drei Stunden nach Sonnenaufgang verläßt der Kudu die Gegend seiner Nachtlagerplätze, die Hochflächen und Hügelköpfe der Bezirke, welche er inne hat. Beständig äßend, hin und wieder äugend und windend geht es dann ge= mächlich den niederen Gründen zu, wo er über die heißesten Stunden wohl auch lagert und erst gegen Sonnenuntergang wieder seine Wechsel nach den Bergen hin aufsucht. Hat man letztere erkundet, so ist die Jagd auf diese immerhin schüchternen und vorsichtigen Thiere bequem und leicht, indem der Jäger nur entweder Vormittags oder Abends unter günstigem Wind und

einiger Deckung anzustehen hat. Das Anpürschen ist der Boden=
verhältnisse wegen immerhin mit Schwierigkeiten verbunden. Trotz
ihrer Schüchternheit sieht man nicht selten Kudus, die oft
ganz vertraut in der Nähe der Verkehrsstraßen stehen. Die
Beschaffenheit des Wildprets hängt nach meinen Erfahrungen
sehr von der Jahreszeit ab; am wohlschmeckendsten fand ich das=
selbe mit Anfang der periodischen Sommerregen; dasjenige alter
Böcke ist dagegen stets trocken und zäh, den Vorzug verdient
Fleisch und Zunge der Kälber und Thiere. Eingehenderes über
die Lebensweise und Verbreitung dieser stattlichen Antilopen=Art
werde ich im naturwissenschaftlichen Anhang unseres Buches
geben.

Neben dem Kudu bemerkte ich im Lebka nur wenige Wind=
spiel=Antilopen, nach meinen früheren Erfahrungen kommt jedoch
auch der Klippspringer (Oreotragus saltatrix) vor, Rüppell hat
die Midaqua=Antilope am Ost=Abfall des abessinischen Hochlands
angetroffen; die Arab=Antilope (Antilope Soemmeringii) und
Beida (Antilope Beisa, Rüpp.) erscheinen wohl nur zufällig
im oberen Lebka; jenseits desselben, im Gebiet des Anseba, trafen
wir eine weitere hierher gehörige Form, Antilope tilonura Hgl.

Außerdem besuchen Heerden von Pavianen (Cynocephalus
hamadryas) die Brunnengruben, vereinzelt findet man den
gestreiften Ichneumon (Herpestes zebra), familienweise in Fels=
klüften den munteren Klippdachs (Hyrax), ebenso Erd= und
Baum=Eichhörnchen (Xerus rutilus, Xerus multicolor und
Xerus leuco-umbrinus).

Auch der Elephant erscheint zur trockenen Jahreszeit in den
Gebirgen nördlich von Mensa; im Anseba=Thal war vor wenigen
Jahren das zweihörnige Nashorn noch ziemlich häufig als
sedentärer Bewohner der Cissus-Dickichte des Uferlandes, in
welchen seine schattigen, höhlenartig überdachten Lager angebracht
waren, zu denen äußerst enge Wechsel führten.

Nicht minder mannigfaltig ist die Vogelwelt hier vertreten. Perlhühner und stattliche Frankoline (Francolinus Erkelii, Pternistes leucoscepus fand ich nur im unteren Gebiet des Lebka), sowie Wüstenhühner (Pterocles Lichtensteinii) besuchen die Brunnengruben. Im Buschwald gaggern geschwätzige Familien von Droßlingen (Crateropus) und hausen verschiedene Würger, Busch-Schmätzer (Drymocea, Oligocercus), Drongos, Hals-band-Fliegenschnäpper (Batis) und bunte Honigsauger (Nectarinia affinis und Nectarinia habessinica) neben europäischen Grasmücken und Rothschwänzen, welche den Winter in Afrika zubringen. Von höheren Bäumen herab schallt der bellende Ruf der Ququka (Schizorhis zonura) und des rothschnäbligen Nashornvogels. Pfeifend und kreischend schwirren kleine Flüge dickköpfiger Papageien (Pionias Mayerii) von einer Abansonie zur anderen. Hoch in den Lüften schwebt einzeln der Gaukler (Helotarusus), kreisen Raub-Adler, Milane und Aasgeier, um-schwärmt von kurzschwänzigen Raben. Nach Fringilliden und Reptilien jagen Sperber und Singhabichte (Nisus badius und Melierax polyzonus) in den Büschen. An Felswänden erschallt der liebliche Ruf von Steinschmätzern (Thamnolaea albo-scapulata und Cercomela melanura).[1]

Als besondere charakteristische Vogelformen sind noch zu erwähnen: der Bartvogel (Trachyphonus margaritetus) und der goldglänzende Zwerg-Kukuk (Chrysococcyx Clasii), endlich verschiedene Glanzstaare, Finken, Racken und Bienenfresser.

Am Tage nach unserer Ankunft in Ketba traf auch die Gepäckkarawane wohlbehalten ein. Sie war von Wold Dan aus der großen Straße längs des Sahel gefolgt bis zum

---

[1] Während meines ersten Besuches des Lebka im Juli 1861 beob-achteten wir überdies verschiedene andere Raubvögel, so Falco alopex, Hgl. und Gypogeranus, ferner den prachtvollen Pholidauges leucogaster und Papagei-Tauben (Treron).

Atharastrom und von dort über Af Abed auf dem von uns betretenen Wege bis zum Lebka gelangt.

Gleichzeitig brachten wir in Erfahrung, daß der nächste von Masaua nach Sues bestimmte Postdampfer schon etwa in 8 Tagen von da auslaufen werde. So entschloß sich mein Gefährte, trotzdem, daß wir nur noch wenige Stunden vom Anseba entfernt waren, alle bisher gefaßten Pläne zu einer Jagdunternehmung und zum Besuch der unbekannten Hochländer Tembelen und Hager unausgeführt zu lassen und unverweilt den Rückweg anzutreten.

Erst nach vielen langen und umständlichen Verhandlungen mit den Kameeltreibern, welche vertragsmäßig das Gepäck nach Keren zu liefern hatten, gelang es mir, diese zu bewegen, die Ueberführung desselben bis Masaua zu übernehmen.

Wir kamen überein, noch einen weiteren Tag in der Nähe der Brunnen von Ketba zu verweilen und dann die directe Straße nach der Küste einzuschlagen.

So schmerzlich mich dieser Entschluß des Herrn Vieweg auch berührte, so ließ sich doch meinerseits vorläufig nichts thun, als mich in die Umstände zu fügen.

Den ganzen Vormittag des 28. Februar hatte ich noch auf den benachbarten Gebirgen zugebracht, um aus einem Hinterhalt auf einer überhängenden Felsplatte mittelst des Fernglases die in Menge um mich herum weidenden Kudu-Antilopen zu beobachten; um Mittag wurde das Gepäck verladen und wir brachen nach Osten zu auf.

———

Noch vor 10 Jahren war die Lebkastraße, welche das abessinische Küstenland mit Takah verbindet, verhältnißmäßig wenig begangen, überhaupt der Verkehr zwischen Masaua und

Kasalah oder Qedaref ein sehr beschränkter. Damals stand
das Küstengebiet unter dem Generalgouvernement von Hedjaz
und war somit der Pforte unmittelbar untergeordnet. Von
Seiten der türkischen Regierung wurden keine Schritte für Hebung
des Verkehrs mit den Nachbarländern gethan; die Verwaltung
des schmalen Küstenstriches befand sich in den Händen des erb-
lichen Naib von Arkiko, der stets nur seine eigenen Interessen
und Vortheile im Auge hatte. Ueberdies führte die Straße
damals noch durch die Gebiete der Bedschuk und Bogos, welche
an den Statthalter von Hamasien tributpflichtig und nicht selten
in Streitigkeiten mit ihren türkischen und egyptischen Nachbarn
verwickelt waren. Noch im Jahre 1853 wurde die dortige Bevölkerung vom Mudir von Takah durch einen Plünderungszug
(Ghazuah, woher das französische „Razzia") heimgesucht und
viele Einwohner als Sclaven weggeführt. Indeß hat der Chediw
von Egypten nicht nur das Küstenland, sondern auch das Bogos-
Gebiet in seine Hände gebracht und die nominell dem Naib
untergeordneten Habab gänzlich unterworfen.

Eine Telegraphenlinie verbindet jetzt das Rothe Meer mit
Takah, und ein äußerst reger Handelsverkehr, der stets noch im
Aufblühen begriffen ist, nimmt seinen Weg durch das obere
Barkah und über Keren und den Anseba[1] zum Lebka.

Während des Aufenthalts hier begegneten wir Karawanen
mit Tausenden von stattlichen Kameelen, welche von Kasalah
mit Getreide befrachtet, zur Küste wanderten, oder von da mit
anderen Handelswaaren nach ihrer Heimath zurückkehrten.

Ein Lastkameel legt die Strecke von Masaua bis Keren in
fünf bis sechs Tagen, die von da über Algaden und Sabberat

---

[1] Munzinger schreibt Anseba, der Ursprung dieses Wortes ist mir nicht
bekannt. Die Araber sprechen dasselbe wie Ain-sebah (d. i. die sieben
Quellen) aus.

nach Kasalah in zehn bis zwölf Tagen zurück, während die jetzt ebenfalls eingerichtete regelmäßige Briefpost von der Küste bis nach der Militärstation Tantaroa bei Keren nur dreimal vier=undzwanzig Stunden braucht.

Die Telegraphenlinie, welche längs den genannten Kara=wanenstraßen hinführt, ist eigentlich nur für den Regierungs=dienst bestimmt. Sie besteht in einer einzigen Drahtleitung, welche nach europäischem Muster auf tannenen Stangen ruht. In gewisser Entfernung (6 bis 10 Wegstunden) befinden sich kleine Militärstationen, deren Insassen mit der Ueberwachung und Erhaltung der Leitung beauftragt sind.

Auffallend war mir die seit der kurzen Zeit des Bestehens bereits erfolgte Abnutzung der Telegraphenstangen. Obwohl diese meist auf trockenem, steinigem Grund stehen, ist ihr Fuß bereits morsch, schwammig und brüchig geworden. Ob die große Feuchtigkeit während der Regenzeit und die darauf folgende lange Trockenheit, ob theilweise auch Insektenfraß die unge=mein rasche Zerstörung des Holzes verursachen, konnte ich nicht ermitteln. Gegen die Angriffe der Termiten ließen sich jeden=falls die Stämme leicht schützen. Sie leiden überdies zuweilen durch Windbruch und mögen auch Angriffen der Elephanten, deren Heerstraßen die Linie mehrfach kreuzen, ausgesetzt sein.

Die Eingeborenen betrachten die Einrichtung mit respectvoller Schüchternheit. Niemals wird einer derselben wagen, eine Stö=rung des Betriebes durch Beschädigung der Leitung zu veran=lassen. Sie berühren nicht einmal herabgerissene Drähte oder unnütz gewordene Stangen.

Von Qalamet ab ist die Richtung des Lebka bis zu seinem Austritt aus dem Gebirge bei Ain eine östliche mit wenig Nei=gung zu Süd, und zwar, unbedeutende Krümmungen und Wen=

bungen abgerechnet, eine ziemlich gerablinige. Unterhalb Dalamet erweitert sich das Thal bald, die Thalwände rücken im Allgemeinen etwas weiter aus einander und werden niedriger, das stellenweis breite Strombett ist sandig, meist trocken, die Vegetation kümmerlich.

Der Fall der Thalsohle zwischen Dalamet (gegen 1000 Meter Meereshöhe) und Ain beträgt etwa 600 Meter auf eine Länge von 20 Meilen.

Von den Tamarhindenbäumen, welche man noch hier und da trifft, begannen diejenigen, welche an sehr trockenen Stellen stehen, eben ihr zartes Laub abzuwerfen. Letzteres färbt sich bei eintretender Dürre erst röthlich und bedeckt dann haufenweise die Umgebung der Bäume. Andere Stämme derselben Gattung, die wohl günstigeres Erdreich gefunden hatten, trieben bereits frisches neues Grün und sogar einzelne Blüthen. Im Haushalt der Menschen und vieler Thiere spielt die Tamarhinde [1] eine nicht unbedeutende Rolle. Ihr herrliches Laubdach gewährt Schutz gegen Sonne; der mächtige Stamm dient als Baumaterial; das die Kerne der Hülsenfrucht umgebende reichliche röthliche Fleisch hat einen aromatischen, säuerlichen Geschmack und wirkt kühlend, sowie leicht abführend. Affen, Eichhörnchen, Helmvögel (Schizorhis und Corythaix), Bartvögel (Pogonorhynchus), Mäusevögel (Colius), Wildtauben u. a. fressen theils die Hülle der Kerne, theils letztere selbst.

Als nicht minder stattliche Baumform des Lebka ist eine Crescentiacee anzuführen, die Kigelie (Kigelia pinnata), tigrisch Selseleh, bei den Arabern Bedindjan el Fil genannt; der hohe,

---

[1] Benennung vom arabischen Tamar hindi, d. i. indische Dattel. Der Baum selbst heißt im Sudan Aredeb. Ich fand ihn sowohl am Blauen als am Weißen Nil und Gazellenfluß. Im Nilthal reicht sein ursprünglicher Verbreitungsbezirk kaum über den 15. Breitengrad nordwärts, im Barkahgebiet dagegen wohl bis zum 17. Grad nördl. Br.

gerade, glatte hellgraue Stamm erreicht nicht selten einen Um=
fang von 8 Fuß und mehr; die dichte Krone besteht aus grob=
gefiederten Blättern; die großen hochbraunrothen Blüthen hängen
an 2 bis 3 Fuß langen Schnüren, ebenso die schweren gurken=
förmigen Früchte, die pendelartig im Luftzug schaukeln.

Beide genannte Bäume haben in Nordost=Afrika ungefähr
gleiche Standorte und gedeihen ausschließlich auf feuchtem
Grund, in Torrenten, um Sümpfe und Flußufer auf einer
Meereshöhe von 1000 bis 4000 Fuß.

Nach dreistündigem Marsch am Oalamet thalabwärts ge=
langten wir an die Mündung des Arqeb= oder Hotset=Thales,
das als breiter Torrent aus Nordwest her in den Lebka eintritt.
Ihr gemeinschaftliches Bett macht an dieser Stelle einen kleinen
Bogen nach Süd. Auffallend ist die verschiedene Färbung des
Sandes, welchen beide Ströme führen; der des Lebka ist lehm=
farben bis grauweißlich, jener des Arqeb dagegen mehr roströth=
lich. Noch eine weite Strecke unterhalb der Vereinigung zeigen
sich die scharfen Grenzen der einzelnen Ablagerungen.

Im Verlauf des Weges trafen wir Stellen, wo die
Uferböschungen ziemlich reichlichen frischen Graswuchs zeigten.
Auch stießen wir wiederholt auf Brunnengruben und vereinzeltes
Dattelgesträuch. Noch weiter stromabwärts war die Thalsohle
endlich ganz mit seichtem Wasser bedeckt, einzelne Pfützen sogar
von Binsen überwuchert.

Die Sonne war bereits hinter den Bergen verschwunden,
als wir die beschriebenen sumpfigen Stellen passirten, um
die es recht lebhaft zuging. In der Nähe lagerten starke
Karawanen von Takah; viele Hunderte von Wüstenhühnern
schwärmten lärmend um die Gehänge und fielen, einen großen
Bogen beschreibend, massenweise auf der Tränke ein, während
eine kaum minder beträchtliche Anzahl von Fledermäusen geister=
haft über den dunklen und stillen Wasserspiegel hin= und her=

ſchwirrten, aus deſſen Tiefen ein vielſtimmiges Concert von
luſtigen Fröſchen erſchallte.

Während des Marſches waren wir auch einem Rudel von
Larvenſchweinen, einigen Wölfen und mehreren Ketten rothhalſiger
Frankoline begegnet.

Mein Gefährte war der Karawane vorausgeritten; ihm
folgten unſere übrigen Reitthiere, während ich, der Jagd wegen,
wie gewöhnlich meinen Weg zu Fuß machte.

Es war ſtockfinſtere Nacht geworden, als ich mit Herrn
Vieweg an einer kleinen Wendung des Thales, etwa eine halbe
Meile unterhalb einer Ausbuchtung, welche Kogelobka heißt,
wieder zuſammentraf, während unſere Karawane erſt zwei Stun=
den ſpäter ankam. Die Nacht war auf einen heißen Tag empfind=
lich kühl geworden, auch fiel ein ſtarker Thau. Um 6 Uhr des
kommenden Morgens (1. März) zeigte das Thermometer nur
+ 13° R.

Während des Vormittagsmarſches am 1. März ließ man
bald ein ziemlich weitläufiges, aus Süd her mündendes Thal
zur Rechten. Die Telegraphenlinie biegt ein Stück weit in das=
ſelbe ein, um dann über eine Verzweigung und einen Felspaß
ſich wieder mit dem Lebka zu vereinigen.

An den Seiten der Sohle des letzteren treten wieder nagel=
fluhartige Conglomerate auf, welche in horizontalen, wenig nach
Oſt geneigten Bänken anſtehen. Das Bindemittel dieſer augen=
ſcheinlich ſehr neuen Bildung beſteht aus Thon mit vorherrſchen=
den Sandtheilen. Manche Brocken, welche dieſes Geſtein ent=
hält, mögen ein Gewicht von mehreren Centnern haben.

Drei Meilen öſtlich vom Nachtlager gelangten wir an den
Aualib Eren (d. i. Kinder der Unterwelt) genannten Durchbruch
des Lebka durch eine anſehnliche Gebirgsſtufe. Der Paß hat
gegen eine halbe Meile Länge und windet ſich in verſchiedenen
Krümmungen durch ſenkrechte Thonſchieferfelſen. Manche Stellen

sind so eng, daß sich zwei Lastthiere kaum auszuweichen vermögen.
Der felsige Boden zeigt eine Menge von Barren, Stufen und
anderen Unebenheiten und ist hier das Gestein durch den Verkehr spiegelglatt gescheuert. Die Passage wird auch noch dadurch
erschwert, daß die tieferen Einsenkungen des Bodens von grünem,
mit Algen erfülltem Wasser bedeckt werden, so daß beladene Kameele leicht Schaden nehmen können.

Ich war erstaunt zu sehen, daß von Seiten der Regierung
noch nicht Maßnahmen ergriffen worden sind, hier einen etwas
gangbareren Weg zu bahnen. Mit einigen Pfunden Dynamit
wäre leicht abzuhelfen.

In den an einzelnen Stellen bis zu einer Höhe von mehr
als 80 Fuß sich erhebenden Felswänden von Aualib Eren fand
ich zwei wilde Feigenarten (Urostigma luteum und Urostigma
populifolium) in schönen Exemplaren. Aderartig schlingen und
bohren sich die Wurzeln dieser Bäume durch jede Felsritze,
und ihre Enden hängen zum Theil in Büscheln frei daraus
hervor.

Am Wasser trieben sich langschwänzige Bachstelzen (Motacilla sulphurea) herum, neben herrlich blauschimmernden Cicindelen; in den langen grünen Algenschöpfen fanden wir Frösche,
Krebse und ein skorpionartiges Insect. Auf dem Gebüsch der
Bergwände lockten Steinschmätzer (Thamnolaëa albo-scupulata
und Cercomela melanura), während um die höchsten Gipfel
flüchtige Felsenschwalben kreisten.

Stark drei Meilen weiter ostwärts verengt eine zweite,
jedoch weniger beträchtliche Barre oder Stufe wiederum den
Pfad. Die Formation besteht hier in hechtgrauem, sehr matt-
glänzendem Thonschiefer mit wenig Spuren von Quarzgängen.

Unter ziemlich heftigen Regenschauern passirten wir Winterlager der Ats Temariam, bestehend in einer Reihe von Gruppen
und Gehöften aus Mattenzelten. Die Ansiedelung heißt Falhit.

Von hier ab erweitert sich das Lebka=Thal wiederum beträchtlich; seine Richtung ist eine rein westöstliche. In der Gegend der Engpässe waren die Thalwände meist nur mit spärlichem Ge= büsch und kahlen Balsambäumen bestanden; hier, mit dem Eintritt in Ain, werden die Abhänge auffallend grüner, die Sohle selbst ist von zahlreichen Rinnsalen durchschnitten, in denen ein klarer Bach ziemlich rasch dahineilt. Ein Federschilf (Arundo do- nax?), das oft mehr als 12 Fuß Höhe erreicht und jetzt eben in Blüthe stand, bildet mit Buschwerk den Saum der Ufer. Hier befinden sich kleine Gärten und Grundstücke, wo Büschel= mais gebaut wird. Herrliche Kigelien und Sykomoren beschatten die Thalfläche.

Eine Gräberstätte auf einem Hügelvorsprung zur Rechten (Süd) und zwei Meilen später die Wachtstation Diqet mit gleich= namigem, aus dem Jemho=Gebirge herabkommendem Torrent zur Linken lassend, lagerten wir nach elfstündigem Marsch, von Qalamet an gerechnet, unfern, jedoch noch innerhalb des Durch= bruches des Lebka nach dem Flachland, am südlichen Ufer des stattlichen Baches von Ain.

Die Landschaft erglänzte in einem wahren Frühlingsschmuck, die Luft war auf die erfrischenden Regen, welche im Laufe des Nachmittags gefallen, angenehm kühl und rein, aus allen Büschen und von den überhängenden Tamariskenzweigen um die Gewässer tönte tausendstimmiger Vogelgesang. Zirpend trugen goldgelbe Webervögel grüne Halme herbei, um dieselben in ihre künstlichen Beutelnester zu flechten. Langschwänzige Whida=Männchen kämpf= ten um den Besitz der schmucklosen Weibchen, zierliche Ammern schwärmten von einem Geröllstein zum anderen. Turteltauben, Perlhühner und Frankoline liehen ihre Stimmen zu dem fremd= artigen Concert.

Doch unseres Bleibens war nicht in dieser lieblichen Oase, kurz vor Sonnenuntergang langten wir am Orte des Nacht=

quartiers an und schon eine Stunde vor Sonnenaufgang des
2. März trat die Karawane den Marsch nach dem glühenden
Sahel (Tiefland) an, ohne daß es mir vergönnt gewesen wäre,
der Gegend einige weitere Aufmerksamkeit zu widmen.

Im unteren Lebka haben verschiedene der kleinen Nachbar=
stämme Weidegerechtigkeit oder Anspruch auf Bodenbesitz; so die
Ats Temariam, Warea, Bedschuk, Meshalit und Bet Asgabié.
Einige wirklich romantisch in hohen Thalkesseln gelegene Ansiede=
lungen der Letzteren besuchte ich bei meinen Streifzügen in der
Nähe von Ketba.

Durch den Lebka, der seinen Ursprung in den Bergen von
Meshalit ganz nahe am Stromgebiet des Anseba nimmt, führt,
wie wir bereits wissen, die große Karawanenstraße zwischen
Masaua, Keren und Kasalah, ferner zweigen von hier noch
mehrere andere Wege ab, nämlich der von Azmat Obel, un=
mittelbar vor dem Felsthor Aualid Eren, nach Af Abed; ein
zweiter Verkehrsweg ist derjenige zwischen Dalamet und letzterem
Platz; eine dritte Verbindung giebt es zwischen Dalamet und
dem Paß von Karobel nach dem mittleren Anseba; endlich führen
zwei Saumpfade nach den nördlichen Hochländern von Mensa
hinauf, welche der Lebka begrenzt und die noch von keinem
wissenschaftlichen Reisenden besucht wurden.

Vor dem Durchbruch des Thales bei Ain wendet sich der
Strom, von einigen Hügeln nach Norden gedrängt, nordöstlich
und er erreicht bei Mirsah Kobah oder Kobak das Meer.

Ich habe zu Anfang der Sommerregenzeit des Jahres 1861
den Lebka zum ersten Male besucht.[1] Damals führte die Kara=
wanenstraße von Masaua her noch um die äußersten südlichen
Gehänge der Mündung des Stromes in den Sahel nach Ain;
jetzt schneidet man vom inneren Thalkessel aus ein gutes Weg=

---

[1] Vergl. Heuglin, Reise nach Abessinien 1861/62, S. 85 ꝛc.

stück ab, indem man in südöstlicher Richtung einen Hügelzug
überschreitet.

In der Frühe des 2. März schlug unsere Gesellschaft jenen
Pfad gleichfalls ein, an welchem entlang die Telegraphenlinie
hinführt.

Das imposante Jemho-Gebirge im Rücken lassend, gelangten
wir nach kurzem Aufsteigen auf eine kleine, steinige Hochfläche,
die mit Akazienbusch bestanden ist.

Als endlose, schwach nach dem Seegestade zu neigende Ebene
breitete sich der Sahel vor uns aus; am Fuß der Vorberge
herrscht der Oersah (Salvadora) im Allgemeinen vor; sonst besteht
die Vegetation vorzugsweise aus Schirm- und Selem-Akazien,
die zum Theil mit Cissus-Ranken behängt sind. Auch eine
buschartige stachelige Stapelie ist allgemein. Die meisten Krautpflanzen zeigen eine eigenthümlich grüngraue Färbung, gegen die
das junge frische Grün des allerdings spärlichen Grasteppichs
grell absticht.

In Ost erheben sich zwei Hügelzüge aus der Ebene, deren
größerer nach Nordost verläuft und Oedul heißt; in Südost erscheint der vereinzelte Oeeneb oder Oeaneb, die Landmarke für
die den Scheb — so heißt dieser Theil des Tieflandes — durch-
ziehenden Karawanen. Der Küstenstrich um Masaua wird auch
Samhar und Mudun benannt. Munzinger-Bek, der geistreiche
Sprachforscher, leitet letzteres von aban, feste Wohnsitze haben,
her und schreibt deshalb Me'dun, es könnte aber auch von
dan, niedrig sein, herkommen, müßte dann Medun geschrieben
werden und würde „Niederland" bedeuten.

In der Nähe der Gebirge besteht der Boden vorzugsweise
aus grobem Geröll von Quarz, Hornstein, Thonschiefer und
Granit; weiter im Flachlande herrscht Sand, theilweise mit
eisenhaltigem Thon gemischt, vor.

Das Flachland war ziemlich belebt von Thieren; Antilopen

huschten durch die Büsche, auf freien Strecken trieben sich zahl=
reiche Arabs=Trappen herum, um die vielen kleinen Torrenten
aber Steppenkiebitze (Sarciophorus tectus), rothhalsige Franko=
line, mehrere Arten von Tauben (Turtur decipiens, Turtur
senegalensis, Oena capensis); auch Steinschmätzer, Hauben=
lerchen, Würger (Lanius Lahtora), Glanzstaare, Whidas und
Webervögel ließen sich sehen.

Nach etwa dreistündigem Marsche ließen wir ein altes
obeliskenförmiges Grabmal mit Trümmern von einigen ähnlichen
Monumenten hart zur Rechten, gleich darauf die Nordspitze des
Deenab=Hügels zur Linken. Letzterer besteht nach Blanford aus
vulcanischen Gebilden und wäre wohl als der nördlichste Aus=
läufer oder Vorposten der Gruppe von Eruptionsmassen zu be=
trachten, welche das südliche Samhar erfüllen. Ich habe den
Deenab nicht besucht, bemerkte aber, daß etwa eine Meile süd=
westlich davon noch Thonschieferfels ansteht.

Längs der Südspitze des erstgenannten Hügelzuges führt ein
tief im Alluvialboden eingerissener Torrent, der Chor Scheb=
Deenab, in vielen Windungen südöstlich. Derselbe soll in den
Lawa fallen.

Von hier ab wird die Gegend auffallend kahler, nur ver=
einzelte Gruppen von Seifenbäumen (Balanites), Tundub (Ca=
daba), Dattelpflaumen (Rhamnus, arabisch Nebeq) und Ud=
Akazien gedeihen auf dem Wüstenboden.

Auf einzelnen stärkeren Hedjlidj=Bäumen erblickten wir schon
aus weiter Ferne große schwärzliche Massen von dürren Zweigen,
die gesellschaftlichen Nester von Kuhwebern (Textor alecto) und
Glanzstaaren (Notauges chrysogaster). Uebrigens schienen die
Nester zur Zeit von einigen Paaren zierlicher Finken (Uroloncha
cantans) besetzt zu sein.

Wir lagerten über die Mittagszeit nach 4½ stündigem
Marsch im spärlichen Schatten von einigen verkrüppelten Akazien

und Seifenbäumen, auf denen sich trotz der Schwüle des Tages neben den genannten kleinen Finken einige Paare Honigsauger (Nectarinia metallica) und Timalinen (Argia Acaciae) herumtummelten.

Eine dicke, trübe Luft erlaubte mir nur nothdürftig, hier eine Anzahl von Winkelmessungen vorzunehmen. Die Temperatur betrug Vormittags um 10 Uhr 22,5° R.

Südlich zu Ost vom Lagerplatz erheben sich verschiedene Gruppen niedriger, zum Theil pyramidenförmiger, kahler Felshügel. Dieselben heißen Worek und trennen den tieferen, östlichen Theil des Scheb von der Oedqeb-Fläche, welche sich westwärts an den Fuß der äußersten Stufe der Mensa-Gebirge anschließt. Zeitweise wird hier etwas Büschelmais angebaut.

Die Straße führt östlich von den Worek-Hügeln hin, durch welche ein Torrent in den Scheb mündet, der Chor Worek genannt wird. Unfern seines Bettes treten auf der Ebene Sandsteinbänke (wohl neuerer Meeresbildung) zu Tage, der Worek dagegen besteht aus vulcanischen Tuffen.

Ein von West nach Ost steigender Höhenrücken bildet die Wasserscheide des Lawa oder Wokiro, eines beträchtlichen Torrenten, dessen Arme auf der Hochfläche von Mensa entspringen. Derselbe mündet nach Munzinger im Hafenplatz von Ugheiaru (wohl Mirsah Mudhek).

Ueber steiniges, etwas wellenförmiges Land gelangten wir nach 8½stündigem Ritte, von Ain ab gerechnet, an den Lawa, bei der Kanser benannten Stelle, wo sich, in der Nähe eines Wachtpostens für die Telegraphenleitung, einige Gruben mit wenigem und schlechtem Trinkwasser finden.

Die linke Seite des Chor ist steiler, meist felsig. An verschiedenen Stellen der Uferlandschaft erheben sich hübsche Tamarisken; in den kleinen, steinigen Schluchten, welche zum Thale führen, dagegen vereinzelte Schirm-Akazien und Seifenbäume.

10*

Hier bei Kaufer tritt auch der Atlib=Strauch (Suaeda monoica) wiederum auf, doch ist derselbe im Küstenland bis Masaua hin weit weniger allgemein als in der Gegend von Sauakin.

Die Gebirgsformation besteht aus bröckligen Laven mit Chabasit, sowie aus Analzim=Fels; darüber liegt ein grauer Sandstein. Oestlich vom Lagerplatz erhebt sich ein sehr regel= mäßiges tafelförmiges Plateau, das eine gute Strecke weit die Südabdachung des Lawa=Thales zu bilden scheint.

Nach Sonnenuntergang zeigten sich am Flußbett einige Ziegenmelker und Flüge von Wüstenhühnern (Pterocles exustus).

Am 3. März sollte möglichst früh aufgebrochen werden. Es verging jedoch stets eine Stunde Zeit, bis die Zelte und Reisebetten abgeschlagen und verpackt und der obligate Kaffee genommen war.

Heute hatte sich auch das Maulthier, welches bei jeder Ge= legenheit Promenaden und Fluchtversuche machte, verlaufen, wo= durch ein weiterer Zeitverlust erwuchs.

Die Straße von Kaufer ab führt anfänglich durch eine kesselartige Fläche am westlichen Fuß des oben erwähnten Tafel= landes hin, welche reichlicher als die übrige Umgegend mit schön grünenden Samra=Akazien erfüllt ist. Hellgelbliche Sandflächen wechseln mit dunklem Geröllgrund. Nach drei Meilen passirt man den Regenstrom Amba, der ziemlich tief zwischen steilen Lavawänden eingerissen ist und zur Zeit kein Wasser enthielt; nach einer weiteren Meile folgt der schmale aber ebenfalls schluch= tenartige Chor Makrei, bald darauf ein Arm des letzteren. Auf den nächsten Höhenrücken steht ein feinschieferiges, mergeliges Gestein an. Schwach 6 Meilen östlich zu Süd von Kaufer findet sich ein viertes Regenstrombett, Hamedj oder Hamedsch, mit ziemlich üppigen Krautpflanzen. Der Boden der nächsten Höhenrücken besteht wiederum aus Thonschieferbrocken und Quarz= trümmern. Jenseits derselben ziehen sich drei Torrenten hin,

in deren mächtigstem und letztem, dem Schakat gaih, wir nach
3½stündigem Marsch unfern einiger Brunnengruben unter saftig
grünen Akazien rasteten.

Die Ufer des Hamedj sowie der letztgenannten Torrenten
sind zum Theil tief und felsig; die bröckligen, leicht verwitternden
Gesteine zeigen eine ziegel= bis rostrothe Färbung. Ich halte sie
für verwitterte Laven.

Im Bett des Schakat gaih fanden wir unter anderen
Geröllmassen auch Madreporenreste in calcinirtem Zustand, sowie
eine eigenthümliche hellgraue, labradorartig schillernde Quarz=
form.

Eine ziemlich mannigfaltige Vegetation erhebt sich auf der
Sohle und an den Böschungen und Schluchten der Regenbetten.
Eine Sena=Pflanze (Cassia angustifolia) entwickelte eben ihre
dottergelben Blüthen, ebenso ein Resedaceen=Strauch und eine
kleine Composite. Auch mehrere stattliche Büsche von Moringa
aptera entfalteten ihren eben so herrlichen als reichlichen Blumen=
schmuck.

Um alle Torrenten des Sahel kommt neben dem großen
grauen indischen Würger (Lanius Lahtora) ein verwandter
Vogel vor, welcher dem südlichen Küstengebiet des Rothen Meeres
ausschließlich eigen ist; ich meine den Rosenwürger, Lanius
(Subgen. Rhodophoneus, Hgl.) cruentus, eine durch sehr kräf=
tigen Schnabel, großen Kopf, lange, starke Füße, sehr kurze
Schwingen und schmalen, stark gestuften Schweif, sowie durch
besonders reizende Färbung ausgezeichnete Form. Die Oberseite
ist falb erdbräunlich, zum Theil etwas rosenröthlich angehaucht;
Zügel, Superciliarstreif, Wangen und Unterseite weiß, letztere
seitlich rostfahl verwaschen; vom Mundwinkel herab zieht sich
jederseits ein schwarzer Streif, der die weiße Kehle umfaßt und

sich auf dem Kropf vereinigt, von wo er noch ein Stück weit über die Brustmitte herab verläuft; hier endet derselbe in ein größeres prachtvoll rosenrothes Feld; auch der Hinterrücken und Bürzel tragen die letztgenannte Farbe; die zwei mittleren Schwanzfedern haben die Färbung des Rückens, die übrigen sind schwärzlich mit scharf abgesetzter, sehr breiter, schneeweißer Spitze; der Schnabel und Rachen sind hornschwarz, die Iris lilafarb, die Füße röthlich grau.

Es giebt aber auch Vögel dieser Art, denen die schwarze Zeich= nung um die Kehle und am Vorderhals gänzlich. fehlt, wogegen denn das Roth der Brustmitte sich bis zum Kinn herauf zieht. Wahrscheinlich sind dies jüngere Individuen oder aber Männchen. Ein von mir geöffnetes Weibchen mit stark entwickelten Eiern am Eierstock hatte die schwarze Kehlzeichnung, wie ich sie zuerst beschrieb.

Der Rosenwürger lebt paarweise und in kleinen Gesellschaf= ten im lichten Akaziengebüsch, das die Regenstrombetten umgiebt, gleichgültig ob letzteres belaubt ist oder kahl. Selem=, Tiger= und Samer=Akazien werden bevorzugt, gelegentlich besuchen die Vögel auch Tundub= und Nabaq=Bäume. Sie sind von leb= haftem Wesen und kommen gern zur Erde herab, wo sie im dürren Gras und zwischen Geröll flink hin= und herlaufen und hüpfen, um Insecten, vornehmlich Coleopteren zu erspähen. Aber selbst im Flug versteht der Rosenwürger seine Beute zu erhaschen. Die Fortpflanzung fällt ohne Zweifel in die Zeit der Sommerregen, zu der ich die Männchen im Gipfel von Dornbäumen fleißig singen hörte. Aber auch sonst locken beide Gatten sehr eifrig, beson= ders in den Morgen= und Nachmittagsstunden. Der Lockton be= steht in einem mehrfach ausgestoßenen flötend pfeifenden Dirik oder Dirlibi, wobei der fächerförmige Schweif viel ausgebreitet und zusammengeschlagen wird.

Die Stellung im Allgemeinen weicht etwas von derjenigen

unserer großen Würger ab, indem sie weniger aufrecht ist; auch hängt der Schweif selten ganz senkrecht herab. Der Vogel liebt — die Paarungszeit ausgenommen — mehr das Innere und die unteren Theile der Baumkronen, als die äußersten, höchsten Gipfel.

Um die Brunnen von Schakat qaih ging es ziemlich leb= haft zu. Mehrere Karawanen lagerten in der Nähe und tränk= ten hier ihre Kameele. Bei dieser Gelegenheit fiel eins der Thiere in eine Brunnengrube, welche sehr eng und in schräger Richtung unter eine Kiesbank abgeteuft war.

Das ungeschickte und unbehülfliche Geschöpf stöhnte bloß, machte jedoch keinen Versuch, sich herauszuarbeiten. Dies gelang erst den vereinten Anstrengungen unserer Habab, welche einen Strick um den Hinterleib des Kameels schlangen und dasselbe auf diese Art endlich in die Höhe zu heben vermochten.

Unter den Passanten befanden sich wunderlich nach bania= nischem Schnitt aufgeputzte muhamedanische Pilger aus dem Innern von Abessinien, die von Keren aus wieder in ihr Vater= land zurückzukehren beabsichtigten.

Auf den meisten Karten des Sahel findet sich ein isolirter Berg „Coramba" am Strom von Amba, etwa 4 bis 5 Meilen westlich zu Nord vom Lager am Schakat qaih verzeichnet. Ich schaute mich vergeblich nach demselben um und selbst unsere mit den geographischen Verhältnissen der Gegend sehr vertrauten Führer kannten keinen Hügel dieses Namens. Auch wäre mir derselbe sicherlich während einer Excursion aufgefallen, welche ich im August 1857 mit dem nachmaligen Admiral von Tegethoff von Masaua aus über Ailet, Gomhud, Azuz und den Chor von Amba unternahm.

Alle Habab sowohl als Beni Amer, welche sich in unserer

Gesellschaft befanden, legten einen besonderen Sinn für Orts=
kenntniß und eine seltene Orientirungsgabe an den Tag. Sie
kannten den Namen jedes wenn auch noch so unbedeutenden
Hügels oder Bachbettes mit aller Sicherheit. War ihnen der=
selbe auch momentan entfallen, nach einigem Besinnen kamen sie
schließlich doch wieder darauf. Zwei Umstände sind es übrigens,
welche geographische Forschungen unter diesen Völkern sehr er=
schweren. Es führen viele Orte einen und denselben Namen,
wogegen für die meisten Bäche, größere Flächen oder längere
Gebirgszüge kein Collectiv=Name besteht. Auch weichen die
Dialekte verschiedener Kabilen merklich von einander ab, während
die Wenigen, welche der arabischen Sprache mächtig sind, dieselbe
auffallend correct aussprechen.

Wir verweilten nur wenige Stunden im Chor und brachen
schon um 2 Uhr Mittags wiederum auf. Bald war die Ein=
senkung hinter uns, und über einen niedrigen Höhenrücken weg
ging es dem breiten Thale von Desit zu. Zur Linken steht ein
Hügel mit weißlichem, unregelmäßig horizontal geschichtetem Ge=
stein an, der Jubiz oder Jubit heißt.

Nach den in der Nähe zerstreut liegenden Brocken und
Felsstücken dürfte dort ein neuer Madreporenkalk oder Kalk=
sinter brechen. Derselbe wird auch gebrannt und zwar auf eigen=
thümliche Weise. Man errichtet ein Haufwerk von Holz und Kalk=
steinen, das noch überdies mit stärkeren Aesten eingedeckt wird
und setzt das Ganze in Brand.

Nachdem die Straße dem linken Ufer des Chor Desit
eine Weile nach Osten zu gefolgt ist, führt sie hier schräg über
den letzteren, dann über einen breiten inselartigen Rücken (daher
wohl der Name Desit, der „Insel" bedeutet) und einen zweiten
Arm des Flusses.

An der nördlichen Thalabdachung finden sich auch tuffartige
Gebilde, in der Thalsohle eine Breccie, welche viel Aehnlichkeit

mit Nagelfluh hat, jedenfalls aber einer viel neueren Periode
angehört.

Jenseits der Bifurcation des Desit, in dessen Bett ein
hübscher Baumschlag sich erhebt, steigt der Boden beträchtlich an.
Im Südwest, auf einer nach dem Thal zu vorspringenden Hügel=
kuppe, erhebt sich ein weithin sichtbares thurmartiges Grab=
monument und die ganze Gegend ist erfüllt von zahllosen Trüm=
mern von Gräbern, die jedoch fast ohne Ausnahme in wirres
Hauswerk zerfallen sind. Das Material besteht in unregelmäßigen,
größeren Stücken von basaltischen Laven. Diese Grabhügel
liegen meist gruppenweise beisammen. Ihre Grundfläche hat
eine quadratische oder stumpf oblonge Gestalt. Den Ursprung
der Gräberstadt schreiben die Eingeborenen den Griechen
(Rum) zu.

Der Boden der Oberfläche des Hügellandes zeichnet sich
durch abschreckende Kahlheit aus. Unter den wirr umhergeworfe=
nen Gesteinsmassen befinden sich eine Menge vulcanischer Bom=
ben, welche öfter bis gegen zwei Fuß Durchmesser erreichen.
Von den Höhen bei Desit hat man — jedoch noch in weiter
Ferne — das Meer bereits in Sicht. Es erscheint als undeut=
licher, nebliger, blauer Streif am östlichen Horizont.

Anderthalb Meilen südöstlich von Desit gelangt man zum
Chor Webubo oder Wad=Dubah, in dessen ziemlich tiefes baum=
loses Bett sich die schlecht gebahnte Straße hinabwindet. Dieser
Regenstrom scheint aus Westsüdwest nach Nordost zu verlaufen.
Er muß ziemlich viel Bodenfeuchtigkeit enthalten, denn an mehreren
Orten zeigen sich grüne Fluren von Büschelmais, welcher allerdings
sehr weitläufig gepflanzt ist und nur zum geringsten Theil leichte
Achren trägt. Man folgt dem Stromthal eine starke Meile weit,
läßt dasselbe dann zur Linken und übersteigt einiges coupirtes
Hügelland, zwischen welchem wiederum Spuren von Bodenbau
sichtbar werden. Einzelne gepflügte Grundstücke sind mit Hecken

einer Schwalbenwurz (Bucerosia Ruselliana) umgeben, deren oft mannshohe eckige, fleischige und gerippte Aeste jetzt ihre pracht= voll violetten Blüthen entwickelten. Diese stehen in ungemein dichten sphärischen Knoten, sie verbreiten aber einen höchst wider= lichen Geruch, der etwas an den von verdorbenem Fleisch er= innert.

Es dunkelte bereits stark, als der Vortrab unserer Karawane den weitläufigen Flecken Umkulu erreichte und zwar nach stark vierstündigem Marsch von Schakat qaih.

Auf einer freien Stelle zwischen mehreren Häusergruppen wurde abgesattelt. Bald erschien der Naib in festlichem Gewande mit einigen Dienern, welche große Laternen trugen. Nach freundlicher Begrüßung ließ der Mann, dessen Würde jetzt zu derjenigen eines Schech el Beled (Ortsvorstehers) herabgeschmolzen ist, uns einige Divan=Gestelle nebst Holz und Wasser besorgen. Nach und nach rückten auch die Nachzügler der Karawane an, so daß erst in später Nacht unser frugales Abendessen bereitet werden konnte.

Im Orte selbst ging es indessen recht lebhaft zu, indem in verschiedenen Hofräumen Festlichkeiten abgehalten wurden, wo es an Gesang, Tanz und Derabukah=Gelärm nicht fehlte, das bis zum nächsten Morgen nicht verstummen wollte.

Mekulu oder auch Omkulu verdankt seine Existenz und Blüthe dem gleichnamigen Regenstrom, der in den Bergen südöstlich von Arkiko entspringt.[1] Er ist einer der wasserreichsten Regenströme des Küstenlandes und die zahlreichen Brunnen, welche in seinem von mächtigen Geröllmassen erfüllten Bett niedergetrieben sind, versiegen theilweise selbst in den trockensten Jahrgängen nicht.

In der Nähe liegen noch mehrere kleine Ortschaften zerstreut,

---

[1] Nach einigen Karten sogar an den Grenzen von Hamasien.

welche wie Mekulu aus Gruppen von Strohhütten bestehen, die
durch Einzäunungen von einander geschieden werden. Diese
Niederlassungen heißen Oedem Tsaqa [1] oder schlechtweg Tsaqa,
Hotumlu und Embermi; letztere ist an der Mündung des Tor-
renten in den gleichnamigen kleinen Meerbusen nördlich von
Masaua erbaut.

Mekulu wird aus mehreren gesonderten Quartieren gebildet.
Das bedeutendste derselben liegt östlich, in der Richtung nach dem
Golf von Masaua zu. Hier bestand früher eine katholische Mission
und mehrere Europäer besaßen dort Gärten und Landhäuser.
Die Landluft ist, obgleich fast zu allen Jahreszeiten drückend
heiß, doch weit weniger feucht und dumpf als in der Inselstadt
selbst. In diesen Gärten prangten Parkinsonien, Dattel- und
Dompalmen, Oleander und Lawsonien in großer Vollkommenheit, während Cocospalmen, die der frühere englische Consul
Plowden hierher anpflanzte, nicht recht gedeihen wollten. Endlich lieferten die kleinen, durch Ziehbrunnen bewässerten Grundstücke Zwiebeln, Tomaten, Wassermelonen und einige Gemüse.
Jetzt liegen diese einst blühenden Anlagen in Ruinen, wogegen
auf den öden, buschlosen Höhen der Nachbarschaft einige halb in
europäischem Stil errichtete Landhäuser entstanden sind.

Die Bewohner von Mekulu beschäftigen sich neben Viehzucht mit Handel. Früher befaßte sich ein großer Theil der
weiblichen Bevölkerung mit der täglichen Wasserzufuhr nach
Masaua. Diese sehr namhafte Erwerbsquelle hat nunmehr auf-
gehört, indem die Regierung im Chor von Mekulu ein Pump-
werk errichten ließ, welches die nöthige Wassermenge in ein Reservoir hebt, von welchem eine Leitung nach der Insel Tualut,
welche gleichzeitig mit Masaua durch einen Damm verbunden
wurde, führt. Die Leitung selbst besteht aus Röhren von ge-

---

[1] Munzinger schreibt Zaga, ich verstand stets Tsaqa.

branntem Thon und die Wassermenge, welche sie täglich liefert, scheint dem Bedarf vollkommen zu genügen.

Wir hatten am Mittag des 3. März einen unserer Soldaten nach Masaua vorausgesandt, mit dem Auftrage, den Stellvertreter des abwesenden Gouverneurs zu bitten, für unseren voraussichtlich kurzen Aufenthalt in der Inselstadt eine passende Wohnung bestellen zu mögen.

In der Frühe des 4. brachen wir von͞ Mekulu auf. Die Straße führt auf der wenig geneigten, fast ganz kahlen Ebene unmittelbar nach der Insel Tualut.

Es hatte mir stets geschienen, als ob die Lage von Mekulu auf unseren bisherigen Karten unrichtig verzeichnet sei. Von der östlichen Häusergruppe des Ortes aus ist Masaua bereits sichtbar und ich versäumte daher nicht, mich hier mit dem Azimuth-Compaß zu orientiren. Dies geschah vom Kameel aus, doch glaube ich, daß das Ergebniß meiner Winkelmessung der Wirklichkeit sehr nahe kommen dürfte. Diese ergiebt im Mittel Ost 13 Grad Süd, die westliche Declination von 4 Grad 45 Minuten in Rechnung gezogen jedoch Ost 17 Grad 45 Minuten. Auf der Petermann'schen Karte der deutschen Expedition beträgt der Azimuth-Winkel ungefähr Nord 86 Grad Ost, was eine Differenz von 21 Grad 45 Minuten ergiebt zwischen meiner Beobachtung und den bisherigen Annahmen.

Nach den vom Astronomen der deutschen Expedition im Juni und Juli in Masaua angestellten Breitenbestimmungen beträge die Polhöhe der Inselstadt 15 Grad 37,3 Minuten, nach den Messungen auf der Villa Degoutin in Mekulu im Juli 1861 die Breite des letztgenannten Ortes aber im Mittel 15 Grad 37,7 Minuten, eine Breitenbestimmung vom 10. Juli 1861 aber 15 Grad 36,0 Minuten. — Die directe Entfernung

zwischen Mekulu und Masaua veranschlage ich auf 3,3 Bogen=
minuten.

Auf der neuesten englischen Admiralitätskarte liegt Masaua
unter 15 Grad 37,1 Minuten nördl. Breite und 39 Grad
28,2 Minuten östl. Länge von Greenwich. Die früheren Längen=
bestimmungen wurden von derjenigen von Bombay abgeleitet,
die neuesten aber vom Meridian von Ismailia. Antoine d'Ab=
badie fand die Länge = 39 Grad 31 Minuten Ost.

Nach einem Ritt von einer Stunde und 15 Minuten er=
reichten wir die Mündung des vor wenigen Jahren aufgeführten
Dammes, welcher die Insel Tualut[1] mit dem Festland verbin=
det. Noch vor einem Jahrzehnt war dieses Eiland eine vollkom=
mene Wildniß und seine Ufer mit ungemein dichtem Wald von
Rhizophora=Bäumen umgeben. Letztere sind nun der Civilisation
zum Opfer gefallen und bereits erheben sich an der Stelle, wo
sich einst der christliche Begräbnißplatz von Masaua befand,
Häusergruppen, auf der Nordostspitze der Insel aber das sehr
stattliche neue Palais des Gouverneurs sowie ein anderes Re=
gierungsgebäude, welches noch im Bau begriffen ist.

Hier befindet sich auch das Reservoir für das von Mekulu
hergeleitete Trinkwasser, sowie eine Thorwache.

Der Damm zwischen dem Festland und Tualut besteht aus
Madreporen=Blöcken, die etwas mangelhaft zusammengefügt sind,
so daß einzelne Stellen bereits schadhaft zu werden beginnen.
Derselbe dient zugleich als Träger der Wasser= und Telegraphen=

---

[1] Diese Benennung wird von den Kartographen und Reisenden in
sehr abweichender Art geschrieben. Die richtige Orthographie ist nach den
mir in Masaua gemachten Angaben Tualut und nicht Tau el hud oder
Dalhud.

verbindung. Seine Länge mag etwa eine drittel Meile betragen. Breiter und ſolider iſt der aus Urgebirgsgeſtein aufgeführte Damm, der von Tualut zur Inſelſtadt Maſaua ſelbſt hinüber= führt. Auf Herſtellung dieſer Verbindung mit dem Feſtland nebſt Waſſerleitung ſoll die Regierung eine Summe von mehr als 200 000 Maria=Thereſia=Thalern verwendet haben.

***

Maſaua oder, wie der Ort früher hieß, Bade, iſt auf einer kleinen flachen Korallen=Inſel im Golf von Arkiko erbaut, ziem= lich nahe an der nordöſtlichen Ecke desſelben, welche Ras Djerar genannt wird. Zwiſchen letzterem Vorgebirge und der Stadt befindet ſich der weitläufige und vortreffliche Hafen. Unmittel= bar weſtwärts von der Stadt erhebt ſich die Inſel Tualut, in Süd zu Oſt die unbewohnte Djezireh Schech Said.

Der Golf von Arkiko oder Harkiko (früher Dohen oder Zohen) wird in Südoſt durch das Vorgebirge Oedem abgeſchloſſen. Nordwärts von Ras Djerar ſpringen noch zwei weitere Buchten tief ins Land herein, nämlich Chor Duhali und Ghubet Embermi, welche durch das Vorgebirge (Ras) Emitri von einander getrennt werden.

Arkiko, 4 Meilen ſüdſüdweſtlich von der Inſel Maſaua, am Feſtland gelegen, beſitzt keinen Hafen. Das Städtchen war früher die Reſidenz des Naib und einer bosniſchen Militär= Colonie. Der Ort hat ſeine eigenen Brunnengruben, einige Gartenanlagen und eine feſtungsartig aufgeführte Caſerne.

Südlich zu Weſt von Ras Oedem, in Oſt durch die Halb= inſel Buri begrenzt, öffnet ſich die gegen 30 Meilen tiefe Bucht von Adulis mit den Ueberreſten des gleichnamigen, unter der Regierung des Ptolemäus Euergetes erbauten Emporeums, wo einſt die berühmte hiſtoriſche Stele errichtet war, welche Cosmas im Jahre 535 wieder aufgefunden. Die Bucht heißt jetzt Ghubet Azuli oder Zula, auch Ghubet el Kafer.[1]

Es ist nicht zu verkennen, daß Seitens der neuen egyptischen Verwaltung ganz außergewöhnliche Anstrengungen für Vervollkommnung der Verhältnisse in Majaua gemacht worden sind. Das Hauptverdienst gebührt dem früheren Gouverneur Munzinger-Bek, dessen Amtsnachfolger Arakel-Bek in würdiger Weise den Fortschritt gleichfalls allenthalben zu fördern bemüht ist.

Zu unserem nicht geringen Bedauern war Arakel-Bek für längere Zeit abwesend und auf einer dienstlichen Reise nach dem Danakit-Gebiet begriffen, wohin ihn unser Reisegefährte Graf W. Zichy begleitete.[2]

Der Stellvertreter des Statthalters hatte uns zwar eine Wohnung in der Mitte der Stadt anweisen lassen, damit aber unseren Erwartungen keineswegs entsprochen, indem sie nur in einem sehr beschränkten Hofraum und zwei kleinen niedrigen, nicht gerade sehr reinlich gehaltenen Gemächern bestand, deren eines als Küche diente. Da der Aufenthalt jedoch höchstens zwei Tage währen sollte, so wurde beschlossen, das betreffende Quartier zu beziehen. Nach einigen Differenzen mit den Zollbehörden, welche trotz unseres militärischen Geleites sämmtliche Kameele mit Beschlag belegt hatten, und nach Erlegung einer Abgabe von 5 Piastern für jedes Lastthier, langte auch das Gepäck glücklich an.

Da die Abreise nach Sues in allernächster Zeit bevorstand, ging es gleich an das Ordnen des Gepäckes und das Ausscheiden

---

[1] Vergl. Peterm. Geogr. Mitth. 1860, S. 347.
[2] Arakel-Bek ist mit Graf W. Zichy im November 1875 in einem Gefecht in der Nähe von Gundet am Mareb-Fluß gefallen.

aller entbehrlichen Provisionen von Lebensmitteln und Munition.
Wir hatten uns für eine Landreise von zum mindesten
5 Monaten vorgesehen und blieb somit noch der bei weitem
größte Theil aller Vorräthe übrig. Herr Vieweg wünschte dieselben, sowie die Zelte und sein Maulthier hier zu verwerthen.
Es zeigten sich mehrere Liebhaber, doch standen die Preise, welche
man bot, auch in keinem Verhältniß zu denjenigen, welche seiner
Zeit dafür bezahlt worden waren.

Ich hatte während der ganzen Landreise für wissenschaftliche Forschungen und Sammlungen nur verhältnißmäßig äußerst
wenig thun können. Der Vorsatz meines Gefährten, während der
Land-Excursion der Jagd obzuliegen, blieb unausgeführt. Einen
großen Theil meiner Zeit mußte ich auf meine Function als
Dolmetscher verwenden. Den kurzen Aufenthalt in Aqiq und
Wold Dan ausgenommen, wo überhaupt keine, oder nur sehr
wenige Gelegenheit zu zoologischen und botanischen Erwerbungen
sich ergab, hatten wir nur je zwei Rasttage gemacht und zwar
in Naqfa und am Lebka, die lange nicht einmal zu einer
allgemeinen Orientirung hinreichten, geschweige denn zu systema-
tischer Betreibung des Sammelns und Präparirens. Zudem fehlte
es mir an einem Jäger und Präparator, während ich selbst gewöhnlich nicht einmal Muße finden konnte, seltenere und interessante Stücke abzubalgen oder zu Skeletten herzurichten.

Ich faßte daher trotz meines sehr leidenden Zustandes den
Plan, noch für einige Wochen oder Monate in die benachbarten
Gebirge zu wandern, um das Versäumte nachzuholen. Herr Vieweg stellte mir in generösester Weise sämmtliche übrigen Vorräthe an Munition, Getränken, Conserven u. s. w. nebst Zelten
und dem Maulthier zur Verfügung. Alle unsere eingeborenen
Diener wünschten, mich begleiten zu dürfen.

Doch ergab sich bei Untersuchung des noch vorräthigen Schieß-
bedarfes, daß gerade die für meine Zwecke unumgänglich nöthi-

gen Schrotsorten, von denen wir von Cairo aus eine hinläng=
liche Menge mitgebracht hatten, fehlten.

Da die Pulver= und Schrotvorräthe unter specieller Obhut
des europäischen Dieners gestanden hatten und stets in festen Pack=
listen verschlossen gewesen waren, ist ihr Verschwinden um so
räthselhafter. Sie mußten entweder verschenkt oder geradezu weg=
geworfen worden sein. In Wold Dau hatte ich mir von den
betreffenden Nummern noch eine Anzahl von Patronen angefer=
tigt; jetzt waren gerade diese abhanden gekommen. Ein Versuch,
in Masaua das Nöthige zu ergänzen, mißlang vollständig, nicht
ein Korn Vogeldunst war aufzutreiben. Das Fehlende von Cairo
oder Sues zu requiriren, würde im günstigsten Falle einen Zeit=
verlust von 4 bis 6 Wochen verursacht haben.

So blieb mir denn nichts übrig, als mich in das Unver=
meidliche zu fügen und mich ebenfalls zur alsbaldigen Rückreise
zu entschließen, nachdem große Zeit= und Geldopfer so zu sagen
zwecklos gebracht worden waren.

In Masaua befanden sich außer dem französischen Consul
und einigen griechischen Handelsleuten keine Europäer, dagegen
hatten sich einige Fremde in den benachbarten Bergen angesiedelt;
so eine schwedische Mission in Ailet und ein Franzose am oberen
Lawa, der dort eine Dampfsägemühle auf Kosten der Regierung
betreiben sollte. Einige Italiener, für die französische Missions=
gesellschaft in Tigrié bestimmt, darunter auch eine Frau, langten
am 5. März in der Inselstadt an.

Nachdem wir dem Stellvertreter des Gouverneurs einen
Besuch abgestattet, wurde der Bazar und die Stadt etwas besichtigt.
Letztere hat seit meiner letzten Anwesenheit in mancher Beziehung
gewonnen. Der größte Theil der Strohhäuser ist verschwun=

den und an ihrer Stelle erheben sich meist massive steinerne
Wohnungen.

Dagegen schien der Bazar weniger belebt. Der Grund
davon ist einerseits in der politischen Lage Abessiniens zu suchen,
andererseits in der Unterbrechung alles Verkehrs mit der gegen=
überliegenden arabischen Küste in Folge von Quarantäne=Maß=
regeln.

———

Seit dem unglücklichen Ende des Königs Theodoros II.,
der bei der Erstürmung von Magdala den Tod fand, herrscht
in allen Provinzen von Habesch mit Ausnahme von Schoa un=
aufhörlicher Bürgerkrieg. Der ehemalige Schefta (Straßen=
räuber) Kasai hat sich zum Herrn von Tigrié emporgeschwungen,
doch reicht seine Macht nicht einmal bis Gondar (besser Guendar)
hinüber. Selbst die östlichen Provinzen sind ihm nur so lange .
gehorsam, als er in der Nähe weilt. Von Tigrié aus ist
daher der Verkehr mit dem Küstenland häufig unsicher oder ganz
unterbrochen. Ueberdies steht Kasai in keinem freundnachbar=
lichen Verhältniß zu der egyptischen Regierung. Er verlangt
die Zurückgabe des von den Truppen des Chediw besetzten Bogos=
Gebietes, welches früher allerdings einen kleinen Tribut an den
Statthalter von Hamasien entrichtete, aber sowohl von den
egyptischen als von den abessinischen Behörden mehr als neu=
traler Boden betrachtet wurde, namentlich seitdem Keren der
Sitz einer katholischen Mission geworden war.

Kasai, der jetzt den Thronnamen Johannes führt, obgleich
zu unmächtig, seinem eigenen Reich den inneren Frieden wieder
zu geben, droht, seine angeblichen Rechte auf das Bogos=Land
mit Waffengewalt geltend machen zu wollen. Ein Einbrechen
raublustiger Banden auf das egyptische Gebiet liegt daher nicht
außer Bereich der Möglichkeit.

Dieser Fall würde denn ohne Zweifel zu ernstlichem Ein-
schreiten Seitens der viceköniglichen Statthalter in Takah und
Masaua führen. Ein combinirter Angriff weniger Colonnen
gut bewaffneter regulärer Truppen von Qalabat, dem unteren
Mareb, dem Bogos-Land und von Masaua aus müßte unbedingt
aber die Unterwerfung von ganz Nord-Abessinien zur Folge
haben. Mit Jubel würde eine egyptische Armee von dem streb-
samsten Theil der Bevölkerung, nämlich von den seither hart
geknechteten Muhamedanern empfangen werden. Die indolenten
christlichen Bewohner sind dagegen allzu fanatisch, um mit Beken-
nern des Islam in nähere Berührung zu treten; selbst die auf-
geklärteren Abessinier, welche ihr eigenes Volk gründlich verachten,
bezeichnen die Staatsreligion in ihrer jetzigen Form offen als
den Krebsschaden, der alle socialen und moralischen Bande unter-
graben habe. Die Stimme der jüdischen Bevölkerung käme
kaum in Betracht, obwohl ohne allen Zweifel auch sie, sowie
die Woito und Kamaunten, welche Heiden sind und daher ebenfalls von der herrschenden Secte gedrückt werden, ohne Wider-
streben ein Regiment anerkennen würden, das Macht, guten
Willen und Energie genug hat, geordnete Zustände herbeizuführen.

Man kann dem Abessinier gewisse natürliche gute Anlagen
durchaus nicht absprechen. Er weiß trefflich Recht und Schlecht
zu unterscheiden. Sein Benehmen beweist häufig viel formellen
Anstand und Takt. Er läßt sich gerne belehren und legt auch
Interesse für Dinge an den Tag, welche ihm sonst sehr fern
stehen. Der größere Theil der Abessinier versteht die amcharische
Schriftsprache und die Geschichte und Literatur ihres Landes ist
ihnen nicht ungeläufig.

Aber schwere Arbeit verachtet der christliche Habeschi, wie
auch Jeden, der solche verrichtet. Seine Religion ist für ihn
keine Schule der Moral, sondern nur Formsache. Ihre Ausübung
gehört zum guten Ton, und dabei zieht ihr Bekenner den Vortheil

aus derselben, daß sie ihm gegen verhältnißmäßig geringe Spenden vor der Welt Ablaß von Verbrechen gewährt. Sein eigenes Gewissen beschwert sich dagegen niemals mit derartigen Dingen.

Die Geistlichkeit übt den traurigsten Einfluß aus und besitzt leider noch immer eine bedeutende Macht durch das Recht der Verhängung schwerer kirchlicher Strafen, namentlich der des Bannes.

Der Pfaffe nährt sich vom Schweiß des Laien und geht ihm durch Lug und Trug, durch gemeinste Sittenlosigkeit und Völlerei mit schlechtem Beispiel voran.

Auch die zahlreichen katholischen und protestantischen Missionen haben nicht das Mindeste zu wirken vermocht, sie konnten sich — mit wenigen ehrenvollen Ausnahmen — nur verachtet und lächerlich machen. Die meisten dieser Sendboten suchten ihren confessionellen Gegnern den Rang abzugewinnen; statt zu lehren, mischten sie sich in höchst unberufener Weise in die politischen Verhältnisse, nahmen Partei für Jeden, der eben mächtig war, und endeten schließlich immer mit schmählicher Vertreibung aus dem Lande.

Jetzt soll in Folge der Bemühungen des französischen Consuls in Masana Regus Johannes den katholischen Missionären (Italienern und Franzosen) wiederum günstig gestimmt sein, aber dieser Fürst bekennt sich zur orthodoxen Secte des abessinischen Christenthums und duldet keine religiösen Wühlereien, denen selbst der freisinnige König Theodoros mit Fug und Recht entgegensteuerte.

Das glücklichste, von der Natur so sehr begünstigte Reich Afrika's, das einst zu hoher Blüthe gelangt war und seinen Einfluß bis nach Südarabien und in die tiefsten südwestlichen Provinzen Afrika's geltend machen konnte, geht seinem unvermeidlichen Verfall entgegen. Längst sind die reichen Staaten Kafa, Narea und Sidama abtrünnig; Schoa hat sich unter

Menelek, dem Enkel Sahela Salasi's, isolirt; räuberische Gala
drängten sich von Süden her ein und setzten sich um das Quellgebiet des Baschlo oder Baschilo fest; Jemen ging verloren;
im 16. Jahrhundert alle Hafenplätze von Sauakin bis Tedjurah
und Zela; neuestens der wichtige Marktplatz von Qalabat und
das Bogos Gebiet, welche wenigstens der Form nach theilweise
zu Habesch gehörten. Durch eigene Kraft kann das bis ins
innerste Mark zu Grunde gerichtete Volk sich nicht wieder erheben.
Nur fremder Einfluß wird im Stande sein, dem äthiopischen
Reiche dereinst die ihm gebührende Weltstellung zu erringen.

Wir könnten, selbst vom christlichen Standpunkte aus, es
nur für ein Glück für Land und Volk betrachten, wenn Abessinien, das ja bereits fast vollständig von egyptischem Gebiet
umschlossen ist, als besondere, für sich bestehende Statthalterschaft
dem Reich des Chediw untergeordnet würde. Durch wenige
Besatzungen von koptischen Truppen sowie durch Ernennung von
Behörden, die sich zu irgend einer christlichen Secte bekennen,
würde der Fanatismus der Eingeborenen gelähmt und ihr Ver-
trauen durch eben so strenge als weise Handhabung der Gesetze
wohl bald gewonnen sein.

———

Unser Aufenthalt in Massaua war von so kurzer Dauer,
daß ich keine Gelegenheit fand, mich über die derzeitigen Handelsverhältnisse genauer unterrichten zu lassen. [1] Unstreitig hat der
Platz aber auch in Bezug auf den Verkehr unter der neuen
Regierung gewonnen. Die abessinischen Handels-Karawanen
(Qaflah) sammeln sich auf den Marktplätzen von Baso, Eifag
und Gondar. Einige vermögliche und unternehmende Kaufleute

---

[1] Eine speciellere Aufzählung der Ein- und Ausfuhr gab ich bereits
in meiner „Reise nach Abessinien in den Jahren 1861—1862“, S. 56 bis 58.

stehen an der Spitze derselben und aus ihrer Mitte wird ein Führer gewählt. Selbst unbemitteltere Leute schließen sich dem lawinenartig stets anwachsenden Zuge an. Von Gondar aus führt die Straße nach Adowa und — wenn die politischen Verhältnisse es gestatten — über Halai und den Taranta-Paß nach Masaua. An einer reichen Dasla, deren jährlich eine oder zwei nach der Küste kommen, nehmen oft viele Hunderte von Menschen Theil. Größere Kaufherren begleiten sie zu Maul-thier und gefolgt von einem großen Troß bewaffneter Diener; wie denn auch alle Waaren mittelst Maulthiere befördert werden. Nicht nur christliche Abessinier nehmen an solchen Handelszügen Theil, sondern auch muhamedanische, während die einheimischen Juden sich mehr auf Industrie, Gewerbe und Ackerbau verlegen. Die abessinischen Bekenner des Islam werden Djeberti, die Juden Felascha genannt.

Die große Handelsstraße von Schoa nach der Küste führt in 30 Tagemärschen von Ankober über Fari, den Hawasch-Fluß und Asal-See nach Tedjurah.[1]

Takah liefert, wie wir bereits gesehen haben, jetzt große Quantitäten von Getreide nach Masaua. Ein regelmäßiger Postdienst verbindet die Hafenstadt mit Sues, Suakin und Dje-dah. Eine größere Anzahl von Beamten und Officieren erhöht die Nachfrage nach Lebensmitteln und anderen Bedürfnissen.

Europäische Handelsschiffe kommen übrigens nur gelegentlich hierher, namentlich um abessinische Maulthiere aufzukaufen. Regel-mäßige Schiffsgelegenheiten nach Aden giebt es nicht. Den klei-neren Verkehr mit den Küstenstädten des Rothen Meeres besorgen ausschließlich einheimische Rheder und Fahrzeuge.

[1] Vergl. Heuglin, Petermann's Geogr. Mitth. 1860, S. 419. — Ueber die Handelsverhältnisse in Masaua vergl. auch v. Maltzan, Süd Arabien, S. 113.

Der jährliche Ertrag der Zollstation soll sich auf ungefähr 1 Million Piaster (50 000 Maria-Theresia-Thaler) belaufen. Die Zahl der Einwohner der Inselstadt sowie der umliegenden Ortschaften mit Arkiko beläuft sich auf 6000 Köpfe. Zur Zeit der türkischen Herrschaft reichte der Einfluß des Statthalters kaum über Masaua und Dahlak hinaus. Das Küstenland wurde, wie wir bereits gesehen haben, in selbständiger Form vom Naib von Arkiko verwaltet. Seine Macht erstreckte sich westlich bis an die Gebirge, südlich bis zur Halbinsel Buri, nördlich bis zum Falkat oder bis zum Thal von Qarora. Die Bewohner der Hafenplätze und Inseln zwischen dem Archipel und Dahlak und Tedjurah, also namentlich von Hamfila und Ed erkannten früher den Sultan zwar als ihren Oberherrn an, doch hatten sie keine Abgaben zu entrichten und mischte sich die Regierung nicht in ihre inneren Angelegenheiten. Jetzt gehört thatsächlich nicht nur das Gebiet der Habab und der Samhar mit seinen verschiedenen Völkerschaften, sondern auch das ganze Danakil-Land bis zum Hafen von Berbera zur Statthalterschaft Masaua. Von der Somal-Küste ist nur Zela (Zeila der Karten), Bulhar und Berbera selbst vom Chediw in Besitz genommen. Ein egyptisches Kriegsschiff liegt dort in Station. Bulhar, ein Küstenplatz mit offener Rhede, bildet mit Zela die Stapelplätze, welche die Producte der Gala-Länder und von Harar (Adari), theils auch von Kafa und Narea ausführen, hauptsächlich also Kaffee. Berbera ist der große Markt für das nördliche Somal-Land. Tedjurah vermittelt den zeitweise sehr beträchtlichen Verkehr mit dem Königreich Schoa. Als nicht minder wichtige Errungenschaft des Vicekönigs von Egypten müssen wir noch die Gegend von Alelbad im Danakil- oder Teltal-Gebiet, hart am Fuße des Hochlands von Habesch, erwähnen.

Durch einen eigenthümlichen Proceß bildet sich in den

dortigen Seen ein festes körniges Kochsalz in großer Menge. Dieses wird in Stücken von der Form steyrischer Schleifsteine ausgestochen und dient so in ganz Abessinien sowohl als Scheide= münze, als auch zum Bedarf für die Küche. Die vorzüglich= sten Marktplätze für den Salzhandel sind Deza und Azebi oder Atsebi in Enderta.

Die Gegend des Alelbab soll nach Berichten meiner abes= sinischen Diener zum Theil von Christen bewohnt sein. Man be= nannte mir zwei beträchtliche Ortschaften in der Nähe Belbel und Fischo. Dedschaz Sabagadis hat dort Kirchen erbaut. Um Fischo giebt es viel Honig, in Belbel zahlreiche Bananen.

Das in der oben beschriebenen Form in Habesch eingeführte Salz heißt in Tigrié Oeila, in Amchara Amolié oder Oaleb, Kochsalz im Allgemeinen auf Amcharisch Tschaw.[1]

Am Abend des 4. März fuhr ich in Begleitung des Herrn Vieweg und des Quarantäne=Beamten Habib Sciavi, eines

---

[1] Munzinger=Bek ist wohl der erste wissenschaftlich gebildete Europäer, welcher die Salzseen besucht hat. Ihm folgte kürzlich unser Reisebegleiter, Graf W. Zichy, der die Freundlichkeit hatte, mir einen ausführlichen Bericht über jene Gegenden einzuschicken.

Er unternahm die Reise von dem Hafenplatz Eb (13 Grad 57,3 Min. n. Br. und 41 Grad 36 Min. O. v. Gr.) aus.

Nach Zichy wird die Salz-Ebene, welche bei den Eingeborenen Asale heißt, von einer ungeheuren Boden-Einsenkung gebildet, welche 40 bis 50 nautische Meilen Länge und 20 bis 25 Meilen Breite hat. Im Süden erhebt sich der nadelförmige Vulcan Artali, der noch heute in Thätigkeit ist. Westlich wird das Salzfeld von den Ausläufern des abessinischen Hochlandes eingerahmt, welche in Terrassen vorspringen. Kahle Schieferfelsen umsäumen, einem Walle gleich, die ganze Depression. Von Westen her haben sich drei beträchtliche Regenströme ihr kluftenartiges Bett durch diese Mauer gerissen und durch sie führen die Wege für den Salz= und Schwefelhandel nach Habesch hinauf.

Am nördlichen Ende des Beckens erheben sich Dickichte von Tamarisken

Levantiners aus Cairo, nach der Insel Schech Saib hinüber, in
der Absicht, den dortigen Brut=Colonien von Geiern und Sumpf=
vögeln einen Besuch abzustatten, namentlich aber, um einen
eigenthümlichen Drossel=Rohrsänger (Acrocephalus stentoreus,
Ehr.) zu beobachten.

Schech Saib liegt etwa zwei Meilen südsüdöstlich von Ma=
saua. Das flache Eiland mag eine Länge von einer guten halben
Meile haben; die östliche Hälfte desselben ist sumpfig und dicht
mit Schora=Wald (Avicennia) bestanden, während der sandige,
westliche Theil kahl oder mit Dickblattbüschen besetzt ist. Auf
der Nordostseite befinden sich weitläufige, ebene Bänke von Ma=
dreporen mit dunklem, stinkendem Schlammgrund. Die Insel

und Salzpflanzen. Ersteres läuft in eine zwischen schwarzen Lavariffen ein=
geteilte, gekrümmte Spitze aus. Darüber erhebt sich ein Tafelland mit zahl=
reichen ausgebrannten Kratern und Schlackenkegeln.

Ostwärts, nahe am Rand des inneren Beckens, lehnt sich eine mehrere
Meilen breite Fläche an, bestehend aus unerschöpflichen Gyps=Lagern. Eine
immer grüne Kraut= und Strauchvegetation belebt die Ufer des Bassins.
Sie wird ernährt von zahlreichen kleinen Bächen, die sich in die Niederung
ergießen, welch letztere keinen sichtbaren Abfluß hat. Ueberwiegend ist nament=
lich der Bestand an Dom=Palmen (Crucifera thebaica), die sowohl in
Strauchform, als in stattlichen Stämmen auftreten und parkartig das ocker=
farbige Salzmeer umschließen. Nur einzelne schmale, gewundene Pfade
führen nach dem Mittelpunkt dieser Fläche, wo durch Verdunstung stets eine
ungeheure Masse von dichtem, körnigem Salz aus der Soole ausblüht und
einen viele Meilen weiten glatten, seeartigen Spiegel bildet.

Zwischen dem Süd=Ende der Salzfläche und dem Vulcan Artali liegt
der See Alelbab, dessen tiefblaues, ruhiges Wasser ebenfalls aus gesättigter
Soole besteht. Aus der Mitte desselben ragt ein Eiland von Steinsalz.

Nördlich vom See befindet sich ein ausgebrannter, mit Salz incru=
stirter Krater. Noch etwas weiter gegen Norden liegen die Solfataren Delol,
ein Salz=Plateau etwa von 4 Quadrat=Kilometern Fläche, die mit vulca=
nischer Asche und Massen von gediegenem Schwefel bedeckt ist. Eine Anzahl
Geiser ergießen unter Zischen, Kochen und Ausstoßen schwefliger Dämpfe
aus tulpenförmigen Kelchen von Salz ihre Soole über den Aschensinter.

Das nördlichste Ende des Salzfeldes begrenzt der ausgebrannte Aschen=
kegel Maraa.

ist unbewohnt, aber es befinden sich hier einige muhamedanische
Gräber, worunter das des Schutzpatrons Schech Saïd.

Die Luft wimmelte von Seeschwalben und Möven, welche
eben von hoher See herein ihren Nachtständen zu zogen. Auf
den von der Ebbe zum Theil trocken gelegten Bänken trieben
sich verschiedene Strandläufer und Regenpfeifer, Riesenreiher,
Seereiher und Edelreiher (Ardea goliath, Ardea gularis und
Ardea alba) neben kleinen Gesellschaften von Abdim=Störchen
und Löfflern herum; gruppenweise kauerten rosenrothe Pelikane
(Pelecanus rufescens) dazwischen. Die mächtigen Kronen der
Avicennien waren gleichfalls dicht von den genannten Sumpf=
vögeln und Pelikanen besetzt, und ihre Zahl vermehrte sich jeden
Augenblick durch Zuzug neuer Ankömmlinge.

In den Astgabeln der Schora, auf 10 bis 30 Fuß Höhe,
standen Hunderte von Horsten von Aasgeiern, Milanen und
Reihern. Die Raubvögel hatten bereits ihr Fortpflanzungsgeschäft
begonnen und es gab sogar schon halbgewachsene junge Geier
neben Eiern in allen Stadien der Bebrütung. Selbst Raub=
adler sollen hier horsten.

Die Reiher begannen dagegen erst zu legen; sie schienen
weniger colonienweise zusammenzuhalten als die Löffler.

Im Gebüsch und Unterholz hausten einige Paare Halsband=
fischer (Sauropatis chloris) mit ihrem blendend weißen Unter=
leib und azurblauen Rücken. Sie streichen meist geraden, schnur=
renden und niedrigen Fluges hart am Ufer hin und bäumen
gern auf überhängenden Wurzeln und Zweigen. Die Männchen
lassen sich übrigens auch auf höheren Theilen, ja selbst auf
Baumgipfeln nieder, von wo man zuweilen ihren lauten pfeifend
spechtartigen Lockton vernimmt, während der Angstruf in einem
einfachen schrillen Ton besteht.

Vor Allem wandte ich meine Aufmerksamkeit aber den schon
genannten Rohrsängern zu. Diese zeigten sich paarweise an den=

selben Standorten wie die Halsbandfischer, auf Schlammgrund und am Rand der mit wirrem Wurzelwerk und Bäumen besetzten Uferböschung. Mehrere Paare leben oft in ganz kleinen Bezirken beisammen und, obgleich viel im Gebüsch verborgen, verrathen sie ihre Anwesenheit sofort durch ihr tiefes, lautes Locken, das wie ein scharf abgesetztes Ora oder Oarr klingt; der Gesang der Männchen erinnert an den der Drossel, ist aber mehr schwätzend, schleifend und schmetternd.

Der Vogel kommt auch gern auf die Erde herab und läuft und hüpft behende und öfter mit gehobenem Schweif umher.

Auf einige Flintenschüsse stiebten die bereits auf ihren Rastplätzen eingestandenen Pelikane, Reiher, Löffler, Störche, sowie die brütenden Geier und Milane unter einem wahrhaft betäubenden Lärm auseinander und umkreisten theils höher, theils tiefer und stets artweise zusammengeschaart den Sumpfwald. Wir plünderten indeß eine namhafte Zahl von Geierhorsten, deren jeder nur ein Ei oder ein Junges enthielt. Manche dieser Horste waren so niedrig angebracht, daß sie fast von der Erde aus erreicht werden konnten. Mit Leichtigkeit hätte ich hier 100 Stück dieser Eier einsammeln können, doch wußte ich, daß es mir an der nöthigen Zeit zum Präpariren derselben mangeln würde.

Außer den schon genannten Vögeln zeigten sich noch einige Staffelschwänze (Cisticola clamans und Urorhipis rufrifrons) im Gestrüpp von Dickblatt.

———

Während unserer kurzen Excursion nach Schech Said war es dunkel geworden und gleichzeitig lief der Postdampfer von Sues ein, auf welchem wir uns schon am nächsten Tage einschiffen sollten.

Nach unserer Rückkehr nach Masaua wohnten wir noch einer Festlichkeit bei, welche zu Ehren der Verheirathung der Tochter

eines alten Officiers abgehalten wurde. Der Hof und die be=
nachbarte Straße waren mit einer Menge von kleinen Glas=
lämpchen beleuchtet, um welche sich eine große Gesellschaft von
Verwandten und Freunden des Hauses eingefunden. Das Innere
der Gemächer war nur dem weiblichen Theil der Gäste geöffnet,
der männliche schmauste im Hof, während Sänger und Sänge=
rinnen ihre Productionen zum Besten gaben und die Jugend
Tänze um ein mächtiges Feuer aufführte. Dazwischen erschallte
der monotone Gesang von Derwischen und das näselnde Gebet
einzelner der Geladenen, bis der Bräutigam, geleitet von seinen
Freunden, in feierlichem Zug eingeholt wurde.

Der nächste Vormittag verging mit Reisevorbereitungen,
einigen Verhandlungen wegen Verkaufs der Provisionen und
Abrechnung mit den Kameeltreibern und Soldaten; am Abend
schifften wir uns an Bord der Hodeidah, freudig begrüßt von
Officieren und Mannschaft, die uns nicht so bald wieder zu sehen
vermuthet hatten, ein.

Die Hitze war drückend schwül, selbst während der Nacht.
Dabei fehlt es in Masaua während der Vormittagsstunden stets
an Luftströmungen. Morgens um 9 Uhr zeigte das Thermo=
meter im Hafen bereits 22,8° R., um 11½ Uhr im Innern
unserer Wohnung 23,0, bei außergewöhnlicher Feuchtigkeit der
Atmosphäre und sehr niedrigem Barometerstand (zu genannten
Stunden 75,7 und 75,5 Millim.).

Die mittlere Jahrestemperatur von Masaua wird auf
28° R. veranschlagt.

Nach den Beobachtungen unserer Expedition im Jahre 1861
betrug dieselbe in Masaua zwischen dem 18. und 29. Juni
34,8°, im benachbarten Mekuln während des 1. bis 12. Juli
36,04° C.

Viertes Capitel.

Am 6. März, in der Frühe um 8 Uhr, lichtete die Hodeidah ihre Anker und dampfte aus dem Hafen von Masaua in die See hinaus, nachdem die Post für Egypten an Bord gebracht worden war.

Ziemlich gemächlich ging es unfern der afrikanischen Küste hin nordwärts, Anfangs bei günstigem Südwind, der aber bald nachließ und später in Gegenwind umsprang. Die See war etwas bewegt, der Horizont neblig, bei dumpfer Hitze.

Wir hatten, in der Voraussetzung, daß wir doch von der Kajüte keinen Gebrauch machen würden, Plätze zweiter Classe belegt und uns auf dem Dach des Mitteldecks unter einem mächtigen Sonnenzelt häuslich eingerichtet.

Bald tauchten einige zur Dahlak-Gruppe gehörige Inseln aus dem Nebel auf; über den schäumenden Riffen nach dem Festland zu tummelten sich Möven und Seeschwalben; von Zeit zu Zeit strich eine Gesellschaft brauner Tölpel (Sula fiber) hohen Fluges von einer Fels-Insel zur anderen; auch ein Tropik-Vogel (Phaëthon) mit dem zierlichen, langen, weißen Fadenschweif wirbelte flüchtig an den Wimpeln der Hodeidah vorüber, während eine Gesellschaft dunkelgrauer Delphine, in Schlangenlinien auf- und niedertauchend, das Fahrwasser kreuzten.

Nachdem die ziemlich hohe Dohul-Insel passirt war, kam bald das flache, langgezogene Eiland Harat mit den Klippen von Schech Lobo in Sicht. Harat ist meist von Fischern bewohnt. Die Insel liegt hart östlich von der durch die nordwärts segelnden Schiffe gewöhnlich benutzten Wasserstraße.

Die folgende Nacht wurde sehr stürmisch, weshalb der Dampfer sich nur langsam vorwärts zu arbeiten vermochte.

In Ermangelung eines Feldbettes hatte ich mein Lager auf einer Bank hart am Backbord aufgeschlagen. Meine leichte Wolldecke schützte mich weder gegen den kalten Nordwestwind, noch gegen die mehrfach eintretenden Sprühregen. Bereits ganz durchnäßt, packte ich meinen Teppich auf die Erde, doch trug ich schließlich eine Erkältung davon, deren schlimme Folgen sich noch nach Monaten fühlbar machten. Die menschliche Haut wird in tropischen Gegenden durch die beständige Transspiration ungemein empfindlich, weshalb namentlich bei Nacht alle Vorsicht zur Abhaltung von Wind und Morgenkühle angewendet werden sollte. Namentlich ist es gefährlich, sich über Nacht der Zugluft auszusetzen, was leicht Fieberanfälle nach sich zieht. Ist der Reisende aber einmal mit Wechselfieber behaftet, so währt es meist lange Zeit, bis er sich dessen wieder dauernd zu entledigen vermag. Klimawechsel und namentlich die frische Seeluft wirken in solchen Fällen, wenn auch nicht so rasch als der Genuß kräftiger Dosen von schwefelsaurem Chinin oder Salicin, so doch um so nachhaltiger und sicherer.

Bringt man die Nacht im halbgeöffneten Zelt oder unter den offenen Fenstern und Thüren der Wohnungen zu, so setzt man sich weit leichter dem schädlichen Luftzug aus, als unter freiem Himmel.

Während meiner vieljährigen Landreisen in den Tropen benutzte ich daher das Zelt — die Regenzeit natürlich ausgenommen — mehr über Tag, zum Schutz gegen die Sonne, als zur Nachtzeit.

Jedenfalls versäume man nicht, vor dem Schlafengehen sich mit einem leichten wollenen Anzug zu versehen, sowie, wenn man die Absicht hat, im Freien zu schlafen, den Lagerplatz mit einigen Packkisten, die auf der Windseite mauerartig aufgerichtet werden, zu umstellen.

Am Abend des 7. April waren wir, nachdem der Dampfer einige Stunden hinter einer Korallenbank vor Anker gelegen, auf der Höhe von Aqiq angelangt. Da aber stets Gegenwind und hohe See aus Nord herrschte, ging es nur höchst langsam dem Norden zu, so daß wir erst am Nachmittag des 8. im Hafen von Suakin einlaufen konnten.

Gewöhnlich bleiben die Postschiffe hier nur so lange Zeit liegen, als nöthig ist, um ihre Fracht auszuschiffen oder einzunehmen. Der Commandant bereitete uns aber gleich auf einen etwas längeren Aufenthalt vor, indem er erklärte, daß viele Waaren aus Berber, namentlich arabisches Gummi und Sesam, zum Transport nach Sues eingenommen werden sollen. Auch stehe überdies nach Erfahrungen und den Vorhersagungen eines untrüglichen alten arabischen Kalenders schlechte Witterung bevor, die man besser, im sicheren Hafen vor Anker liegend, austoben lasse.

Wirklich verging der ganze folgende Tag unter beständigen Windstößen, welche die Verbindung zwischen Land und Hafen nicht wenig störten. Doch fuhr ich in die Stadt hinüber, um mir einige Antilopen anzusehen, welche ein junger Italiener, der eben aus Takah gekommen war, theils aus dem Innern gebracht, theils in der Gegend von Suakin aufgekauft hatte.

Die Thiere, denen es an zuträglichem Futter mangelte, das auf der Insel überhaupt schwer zu erlangen ist, befanden sich in keinem sehr guten Zustand. Es waren meist Arab-Antilopen, aber der Besitzer hatte das Glück, seine Menagerie noch mit einem jungen Klippspringer (Antilope oreotragus) vermehren zu können.

Das lebhafte Thierchen, mit den großen blauschwarzen Augen, dem stumpfen Köpfchen und den breiten, hoch aufgerichteten Ohren, benahm sich schon ganz wie die Alten. Es ging stets auf den Spitzen der Klauen und kletterte in Ermangelung von Felsen mit erstaunlicher Gewandtheit auf Gesimsen, Stühlen und Tischen herum. Es wundert mich, daß gerade diese Antilopen=Art nicht häufiger in unseren Thiergärten gehalten wird, da sie jedenfalls weit weniger unter dem europäischen Klima leiden dürfte, als jede andere afrikanische Form ihrer Gattung. Der Klippspringer, von der Natur überhaupt kräftig angelegt, zieht bekanntlich selbst in seiner Heimath rauhe Gebirgsgegenden dem heißen Flach= lande vor, ja man findet ihn in diesem überhaupt gar nicht. Ich habe den Klippspringer in Abessinien noch auf einer Meereshöhe von 14000 Fuß als Nachbar des Steinbockes kennen gelernt. Von anderen Antilopen=Formen mag nur der Fieqo sich bis in ähnliche Regionen verirren.

In der Frühe des 10. März hatte der Wind sich noch keineswegs besänftigt. Die Luft war trüb und derart mit Sand und Staub gesättigt, daß die Umrisse der Küstengebirge kaum unterschieden werden konnten.

Indeß trafen verschiedene weitere Passagiere, meist Egypter, welche aus Takah kamen, ein, gegen Abend die Karawane des deutschen Thierhändlers Schmutzer, der eine nicht unbeträcht= liche Menagerie mit sich führte, die ebenfalls noch eingeschifft werden sollte. Schmutzer reist und sammelt für das Hand= lungshaus Reiche in Alfeld. In seiner Gesellschaft befand sich ein junger Mann, Herr Bohndorff, welcher an der Gordon'schen Expedition auf dem Bahr el Abiad Theil genommen. Obgleich seine Gesundheit sehr gelitten hatte, versicherte derselbe, daß er sich hauptsächlich wegen Familien=Angelegenheiten habe entschließen müssen, nach Egypten und Europa zurückzukehren. Herr Bohn= dorff berichtet über die Gründung der verschiedenen Militär= stationen am Sobat, Ghazat, bei Djebel Radjef und am Lado= Berg. Die von Gordon geführten Truppen bestanden zum großen Theil aus Egyptern, deren Zahl binnen Jahresfrist auf die Hälfte herabgeschmolzen war. Auch die Europäer, welche an der Expedition Theil nahmen, litten besonders an klimatischen Einflüssen, so daß bereits fünf dem Fieber erlagen. In Zukunft soll die Mannschaft hauptsächlich aus den Besatzungen der zahlreichen Elfenbein= und Sclaven=Stationen gebildet wer= den, welche der Chediw käuflich an sich gebracht hat. Es war dies überhaupt das einzige richtige Mittel, der Wirthschaft und dem infamen Treiben der sogenannten Zeribeh (befestigte Nieder= lassungen einiger europäischer und einheimischer Sclavenjäger) ein Ende zu machen.

Zu den Passagieren der Hodeidah gesellte sich zuletzt noch der englische Oberst Cock, ein kühner Jäger, der alle Welttheile durchzogen und mit dem ich bereits im Jahre 1854 in Chartum zusammengetroffen war.

Derselbe kam von einem viermonatlichen Ausflug von Takah zurück. Er hatte hauptsächlich das Homran am Setit durchstreift und dort glänzende Beute an Jagdtrophäen gemacht.

Erst in später Abendstunde gelangte die Menagerie des Herrn Schmutzer in drei Fähren vom Festland herüber zum Dampf= boot. Alle kleineren Thiere und Vögel waren in Käfigen und Kasten untergebracht, deren Einschiffung keine Schwierigkeiten bereitete; die größeren Stücke jedoch, als drei Elephanten, fünf oder sechs Giraffen, mehrere große und eine Anzahl kleiner Antilopen, darunter ein Kudu und eine Pferd=Antilope, mußten mittelst starker und breiter Gürtel von Leder, welche den Thieren um den Leib geschlungen und durch Dampfkraft in die Höhe gewunden wurden, auf Deck gehoben und von da wieder

in derselben Weise in den Schiffsraum hinabgelassen werden,
wo eine Art von Stallung zu ihrer Beherbergung eingerichtet
worden war.

Bei stets anhaltender sturmartiger Nordbriese lichtete die
Hodeidah endlich am Morgen des 11. März in Sauakin die
Anker. Der von Dünsten und aufwirbelnden Sandmassen um-
florte Strand entschwand bald vollkommen dem Auge, aber
unser Dampfer machte deshalb nur klägliche Fortschritte, selten
über drei Meilen in der Stunde. Der Commandant lud die
Schuld des verzögerten Courses zum großen Theil auf den
englischen Maschinisten, dieser aber auf die Officiere. Auch war
der Rumpf des Fahrzeuges schon lange Zeit nicht gereinigt
worden, die Maschine überdies offenbar nicht im besten Zustande.

Zum Glück für uns Deck-Passagiere und die an Bord befindlichen Thiere hatten wir Wind und See nicht von der Seite,
so daß das Schiff wenigstens nicht allzu sehr rollte und auch verhältnißmäßig wenig Wasser über Bord kam.

Am Morgen des 13., nach einem kurzen Gewitter mit
Sprühregen aus Osten, beruhigte sich endlich die See etwas,
aber der Wind stand unverändert noch steif aus Nord; am kommenden Mittag sichteten wir Djebel Erba, mit Sonnenuntergang
Djebel Elbah an der afrikanischen Küste.

Während der darauf folgenden Nacht klärte sich der Himmel.
Zum letzten Mal erblickte ich gegen Tagesanbruch das Sternbild
des südlichen Kreuzes, das dem Horizont bereits sehr nahe stand.
Bald passirte unser Dampfer die Höhe von Zemerdjit,[1] am
Abend des 15. März die Insel Abu el Dezan mit Leuchtthurm
(Dädalusklippe einiger Karten), in der Nacht des 16. März die

---

[1] Das Vorgebirge gegenüber Berenice troglobytica (Lepte extrema
der Alten) heißt auf manchen Karten Ras el Anf auch Ras el Anseh.
Mir wurde dasselbe stets Ras Benas benannt.

Inseln Fanadir (The Brothers der Seekarten) und in der kommmenden Frühe waren wir auf der Höhe von Djefatin angelangt. Gleichzeitig tauchten in weiter Ferne einige Berginseln vor dem Golf von Aqabah und die steilen Klippen der Südspitze des peträischen Arabiens, Ras Mohameb, auf.

Auf See überraschten uns verschiedene Zugvögel, die sich für längere oder kürzere Zeit auf Tauen oder dem Gestäng, ja selbst in den Booten niederließen, um etwas zu ruhen. Ich beobachtete Wachteln, Wiedhöpfe, Lerchen, Steinschmätzer und einige Grasmücken-Arten. Merkwürdig schien mir dabei der Umstand, daß die kleinen Geschöpfe, selbst dort, wo die Küste in Sicht war, sich stets auf hoher See hielten und nicht längs des Gestades.

Unter beständigem Gegenwind lief die Hodeidah endlich in den Canal von Djubal bei der Insel Schebuan, und somit in den Golf von Sues ein.

Der Archipel von Djubal besteht aus fünf größeren Klippen, deren östlichste, Schebuan, eine Länge von ungefähr zehn Meilen hat. Sie besteht, wie ihre Nachbarn, aus lichtgefärbten Bänken von Madreporenkalk, welche bis gegen 800 Fuß Höhe erreichen, dazwischen erscheinen aber auch dunkelfarbige Gesteinsmassen, die, aus der Ferne gesehen, halbverwitterten Lavaströmen gleichen. Hinter Djubal, im Westen, ziemlich weit landeinwärts erheben sich die hohen und wunderbar geformten Felszacken von Djebel Abu Schar, weiter nördlich das Vorgebirge Zet oder Zetich mit seinen Steinölquellen.

Sieben Meilen ostwärts von Djabel Zet befinden sich mehrere flache Korallenbänke, deren eine den Leuchtthurm Ascrufi trägt.

Die See um die Inselgruppen von Schebuan soll sehr reich an Meeresthieren sein, daher diese Gegend viel von den Fischern der benachbarten Küsten besucht wird. Die Petroleum-Quellen des Djebel Zet scheinen nicht besonders ergiebig, eben so

12*

wenig die benachbarten Schwefelgruben. Südöstlich vom Fuß
des Oelberges (Djebel Zet), hart an der Küſte, erhebt ſich die
kleine Inſel Mohreman.

––––––

Das ganze Küſtengebiet zwiſchen dem Vorgebirge Zetieh,
Doſeïer und dem Golf von Berenice muß im Alterthum weniger
waſſerarm geweſen ſein als in der gegenwärtigen Periode. Ver-
ſchiedene Handelsſtationen, deren Reſte zum Theil noch vorhanden
ſind, zeugen von einem früheren blühenden Zuſtand.

Noch zur Zeit der römiſchen und der Kalifenherrſchaft wurden die Goldbergwerke, zum Theil auch noch die Steinbrüche
der nahen Gebirge, welche herrliches Material zu monumentalen
Bauten, vorzüglich ſchöne Porphyre und Breccien lieferten, aus-
gebeutet; mehrere Hafenplätze, namentlich Myos Hormos oder
der Hafen der Aphrodite und Leucos Limen gelangten zu beſon-
derem Anſehen. Zur Zeit des Kaiſer Auguſtus lagen in erſterem
120 für den Handel nach Indien beſtimmte Schiffe. Man verlegt Myos Hormos in die Gegend von Ras Abu Schar.

Die mir bekannten Ruinenplätze zwiſchen Djebel Zet und
Berenice troglobytica ſind folgende:

1) Ras Abu Schar [1] unter 27 Grad 22 Minuten nördl.
Breite, mit einem hakenförmigen, jetzt verſchlammten Hafen und
einer einige 90 Schritte im Gevierte meſſenden, 6 Fuß dicken
Umfaſſungsmauer, auf deren Ecken Thürme angebracht waren.
In der Mitte der Nordweſtſeite dieſes Forts befindet ſich ein
Thorweg. Das Innere des ganzen Raumes iſt durch zwei
Querſtraßen in regelmäßige Quartiere abgetheilt, in denen
man noch Grundmauern von Wohnungen und Magazinen wahr-
nimmt. Wahrſcheinlich befand ſich hier eine römiſche Nieder-

––––––

[1] Vergl. Rüppell, Reiſen in Nubien, Kordofan ꝛc., S. 211.

lassung. Im Inneren des Küstenlandes trifft man ein wasser=
reiches Thal.

2) Am Fuße der Djebel Nogarah, 5 Meilen südlich von
der Halbinsel Abu Somi (Abu Somer, Moresby und Richards),
springt das Vorgebirge Abu Munqar (Deesh t'Abu Mingarh,
Richards) gegen die Koralleninsel Djefatin oder Safadjeh, umgeben
von verschiedenen kleineren Eilanden und Klippen, vor; zwischen
letzteren und dem Festland befindet sich ein geräumiger und guter
Hafen, und sowohl am Ufer als auf der gegenüberliegenden
Insel weitläufige Grundmauern einer regelmäßig angelegten
Seestadt, nach Angabe der Eingeborenen venetianischen Ursprungs.
Möglicher Weise hatten die Venetianer hier wirklich eine Handels=
station, die ohne Zweifel auf der Stelle einer ptolemäischen
Niederlassung stand.

Nachdem Strabo der Stadt Myos Hormos einen geräumigen
Hafen zuschreibt und bemerkt, daß gegenüber drei Inseln liegen,
deren zwei von Olivenbäumen (wohl Avicennien) beschattet seien,
so dürfte wohl eher hier das Emplacement von Myos Hormos
zu suchen sein, als bei Ras Abu Schar. Von Koptos, dem
heutigen Quft, am Nil, zwischen Theben und Qeneh, führte
einst eine von Ptolemäus Euergetes mit festen Wasserplätzen
versehene Straße nach Myos Hormos.

3) Bei Ras Djasus, im gleichnamigen Thal, unter 26 Grad
32 Min. n. Br. sieht man noch Reste einer uralten egyptischen Stadt,
mit Inschriften aus der Zeit des Königs Amenemha II., ebenso
einige Stunden nordwestlich davon zwischen den Bergen in einer
wasserreichen Wadi. Letzterer Platz heißt bei den Arabern Om
Hoëtat (d. i. die Mutter, der Platz, das Gemäuer).[1] Wir haben
hier möglicher Weise den Hafenplatz vor uns, wo einst die Egypter
das im peträischen Arabien gewonnene und für Theben bestimmte

---

[1] Henglin, Petermann's Geogr. Mitth 1860, S. 331.

Kupfer an das Land setzten, also einen Verbindungspunkt der Colonien um den Djebel Nahas und Serabit el Chadem mit dem Mutterland.

4) Stark 4 Meilen nordwärts von der Hafenstadt Qoseïr unter 27 Grad 11 Minuten nördl. Br. springt eine kleine, enge, sackförmige Bucht nach Südwesten ein. Hier fand ich verschiedene Grundmauern eines alten Seeplatzes, der bei den Eingeborenen Alt=Qoseïr (Qoseïr el qedim) heißt.[1] Der Hafen ist übrigens jetzt durch Korallenriffe für Fahrzeuge von einigem Umfang vollkommen unzugänglich gemacht, derselbe kann auch, da er gegen Nordwesten offen ist, wohl niemals von Bedeutung gewesen sein.

5) Nach Neu=Qoseïr, der kleinen Hafenstadt, welche den Handel zwischen Oberegypten und dem Hedjaz vermittelt, verlegt man gewöhnlich das alte Leucos Limen, nach Alt=Qoseïr Ammum oder Philotera.

6) Aehnliche Ueberreste von Mauern aus Madreporenkalk wie bei Alt=Qoseïr fand ich im kleinen Hafen Mirsah Schunah, unter 25 Grad 33 Minuten n. Br.

7) Ebenso etwas nordwärts von Ras Dereh, an der Mündung des Wadi Nekere unter 24 Grad 54 Minuten n. Br. — Vielleicht das alte Nechesia. — Acht Meilen weiter südwärts mündet das wasserreiche Thal Ghadireh.

8) Auch bei Scherm Abu Ghusun und bei Mirsah Wadi el Hemeh unter 24 Grad 20 Minuten n. Br. und 24 Grad 12 Minuten n. Br. will man Spuren von Gräbern und Mauerwerk gefunden haben.

9) Von Berenice troglodytica endlich, gegenüber von Lepto extrema, im alten Sinus immundus (jetzt Om el Ketef), unter 23 Grad 56 Minuten n. Br. gelegen, stehen noch die wohl= erhaltenen Ueberreste eines kleinen Isis=Tempels, der mit Schutt=

---

[1] Heuglin, Petermann's Geogr. Mitth. 1860, S. 331.

haufen und Ruinen von Grundmauern der Handelsmagazine umgeben ist.[1] Im Golf von Sues, der einst nordwärts bis zu dem Krokodil-See (Birket Temsah) reichte, in dessen Nähe die Ruinen der noch zu Strabo's Zeit blühenden Hafenstadt Heroopolis liegen, fanden sich die Seeplätze Arsinoë (Cleopatris) und Clysma (später Qolzum)[2], beide nördlich, aber nahe beim jetzigen Sues, wahrscheinlich auch Philotera, hierauf ein zweiter Seeplatz Arsinoë, letzterer vielleicht im Hafen von Zetieh oder in Ghubet Djimscheh zu suchen.

Strabo erwähnt ferner noch der Sprudel bitterer und salziger warmer Wasser, welche von einem hohen Felsen herab sich ins Meer stürzten und in deren Nähe ein Menning-Berg gelegen war. Wir dürfen erstere entweder auf die salzigen Quellen von Ghubet el Bus (etwa unter 29 Grad 40 Minuten n. Br.), mit mehr Wahrscheinlichkeit jedoch auf die thermalischen Quellen von Birket Faraun an der gegenüberliegenden Küste der sinaitischen Halbinsel (29 Grad 10 Minuten n. Br.) beziehen. Menninggruben hat freilich weder das peträische Arabien noch die gegenüberliegende afrikanische Küste aufzuweisen; aber auf der sinaitischen Halbinsel waren verschiedene Antimon- und Kupfer-bergwerke in Betrieb. Südlich von Qoseïr erhebt sich ein Gebirge, heut zu Tage Djebel Rosas (d. i. der Blei-Berg) genannt. Dort sollen auch in neuerer Zeit Versuche auf Bleigewinnung unternommen worden sein.

Die Spuren des längst versandeten nördlichsten Armes des Golfs von Sues, bis zu den Birket Temsah, lassen sich jetzt noch deutlich erkennen; von der heutigen Hafenstadt und etwas

---

[1] Vergl. Heuglin, Petermann's Geogr. Mitth. 1860, S. 333.
[2] Daher die arabische Benennung Baher Qolzum für das Rothe Meer, welches übrigens auch Baher Hedjaz und Baher el ahmar heißt.

östlich davon führt eine meist 3 bis 5 Meilen breite, sumpfige Thaleinsenkung mit zahllosen Muschel- und Korallenresten, einge-säumt von Dünenhügeln und Kalkbänken, bis zum Becken des genannten Sees, mit dem nun auch zum größten Theil ver-sandeten Bett des von Amru gegrabenen Canals, Turat el Emir der Araber, welcher das Rothe Meer mit dem Nil verband.

Unter stets wachsendem Gegenwind passirte unser Dampfer bei herrlichster Abendbeleuchtung das Hafenstädtchen Tor und die schroffen Felszacken des Serbal-Gebirges; einige Stunden später den Leuchtthurm von Gharib, in der Frühe des 17. März den von Zafaraneh, beide am afrikanischen Festlande gelegen. Dann folgt, gleichfalls in West, der merkwürdig gestaltete Gebirgszug Abu Deredjeh (d. i. der Staffelberg), so genannt nach den staffel-artig über einander liegenden, sehr mächtigen Felsbänken, welche denselben zusammensetzen.

Ich glaube, wir hatten es nur einer zwischen dem Ma-schinisten und einem Passagier eingegangenen Wette zu ver-danken, daß die Hodeidah noch etwas vor Sonnenuntergang auf der Rhede von Sues Anker werfen konnte, von wo aus uns ein Boot nach der benachbarten Schiffswerfte brachte. Diese steht durch Auffüllung des Bodens mit dem eigentlichen Festlande und der Stadt in Verbindung, ebenso durch eines Schienen-weges mit dem Bahnhof.

Es dunkelte bereits, als wir Sues selbst erreichten. Nicht zu unserem Unglück war das große englische Hotel daselbst so sehr von Reisenden überfüllt, daß wir uns genöthigt sahen, anderwärts Unterkommen zu suchen. Der liebenswürdige Reichs-consul, Herr Majer, hatte die Freundlichkeit uns nach dem Hotel d'Orient zu führen, welches zwar etwas entfernt vom Mittel-punkte des Städtchens gelegen ist, wo wir aber trotzdem in jeder

Beziehung trefflich aufgehoben waren. Tisch und Bedienung ließen nichts zu wünschen übrig. Vor dem Wohnhaus befindet sich eine sehr sauber gehaltene Veranda mit Springbrunnen und reizendem Gärtchen.

Unser Gepäck langte in derselben Nacht noch unter Füh= rung des Kochs Abd=Allah im inneren Hafen an, wurde jedoch dort von der Zollbehörde bis zum nächsten Morgen zurück= gehalten, wo der Gouverneur auf die Fürsprache des Consuls hin sofort Alles, mit Umgehung der üblichen Untersuchung des In= haltes der zahlreichen Kisten Seitens der Douane, einführen ließ.

Mein Begleiter versandte von Sues aus einen beträchtlichen Theil seines Reisegepäckes, sowie seine hübsche Sammlung von Jagdtrophäen.

Sues ist jetzt nicht mehr ein Ort der Wüste, sondern durch den Süßwassercanal, der hinreichend Wasser liefert, um kleine Gärten und andere Grundstücke mit Leichtigkeit befruchten zu können, in eine Art von Oase verwandelt. Täglich bringt man frischen grünen Klee und frisches Gras zu Markt; um die Wohnungen erheben sich bereits Parkinsonien, Akazien, Rabah= Bäume, Feigen und Bananen.

Aber auch eine neue Thierwelt hat sich hierher verpflanzt.

Eine Unzahl von kleinen körnerfressenden Finken und anderen Prachtvögeln aus Indien, Mauritius und Madagascar wird all= jährlich durch den Canal über den Isthmus nach Europa und Amerika befördert. Bei der Verladung in Sues ereignet es sich öfter, daß einzelne der Gefangenen entkommen und sich in den Gärten der Stadt ansiedeln. Diese Colonie soll sehr in Zunahme begriffen sein und viele der kleinen fremden Gäste mögen schon ihr Fortpflanzungsgeschäft hier betreiben. Möglich, daß sich mit der Zeit auf der einzigen Straße, die nach dem Nilthal führt, nämlich längs des Canals, manche dieser Vögel über ganz Egypten und weiter nach Süden ausbreiten werden.

Die Bedeutung von Sues als Handelsplatz soll durch die Anlage des Canals nicht gewonnen haben, da die Stadt vor dessen Bestehen Stapelplatz des Ueberlandhandels und der indischen Post war, welche nun ihren Weg größtentheils unmittelbar durch den Isthmus nehmen. Ebenso kommt die stets sich steigernde Frequenz des Canals und der Schifffahrt auf dem Rothen Meere dem Platze nicht zu gut, da Schiffe, welche nach dem Mittelmeer auslaufen, oder umgekehrt diejenigen, welche von dort kommen, in Sues nicht vor Anker gehen.

Während des Baues der beiden Canäle und der Schiffswerften herrschte hier natürlich ein ganz besonders reges Leben. Tausende von Ingenieuren und Arbeitern strömten zu, was viele Speculanten zu Bau- und Handelsunternehmungen veranlaßte; sie mögen wohl Anfangs ihre Rechnung gefunden haben, aber mit Vollendung der Arbeiten der Compagnie und der egyptischen Regierung mußte begreiflicher Weise eine Abnahme der Frequenz stattfinden, welche sich heute noch fühlbar macht.

Am Morgen des 20. März ging es in Gesellschaft des Colonel Cook nach der Eisenbahn, die uns ziemlich rasch nach Cairo beförderte, wo wir wiederum im Hotel Zech Quartier nahmen.

Unser Aufenthalt in Cairo sollte nur von ganz kurzer Dauer sein.

Wir besuchten einige wenige Sehenswürdigkeiten der Hauptstadt, sowie das egyptische Museum in Bulaq und die koptischen Kirchen von Alt-Cairo. Zu einer Tour nach den Pyramiden von Djizeh und den Monumenten von Saqara konnte ich nicht Zeit finden, so sehr mich die während der letzten zehn Jahre dort vorgenommenen Ausgrabungen interessirt hätten.

Meine freien Abende verbrachte ich in Gesellschaft unserer Landsleute Brugsch-Bei, Nachtigal und Schweinfurth. Letzterer

war erst vor Kurzem durch den Chediv von Europa berufen
worden, mit dem ehrenvollen Auftrag, eine egyptische geogra=
phische Gesellschaft zu gründen.

Der zu diesem Zweck von Dr. Schweinfurth dem Vicekönig
vorgelegte Plan wurde in seinem ganzen Umfange genehmigt
und gleichzeitig eine namhafte Summe als Jahresbeitrag seitens
Seiner Hoheit ausgesetzt. Das neue Institut dürfte bei dem
hohen Interesse, welches der Souverain demselben zuwendet, und
namentlich auch durch die vielseitigen Forschungen, welche auf
Befehl desselben im ganzen egyptischen Reiche, vorzüglich aber
in den neuerworbenen Provinzen am oberen Weißen Nil und in
Darfor unternommen werden, in Kurzem schon eine ganz beson=
dere Bedeutung für die Förderung der Erdkunde erlangen.

Die Gesellschaft führt den Titel „Société Khédiviale de
Géographie". Sie wurde am 2. Juni 1875 von dem neuen
Präsidenten feierlich eröffnet und damit auch der Grund zu
einer Bibliothek gelegt. Bald werden sich die weiten Räume
der letzteren auch mit ethnographischen Sammlungen füllen.
Gleichzeitig soll endlich eine Anzahl physikalischer und astrono=
mischer Instrumente angeschafft werden behufs der Ausrüstung
von wissenschaftlichen Reisenden. Wir wünschen nur, daß bei
den günstigen Auspicien, deren sich die Gesellschaft zu er=
freuen hat, welche ohne Zweifel zu einem Centralpunkt speciell
der afrikanischen Wissenschaften aufblühen wird, auch ein Institut
für egyptische Zoologie, Botanik und Mineralogie erstehen möchte,
verbunden mit einem zoologischen und botanischen Garten. Auch
die astronomischen und meteorologischen Stationen des egyptischen
Reiches dürften mit der Geographischen Gesellschaft verschmol=
zen werden, die schon kurz nach ihrem Entstehen 500 Mitglieder
zählte. Wohl selten hat ein ähnliches Unternehmen unter glän=
zenderen Aussichten auf Erfolg der Zukunft entgegensehen können.

Ebenfalls zu Ende des Monat März trafen Ihre Hoheiten

die Erbgroßherzöge von Mecklenburg und Oldenburg von einer Excursion nach Oberegypten und Nord-Nubien in Cairo ein. Der Archäologe Brugsch-Bel war den Herrschaften vom Chediw als Begleiter und Führer beigegeben worden. Letzterer verfolgte zugleich die Absicht, sein Fach berührende wissenschaftliche Untersuchungen vorzunehmen.

Die Route, welche die Gesellschaft einschlug, folgte nicht immer dem Nilstrom, denn auch der Oasis (arabisch Wah) el Chardjeh sollte ein Besuch abgestattet werden. Die Karawane, welche aus 50 Personen und 48 Kameelen bestand, verließ den Fluß beim Städtchen Zohadj (wohl Sauaqi der Lepsius'schen Karte), 10 Meilen nördlich von Djirdjeh; sie erreichte die Oase nach fünftägigem Wüstenritt.

Brugsch-Bel widmete seine Aufmerksamkeit hier hauptsächlich den alterthümlichen Resten in der Nähe der Niederlassung Chardjeh selbst. Die Reisenden besuchten den Tempel von Nadurah, welcher aus der Zeit des Antonius stammt, sodann den von Hibeh, von dem ersten und zweiten Darius gegründet und vollendet von Nectanebus II. Die Inschriften besagen, daß derselbe dem orakelspendenden Amon von Hibeh, einem Ableger des gleichnamigen thebanischen Gottes, zu Ehren errichtet worden sei. Man fand dort auf der Rückseite des Tempels ein großes Bild des Darius I., der mit der libyschen Krone auf dem Haupte dargestellt ist. In der Nähe befinden sich drei andere Tempelreste ohne Inschriften; im Osten aber ein großer Pylon, dessen Nordflügel eingestürzt ist; der westliche Theil enthält einen langen griechischen Text mit Decreten aus der Zeit Galba's zu Gunsten der Oasenbewohner.

Nördlich von Hibeh, am Fuße der Djebel Ter liegen die Ruinen einer ungeheuern Nekropole in Form von wohlerhaltenen Capellen, deren innere Räume mit brunnenartigen Schachten versehen sind, welche eine Menge getrockneter Leichen von christlichen Märtyrern und Kirchenvätern enthalten. Griechifche, koptifche und äthiopifche Infchriften nennen ihre Namen. In der Nähe befinden fich römifche Befeftigungen nebft den Ueber= reften einer fehr ausgedehnten Stadt aus Erdziegeln, mit Thür= men und eigenthümlich conftruirten Bogen. Das größte Fort, dasjenige von Der Ghanaïm, ift um= geben von einer Riefenmauer, mit Umgang und Schießfcharten auf der Brüftung.

Die Bevölkerung von Wah el Charbjeh beläuft fich etwa auf 6000 Köpfe, welche in 6 Ortfchaften vertheilt find. Die Ein= wohner gehören nach Brugfch ficherlich dem libyfchen Stamme an; fie zeichnen fich durch auffallend runde Gefichtsbildung, große Augen und meift feines, glattes, fchwarzes Haar, fowie durch ihr fchüchternes Wefen aus.

Wah el Charbjeh befteht in einer 80 Meilen langen, dem Nil etwa parallel laufenden Niederung, welche im Weften mit einer zweiten, dem Wah el Dachleh zufammenhängt.[1]

Der Reichthum der Oafen befteht hauptfächlich in Dattel= palmen, welche einen beträchtlichen Ertrag liefern. Charbjeh befitzt 65 000 Palmbäume und etwa 200 Brunnen, welche auf 200 bis 300 Fuß Tiefe thermalifches Waffer in genügender Menge liefern. Man züchtet Efel und Pferde, namentlich aber auch einen ausgezeichneten Schlag von Rindvieh; außerdem gedeihen Wein, Orangen, Weizen, Gerfte, etwas Dochen und Büfchelmais.

Bei Wadi Halfah wurden Tempelrefte aus der Zeit Thot=

---

[1] Im Winter 1873/1874 wurden die egyptifchen Oafen weftlich vom Nil auf Befehl des Chediw von den deutfchen Gelehrten Afcherfon, Jordan, Schweinfurth und Zittel unter Führung von G. Rohlfs wiffenfchaftlich unterfucht. Eine nach den aftronomifchen Aufnahmen von W. Jordan con= ftruirte Karte veröffentlichte Profeffor Petermann in den Geogr. Mitthei= lungen, Jahrgang 1875, Bd. II. — Zu bedauern ift nur, daß bei diefer werthvollen geographifchen Arbeit nicht auch auf die Orthographie der Eigen= namen gehörige Rückficht genommen wurde.

mes III., in Abu Simbil ein neues, kleines Speos gefunden
mit interessanten Texten von Ramejes II., bei Korosko endlich,
im Wadi Dirqaui, ein Felsblock mit einer Inschrift vom 29. Re=
gierungsjahre des Königs Amenemha I. zum Andenken an die
Eroberung Nubiens (Wawa).

Ferner entdeckte der unermüdliche Forscher in Edfu eine
neue Bau=Urkunde mit allen Maß=Angaben des großen Tempels,
in Theben wichtige Texte aus der Zeit der zwölften Dynastie.

Brugsch hat endlich nachzuweisen Gelegenheit gehabt, daß
bei Theben durch Eingeborene wiederum ein Königsgrab aufge=
deckt und geplündert wurde. Dasselbe muß ebenfalls einem
Fürsten der zwölften Dynastie angehören. Unser Forscher erwarb
Thonfiguren von 10 Königen, welche jenem Grabe entnommen
sein mußten. Zwei der dargestellten Fürsten sind schon früher
bekannt gewesen, nämlich Pi=notem und Ra=men=cheper, dieselben
Priesterkönige, welche den Chonsu=Tempel zu Karnak erbaut haben.
Eine Papyrusrolle aus jenem Königsgrabe gelangte in den Besitz
des Chediw, sie lautet auf den Namen der Königin Ahnmutter
Hathor=tiau=hont=taui.

Nicht weniger vom Glück begünstigt war Brugsch=Bek wäh=
rend seiner im April in Begleitung des Erbgroßherzogs von
Mecklenburg ausgeführten Excursion nach dem Sinai, indem ihm
in der dortigen Klosterbibliothek das Manuscript eines Geo=
graphen aus den ersten Jahrhunderten unserer Zeitrechnung in
die Hände fiel.

Am 23. März wohnten wir der Feier des Geburtsfestes
des Kaisers von Deutschland in der neuen protestantischen Kirche
von Cairo bei; Tags darauf hatten wir Audienz beim Chediw,
der die Gnade hatte, uns später noch zu einem wahrhaft fürst=
lichen Frühstück einzuladen, an welchem die anwesenden deutschen
Herrschaften, sowie unsere Landsleute Brugsch, Nachtigal und
Schweinfurth Theil nahmen.

Ein Expreßzug erwartete nach Tisch den Erbgroßherzog von
Oldenburg, um denselben in der Nacht noch nach Alexandrien zu
befördern; auch Herr Vieweg und ich durften uns anschließen.
Unter gewitterartigen Regengüssen und bei einem Sturm, der
ganze Reihen von Telegraphenstangen zur Erde warf, erreichten
wir die Hafenstadt. Hier trennten sich unsere Wege. Mein
Begleiter schiffte sich auf einem englischen Dampfer nach Brindisi ein, während ich auf dem österreichischen Lloyd-Schiff Ceres
über Korfu nach Triest reiste.

Am 29. März Vormittags lichtete letzteres die Anker.
Den Tag zuvor hatten noch heftige Stürme mit Hagel an der
egyptischen Nordküste gewüthet, aber Wind und See beruhigten
sich bald. In und um den Hafen zeigte das Meer eine auffallend grüngelbliche, ins Graue spielende Färbung, welche sich
scharf von dem tief türkisblauen Ton der tieferen Stellen abzeichnete.

Die Ceres ist kein Schiff von großer Dampfkraft, aber
bequem eingerichtet.

In der Nacht des 30. März passirten wir Candia, in der
kommenden Frühe Cerigo, unter heftigen Regengüssen.

Mehrere Zugvögel rasteten auf kurze Zeit an Bord und
setzten dann ihren Weg, rascher als der Dampfer dies zu thun
vermochte, wieder nach Norden fort. Bei herrlicher Witterung
erreichten wir am Mittag des 1. April Korfu, wo frische Gemüse,
Eier, Fleisch und herrliche Orangen eingenommen wurden.

Zwei Tage später ging die Ceres, nach einer Fahrt von
133 Stunden, im Hafen von Triest vor Anker, von wo aus
ich meinen Weg über Wien und München nach der Heimath
fortsetzte.

Bemerkungen für Jäger und Jagdliebhaber,
welche das Barkah-Gebiet zu bereisen beabsichtigen.

Ein Theil des Barkah-Gebiets und des oberen Atbarah südwärts bis zum Quellenland des Dender wird seit mehr als einem Jahrzehnt häufig von Europäern besucht, welche die Absicht haben, dort der Jagd obzuliegen oder lebende Thiere für unsere zoologischen Gärten einzusammeln.

Der Wildstand jener Gegenden ist eben so mannigfaltig als großartig, und bietet dem Jäger reichen Lohn für Mühe und Anstrengung; nicht weniger wird der Naturfreund von den abwechselnden landschaftlichen Eindrücken von Wüste, tropischer Waldregion und Steppe überrascht und angezogen werden. Ueberdies sind diese Districte im Allgemeinen, und namentlich zu gewissen Jahreszeiten nicht so ungesund als die Niederungen und Sumpfregionen des Binnenlandes und bieten noch den Vortheil, daß sie leicht und schnell, und ohne außerordentlichen Kostenaufwand erreicht werden können. Der rüstige Reisende findet zugleich fast überall Eingeborene, welche, zum großen Theil selbst vorzügliche Jäger, den Aufenthalt und Stand aller jagdbaren Thiere ihrer Heimath genau kennen.

Im nördlichen Ost-Afrika können wir verschiedene Vegetations- und Thier-Zonen unterscheiden, nämlich den Küstenstrich, dann die Region des heißen, trockenen, meist sandigen Tieflandes oder die Wüste, die Region der Ebenen, welche von regelmäßigen Sommerregen überfluthet werden, oder die Steppe, ferner das Vorland der Gebirge und endlich die höheren Gebirgs= gegenden.

Wüste und Steppe sind hier nicht so streng von einander ge= schieden, als das Culturland des Nilthals von den dasselbe allseitig einschließenden Sandflächen und sterilen Felsgebirgen. Selbst die glühenden salzigen Küsten des Rothen Meeres südlich von Sauakin tragen kaum mehr das eigentliche Gepräge der Wüste. Wie wir bereits gesehen haben, genießen diese Küstenstriche Winterregen, welche dem Boden so viel Feuchtigkeit verleihen, daß eine bescheidene Kraut= und Strauchvegetation ihr Dasein zu fristen vermag.

Der Strand und die benachbarten Inseln und Klippen be= stehen aus flachen Korallenbänken, auf welchen fast ausschließlich nur verschiedene Soda=Pflanzen, namentlich saftige, immergrüne Dickblätter gedeihen, die zumeist gruppenweise vereinigt sind.

Einen höchst fremdartigen und nicht selten pittoresken Anblick gewähren besonders die tief eingeschnittenen Buchten, deren Ufer mit Buschwald und Bäumen von Avicennia und Rhizophora hin und wieder dicht bestanden sind. Sie bilden die Zufluchts= und Brütestätten von ganzen Colonien von Aasgeiern, Milanen, Löfflern, Störchen, verschiedenen Reiher=Arten und Pelikanen, während auf den kahleren Klippen Schwärme von Tölpeln, Möven, Seeschwalben, Regenpfeifern, einzelne Fischadler, der graue Falke (Falco concolor) und der Tropikvogel ihre Nist= plätze aufschlagen.

Das Meer selbst birgt einen ungemeinen Reichthum an meist sehr bunt gefärbten Fischen aller Formen und Größen, die Korallenriffe und Untiefen sind von eben so mannigfaltigen als zahlreichen Formen von niederen Thieren belebt.

Zur Winterszeit ist der Strand und das Innere der Buchten überdies von zahllosen Flügen von mehr nordischen Wander=

vögeln besucht, unter denen Kraniche, Flamingos, Brachvögel, Austerfischer, Steinwälzer, Regenpfeifer und Strandläufer die hervorragendste Rolle spielen, während Enten und Gänse fast gänzlich fehlen.

Von Säugethieren finden sich hier im Ufergebiet selbst nur wenige Arten; die gestreifte Hyäne begeht nächtlicher Weile die Fluthmarke, um ausgeworfene Seethiere aufzusuchen; in den Avicennien streift ein hungriger Schakal; im Sand und Trümmergestein hausen einige kleinere Nager (Wüstenratten und Eichhörnchen) und vereinzelte zwergartige Hasen. Auf der Insel Dahlak, sowie am Festland bis hart zum Seegestade hin treiben sich Rudel von Arab-Antilopen herum, namentlich auf solchen Stellen, wo bereits verkrüppelte Akazien den Thieren einige Deckung gewähren. Von See-Säugethieren sind namhaft zu machen der Dugong, der meist in den Schermfluren und in den Algen und Seegräsern zu Hause ist, einige Delphin-Arten und ein großköpfiger Wal (Balaenoptera). Auch der Pot-Wal mag sich zuweilen in diese Gewässer verirren

Die Wüstenzone (arabisch Sahel) wird hier vom Vorland bis zum Fuß der Küstengebirge vertreten. Dieser Gürtel erreicht durchschnittlich eine Breite von 5 bis 15 Meilen, mit wenig Steigung nach dem Binnenlande zu. Der Boden besteht aus Sand, hier und da gemischt mit Humusschichten, welche die Regenströme aus den Bergen herabführen; an einzelnen Stellen finden sich aber auch Geröllmassen und isolirte Granitfelsen.

Während der heißen Jahreszeit gewährt diese, durch Torrenten (arabisch Chor, Plur. Cheran) vielfach durchfurchte Fläche einen traurig öden Anblick. Die Krautvegetation ist vollkommen verschwunden, die ohnehin lichten Gruppen von Schirm-Akazien stehen blattlos und wie abgestorben und bieten kaum den nothdürftigsten Schatten. Nur um die Regenstrombetten tritt der Baumschlag etwas reichlicher auf. Hier wuchern neben verschie-

denen Akazien-Arten namentlich auch der großblätterige, milchreiche
Uscher (Calotropis procera), einzelne Tamarisken, Seifenbäume
(Belanites), Dattelpflaumen (Rhamnus), der immergrüne Tun-
dub und der March-Strauch.

Die Winterregen dagegen, wenn dieselben auch noch so spärlich eintreten, verleihen dem Sahel sofort ein lieblicheres Ge-
wand. Frisch grünen und blühen dann alle Gesträuche und dem
scheinbar vollkommen sterilen Sandboden entsprossen Gräser und
andere Blattpflanzen in reichlicher Menge. Da um die Winterzeit im Binnenland schon große Trockenheit herrscht, ziehen dann
ungeheure Rudel von Antilopen, sowie ansehnliche Truppen
von Straußen nach der Meeresküste herab und um die Torrenten
sammeln sich neben Schaaren von munteren kleinen Vögeln
Flüge von Wüstenhühnern, Frankolinen, Perlhühnern und Wildtauben, an grasreicheren Stellen Familien von stattlichen Arabs-
Trappen. Um die Zeltlager der Nomaden schwärmen Ohrengeier,
Aasgeier, Milane, Wüstenraben, und zuweilen der Raubadler.

Unter den Antilopen des Sahel ist der Ariel oder Arab
die bei Weitem häufigste, man begegnet nicht selten geschlossenen
Gesellschaften von mehreren Hundert Stücken dieser Art; auch
die Dorcas- und glattfüßige Gazelle erscheint an geeigneten
Stellen noch rudelweise, vereinzelt kommt auch die stattliche Spieß-
Antilope (Antilope Beisa) vor.

Die Steppenregion umfaßt die mehr ebenen Flächen des
Binnenlandes zwischen 800 und 2000 Fuß Meereshöhe. Ihr
Boden besteht wiederum zumeist aus Sand und angeschwemmter
Dammerde. Das Vorherrschen der letzteren bedingt natürlich
einen reichlichen Pflanzenwuchs, den wir somit hauptsächlich in
den Depressionen, den eigentlichen Thälern und Torrenten, sowie
am Fuß der Gebirge zu suchen haben. Nach Süden zu, wo die
Sommerregenzeit früher eintritt, später aufhört, und wo überdies
die Regengüsse meist anhaltender und kräftiger sind, steigert sich

13*

der Pflanzenwuchs auffallend, so daß dort die Savanne nach und nach in die Waldregion übergeht, in dem Verhältniß, als der Boden mehr uneben und mehr zerrissen wird.

Baumlosigkeit gehört überhaupt nicht zum eigentlichen Cha= rakter der afrikanischen Steppe, im Gegentheil finden sich über= wiegend Strauch= und Baumformen, obwohl in derselben auch weite kahle Flächen erscheinen. Ihr besonders eigenthümlich ist eine große Artenzahl von Akazienformen, welche mehr in den Ebenen vorherrschen, während die Thäler reichlicher mit Calotro= pis, Tamarisken, Salvadora, Rhamnus, Balanites u. s. w. be= standen sind. An gewissen Oertlichkeiten gelangt namentlich die Dompalme (Hyphaene thebaica) zu besonderer Entfaltung, indem sie stellenweise unabsehbare Niederungen theils als Baum, theils als undurchdringliches Buschwerk waldartig erfüllt.

Die Torrenten des südlichen Savannengebietes und ihre Umgebung zeichnen sich durch höheren, massigeren Baumschlag aus. Hier treten neben den oben genannten Baumformen ver= schiedene wilde Feigen, Combreten, Sterculien, Caillea, Tamar= hinden, ja selbst schon Adansonien, Kigelien, Weihrauchbäume und Bambusdickichte auf.

Mit Beginn der Sommerregen (im Süden schon im Mai, weiter nordwärts im Juni und Juli, bei Suakin erst im Sep= tember) tritt plötzlich eine Wandlung des Steppenbodens ein. Zahlreiche sparrige und rohrartige Gramineen schießen auf und bedecken ihn als dichter Teppich; in wenigen Wochen erreichen diese Gräser aber schon eine Höhe von 6 bis 10 Fuß und bilden ein förmliches Grasmeer, das wellenartig vom Winde bewegt wird.

Nach Verlauf von 2 bis 3 Monaten reifen die Samen dieser Steppengräser und gleichzeitig sterben die holzig verhärte= ten Halme ab. Myriaden von körnerfressenden Vögeln sammeln sich dann in der Savanne, ebenso zahlreiche Fleisch= und Insecten= fresser, welche den in den Gramineen sich aufhaltenden Mäusen,

Schlangen, Schildkröten, Heuschrecken, Käfern, Fliegen und Ameisen nachstellen. Besonders bei Steppenbränden stürzen sich Milane, Heuschreckenbussarde (Poliornis rufipennis), Thurmfalken, Bienen= wölfe, Drongos, Raben, Hühner, Trappen, Sichler, Störche, Reiher, Brachschwalben, Meerschwalben wie toll in Rauch und Flammen, um ihre Beute zu erhaschen.

Die Nomaden brennen das Steppengras gewöhnlich ab, weil sie behaupten, die jungen, zur Fütterung von Kameelen und Rindvieh tauglichen Schosse treiben rascher nach. Was das das Feuer aber nicht zerstört, wird von den Heerden und den meist rudelweise lebenden Steppenthieren nieder getreten.

Von letzteren, d. h. von solchen Wildarten, welche fast aus= schließlich die Savanne bewohnen, nenne ich hauptsächlich die Giraffe (Zerifeh), verschiedene Antilopen (Antilope ensicornis, A. Dama, A. Soemmeringii, A. dorcas, A. laevipes, A. Addax), Wildesel, Hasen, Strauße, Secretäre, Trappen und einige Franko= line, Wüstenhühner und Kiebitze.

Noch mannigfaltiger gestaltet sich jedoch die Thierwelt im Buschwald um das Bett des Atbarah, des Oasch, des Dender und ihrer Zuflüsse.

Im Buschwald der Niederungen gehört der Löwe und der Leopard gar nicht zu den Seltenheiten. Um die Niederlassungen haust allgemein die gefleckte Hyäne, sowie verschiedene Fuchs= und Schakal=Arten.

Rücken wir noch etwas weiter nach Süden oder nach dem Fuß der Gebirge vor, nach den weniger bewohnten Gegenden, wo die Steppe sich der Waldregion anschließt und permanente Bäche sich in die Ebenen verlieren, so befinden wir uns im Eldo= rado des kühnen Jägers. Allerdings hängt der Reichthum des Wildstandes zum großen Theil von der Jahreszeit ab. Viele Thiere führen eine Art von Wanderleben, andere streifen wenig= stens in weitläufigen Revieren umher.

Während der Regenperiode, wo es den Pflanzenfressern
nirgends an Wasser und frischem Futter fehlt, halten sich dieselben zerstreuter und weniger an feste Standorte gebunden; andere
ziehen sich dagegen wegen allzu großer Bodenfeuchtigkeit und um den
lästigen Schmarotzerinsecten zu entgehen, mehr ins Gebirge zurück.

Beginnt das Wasser aber mit Eintritt der trockenen Jahreszeit seltener zu werden, so sammelt sich Wild aller Art um see-
artige Lachen, Brunnengruben, Quellen und um die Tümpel der
nach und nach vertrocknenden Betten der Torrenten, ebenso in
den endlosen, halbwilden Feldern von Büschelmais und Negerhirse der Niederungen.

Der Atbarah, welcher niemals gänzlich austrocknet, beherbergt
Nilpferde und Krokodile.

In den mit Schlingpflanzen überdachten Uferdickichten hat
sich das Nashorn häuslich niedergelassen.

Rudel von Elephanten durchschweifen namentlich die Gegenden, wo viele Hedjlidj- und Nabaq-Bäume stehen, ebenso wo
Durah und Negerhirse gebaut wird. Auch wilde Büffel und
Warzenschweine leben gerne gesellschaftlich und nicht allzu fern
von Lachen, wo sie sich tränken und suhlen können; namentlich
erstere habe ich häufig im Bambusgebüsch des Vorlandes, aber
auch im Hochschilf der Fluß-Inseln angetroffen.

Solche Oertlichkeiten lieben ferner auch viele sehr stattliche
Antilopenarten, wie der Kudu, die Kuh-Antilope, die Pferd-
Antilope, der Wasserbock (Antilope Defassa) und der Buschbock
(Antilope Decula), die fast ohne Ausnahme in Familien oder
heerdenweise beisammenleben, einzelner der Fieqo (Antilope
montana), die Midaqua (Antilope Madoqua) und die Windspiel-
Antilope (Antilope Hemprichiana).

Aber auch an niederer Jagd ist allenthalben Ueberfluß, vorzüglich an Perl- und Frankolinhühnern, verschiedenen Trappen-
arten und Wildtauben.

Die meisten der zuletzt angeführten Thierformen sind übri=
gens ebenfalls nicht ausschließlich an das Flachland und die Vor=
berge gebunden. Wir haben den Leopard, die gefleckte Hyäne, den
Elephanten, das Rhinoceros und das Warzenschwein, sowie den
Kudu, die Midaqua, den Fieqo u. a. noch auf einer Meereshöhe
von 7000 bis 9000 Fuß angetroffen. Besonders der Elephant
macht regelmäßige Wanderzüge durch die Hochländer.

Nur allein im Gebirge findet sich der Klippspringer (Antilope oreotragus), wie denn auch der Bohor (Antilope redunca)
wohl selten auf 5000 Fuß Höhe herabsteigt.

Als besonders reichliche Jagdgründe nenne ich das Barkah=
Thal, die Gegend um den unteren Anseba, den Setit und Baher
Salam, den oberen Atbarah, die Provinzen Djedaui, Ermetschoho,
Wolkait, Dalabat, Sarago, Wohni und Quara. Aber auch das
Gebirgsland von Hager und Tembelen sowie der Ala Takura
am Setit, der Vorkuban und die isolirten Felsgrate an der
Westgrenze des Walkait wären jedenfalls einer gründlichen Unter=
suchung werth, vielleicht nicht minder das Hochland um das
Quellgebiet der Chor Abomanah. Selbst Aqra, Naro, Naqfa,
das Lebka=Thal, Mensa und das Bogos=Gebiet werden in Bezug
auf Ausbeute jedem unverdrossenen Jagdliebhaber reichlichen
Anlaß zur Befriedigung seiner Passion bieten.

Als die geeignetste Jahreszeit zum Besuch jener Landschaf=
ten empfehle ich den Spätherbst und den Winter, von Ende
October bis Anfang April. Zu dieser Periode ist auch die Tem=
peratur selbst im Sahel und in der Savanne eine ziemlich milde
und angenehme.

In Alexandrien oder Cairo angelangt, wird es immerhin gut
sein, sich mit Empfehlungen nach Suakin, Masaua und Kasa=
lah zu versehen, sowie mit einem Firman (Befehl) der egyptischen
Regierung für die Zollbehörden, behufs der freien Durchfuhr
alles Reisegepäckes. Der Erfolg der Reise in Bezug auf Jagd

hängt hauptsächlich davon ab, daß der Reisende sich mit einen in jeder Beziehung erfahrenen Dragoman ins Einvernehmen setzt. Die Consulate sowie auch die Hotelbesitzer können über die betreffenden Persönlichkeiten sicheren Aufschluß geben. Seltener wird sich eine solche finden, welche bereits die Landschaften von Takah und Masaua bereist hat. Es sind aber fast ohne Ausnahme gewandte Leute, welche mit den Behörden und Eingeborenen sich ins richtige Einvernehmen zu stellen wissen und zugleich verstehen, für Bequemlichkeit ihres Herrn in bester Weise zu sorgen.

Die Bestellung der Ausrüstung kann man füglich dem Dragoman überlassen. Viele Reisende kommen mit letzterem überdies in der Weise überein, daß er gegen eine gewisse Vergütung Zelt, Reisebett, Küchen- und Tafelzeug, die Verköstigung und unter Umständen sogar einen eigenen Diener liefert, sowie selbst die Transportmittel beschafft.

Immerhin sollte der Reisende die Vorsicht nicht unterlassen, mit dem Dragoman einen klaren und bündigen schriftlichen Vertrag abzuschließen, der dann von irgend einer Behörde legalisirt wird.

Ich setze voraus, daß der Jagdfreund, welcher die Absicht hat, eine Streiftour auf große Raubthiere und Dickhäuter in den Tropen zu unternehmen, mit vollständigem und bereits wohlgeprüftem Jagdapparat versehen die Heimath verlasse. Zu einem solchen rechne ich:

1) Ein weittragendes, mit großer Präcision eingeschossenes doppelläufiges Kugelgewehr, Kaliber 20 oder 24, namentlich für Antilopenjagd.

2) Eine Büchse (einfach oder doppelt), Kaliber 8 bis 12, für die Jagd von Elephanten, Rashorn und Nilpferd.

3) Einige gute Schrotgewehre, Kaliber 12 bis 16.

Jedes einzelne Gewehr bedarf natürlich der dazu gehörigen

Ladmaße, Putzstöcke, Schraubenzieher, Patronen und Patronen=
schlüssel, Reserve=Riemen und Reserve=Schrauben, endlich ein
geeignetes Fett (Petroleum und ein feines Knochenmark) zum Ein=
reiben der Schlösser und Läufe. Von Zeit zu Zeit sollte auch
den Schäften etwas Fett gegeben werden. Um die Munition
der verschiedenen Kaliber nicht zu verwechseln, führe man be=
stimmte Kistchen von Blech oder Holz für jede einzelne Nummer.

Wegen der Gefährlichkeit des Transportes fertiger Patronen
ist es rathsam, die Hülsen erst nach Ankunft auf dem Jagd=
terrain zu laden.

Das für die Kugelgewehre bestimmte Pulver, von dessen
Qualität sehr viel abhängt, bringt man am besten aus Europa
mit. Dieses verpackt man in Blechflaschen mit vollkommen
wasserdichtem Verschluß, die etwa ½ Kilogramm fassen.

Zur Ausrüstung des Jägers rechne ich ferner noch Ruck=
säcke, Jagdtaschen, Waidmesser und einen Staudenhacker oder
kurzen Hirschfänger; ferner ein oder mehrere nicht zu lange
Fernröhre mit großem Sehfeld.

Beabsichtigt der Reisende Gehörne, Schädel und Häute von
erbeuteten Thieren einzusammeln, so versehe er sich noch mit
einer kleinen Handsäge, mehreren Skalpellen und größeren Mes=
sern, Handschleifstein, einer Pincette und einer Scheere, sowie
mit grobem Nähzeug.

Die Haut wird, nachdem sie abgelöst und von Blut und
Fett gereinigt worden ist, mit einer Mischung von fein gepul=
vertem Alaun und Kochsalz in gleichen Theilen auf der Innen=
seite bestreut und an einem kühlen, schattigen Orte aufgehängt
oder zu einem Pack zusammengeschlagen. Ist die Decke groß
und schwer, so läßt man dieselbe mittelst Kratzer und scharfer
Messer möglichst dünn abschaben und erneuert nach 12 bis 24
Stunden das Aufstreuen von Salz. Dann wird dieselbe wohl
gehörig mit Gerbstoff gesättigt sein und man kann sie nun an

einem luftigen Platz trocknen, muß jedoch die Vorsicht gebrauchen, ehe die Decke vollkommen hart wird, sie auf der Innenseite gehörig mit Steinen abreiben oder walken zu lassen und dann beiderseits mit einer leichten Lösung von arsensaurem Natron zu bestreichen.

Die Schädel kann man durch schwaches Abkochen in Wasser und nachheriges Schaben und Ablösen von Fleisch, Muskeln, Augen und Gehirn erhalten, doch ist auch.hier und selbst bei einzelnen Gehörnen ein Vergiften nöthig.

Die trockenen Decken rollt man, die Haarseite nach innen gerichtet auf; Geweihe und Schädel umwickle man sorgfältig mit Stroh oder Hede und verpacke sie dann in Kisten.

Zur Ausrüstung gehört weiter noch eine angemessene Kleidung.

Als Kopfbedeckung wähle man, wenn man das türkische Fez (Tarbusch) nicht adoptiren will, einen soliden, breitkrämpigen Hut, entweder indischer Arbeit, aus Korkstoff oder Bast und mit Rohseide überzogen (in Cairo und Sues leicht zu erwerben), oder Filz. In letzterem Falle muß derselbe noch mittelst eines Baumwolltuches umwunden werden, um vollständig gegen die Einwirkung der Sonnenstrahlen zu schützen. Strohhüte sind zu leicht.

Zur Jagd im Dorngesträpp empfehle ich einen kleinen casquetförmigen, mit Leder überzogenen Hut, der überdies noch mit Sturmband versehen ist.

Für die zweckmäßigste Bekleidung halte ich Weißzeug aus Baumwolle, ebenso Beinkleider, Gilet und Jacke vom selben Stoff. Der Jagdanzug sollte weder zu licht noch zu dunkel gefärbt und mit möglichst vielen soliden Taschen ausgestattet sein. Für besondere Fälle führe man auch einige Paare von wollenen Strümpfen und Hemden bei sich.

Das Tragen leichter Lederkleider zum Schutz gegen Dornen fand ich nicht zweckmäßig, weil dadurch die Ausdünstung verhindert wird.

Ein besonderes Augenmerk richte man auf taugliches Schuh=
werk. Für die Kameelreise empfehle ich einfache arabische Schuhe
oder kurze türkische Rohrstiefel. Diese haben auch beim Gehen
im tiefen Sand und beim Anpürschen des Wildes ihre großen
Vortheile, weil die Sohle glatt und weich und nicht mit Absatz
und Metallnägeln versehen ist. In der Feuchtigkeit taugen sie
allerdings nicht viel.

Sonst sind bequeme kurze Stiefel oder Schnürschuhe euro=
päischer Arbeit zu verwenden. Vorzuziehen sind solche von un=
gefärbtem Leder, mit mittelstarken Sohlen und niedrigem, breitem
Absatz.

Zelte von geeigneter Form und Größe und aus doppeltem
Baumwoll= oder Segeltuchstoff finden sich in Cairo. Bei An=
schaffung eines solchen muß namentlich darauf Rücksicht genommen
werden, daß dasselbe nicht zu niedrig sei und daß die Seiten=
wände leicht geöffnet oder gänzlich abgenommen werden können,
um das Innere einem beständigen Luftzug zugänglich zu machen.
Die Zeltnägel sollten womöglich in eisernen Klammern bestehen.
Zelt und Zeltstöcke verpackt man in einen besonderen Sack,
die Nägel und Hämmer zum Einrammen der letzteren, sowie
eine Hacke zum Ebnen des Bodens und zur Anlegung eines
Grabens um die Zeltwand ebenfalls in einen großen Beutel
oder Schlauch.

Zur Einrichtung seiner Leinwandbehausung bedarf der Rei=
sende noch einer großen Strohmatte und eines oder mehrerer
türkischer Teppiche von 2 Meter Länge und 1½ Meter Breite.
Ein eisernes oder hölzernes niedriges Bettgestell dient unter
Umständen auch als Sopha. Auf dieses breitet man einen
Teppich und darauf ein Leintuch und eine wollene Decke nebst
Kopfkissen.

Teppiche und sämmtliches Bettzeug werden während des
Marsches in die Strohmatte gerollt und in diese eingeschnürt.

Ein bequemes Geräth ist ferner ein kleiner Reisetisch und einige Reisestühle.

Für wichtiger halte ich das Mitführen eines Pferdesattels mit Zubehör, der auch zum Auflegen auf Maulthiere benutzt werden kann. Auf denselben, sowie auf den Kameelsattel legt man ein in Cairo zu erwerbendes großes, langhaariges, gegerbtes Schaffell, darunter aber die Satteltasche (arabisch Hurdj) mit Waschzeug, einem Reserve-Anzug, Pantoffeln, Notizbüchern, etwas Munition, Riemen, Stricken, Bindfaden u. dgl. Dazu kommen noch die Futterale zum Anhängen der Schießgewehre. Letztere leiden zwar stets mehr oder weniger durch Reibung am Sattel und anderen harten Gegenständen, durch Stoß gegen Bäume, Steine u. dgl., doch ist es nöthig, stets eine Waffe bei der Hand zu haben, sowie einige am Sattelknopf angehängte Munition.

Zum Befestigen von Gewehren auf dem Kameel empfehle ich, um sie vor Reibung oder Stoß einigermaßen zu sichern, leichte hölzerne Futterale, der Form der betreffenden Waffe gut angepaßt, innen stark gefüttert und statt des Deckels in der Kolbengegend mit einer Feder versehen, welche leicht auf die Kappe des Schaftes drückt, um die Reibung zu verhindern, und die sich umschlagen läßt, sobald das Gewehr herausgehoben werden soll.

Ein solches Futteral hat zwei lederne Ringe, deren einer etwa 15 Centimeter vom vorderen Ende der Laufgegend, der andere in der Halsgegend des Schaftes angebracht ist. Beide Ringe sind durch einen soliden Riemen verbunden, den man in den hinteren Knopf des Kameelsattels hängt, während der untere (Lauf-) Theil noch am Sattelgurt befestigt wird.

Wasserschläuche erhält man auf allen Kameelstationen, ebenso die nöthigen Stricke zum Aufbinden des gesammten Reisegepäckes.

In hölzernen Gefäßen hält sich das Wasser zwar besser und reiner als in Schläuchen, aber sie leiden und zerfallen meist, wenn sie nicht beständig feucht erhalten werden. Am besten bewähren sich Wasserkisten von Eisen oder Zink von der Form eines dreieckigen Fischbehälters. Für kleinere Reisen genügen Lederschläuche vollkommen, zu welchen jedoch einige in Egypten anzuschaffende Ledergefäße kommen müssen, welche die Eigenschaft haben, das darin befindliche Wasser stets kühl zu erhalten. Diese cylindrisch geformten Behälter, deren Preis sich beiläufig auf 5 bis 7 Francs berechnet, heißen in Egypten Zimzimieh. Sie lassen sich mittelst eines Hakens oder eines Netzes am Reitsattel befestigen.

Das nöthige Weißzeug und Kleidungsstücke verpacke man in solide, nicht zu große Koffer aus Holz oder Leder. Lederkoffer leiden jedoch mehr als hölzerne durch das Aufschnüren auf die Packsättel der Kameele. Man hängt sie daher während des Marsches am besten in ein Netzwerk von leichten Stricken.

Zum Transport der Vorräthe für Küche und Jagd bediene man sich nur fester Holzkisten, von ungefähr 65 Centimeter Höhe und 50 Centimeter Breite, die an den Kanten und Ecken mit Eisen beschlagen und seitlich mit zwei eisernen Handhaben ver= sehen sind. Der starke Deckel sollte weder vertieft noch convex gerundet, die Charniere stets auf der Innenseite desselben an= gebracht sein. Der einfachste Verschluß besteht in einer Klinke und Anhängeschloß.

Man kann die Kisten dadurch noch bequemer einrichten, wenn man nach Bedürfniß ein oder mehrere Fächer aus leichtem Holz und vom Querschnitt der ersteren in dieselben einfügen läßt. Auf der Innenseite jedes Kistendeckels führte ich stets ein aufgeklebtes Blatt Papier mit Inhaltsverzeichniß, auch ließ ich jede Kiste besonders bezeichnen und numeriren, den Deckel zum Schutz gegen Regen mit einer Ziegenhaut überziehen, und um das Eindringen von Feuchtigkeit und schädlichen Insecten zu ver= hindern, vier kurze Füße am Boden anbringen.

Reist man in Gegenden, wo Termiten in größerer Anzahl vorkommen, so muß sämmtliches Reisegepäck während der Nacht auf Steinplatten gestellt werden; gegen Regen verwahrt man dasselbe durch übergedeckte Strohmatten.

Eine besondere Kiste von der eben beschriebenen Form und mit verschiedenen zweckmäßigen Eintheilungen (Fächern) versehen, ließ ich für Aufbewahrung der Tafel- und Küchengeräthschaften sowie die für mehrere Tage bestimmten Mundvorräthe herrichten.

Eine möglichst compendiöse Ausrüstung ist stets zu empfehlen, namentlich aber die Vermeidung zahlreicher kleinerer Gepäckstücke.

Zu ersterer gehört aber ferner noch ein kleiner Vorrath von Medicin, bestehend in schwefelsaurem Chinin, Ammoniak, Laudanum, einigen Abführmitteln, Heftpflastern, Binden u. dgl. Auch Sonnenschirm und Regenmantel können von Nutzen sein, endlich ein Fliegennetz zur Abhaltung lästiger Schnaken (Musquitos) während der Nacht. Weiter gehören hinzu einige Laternen in gehöriger Verpackung, Kerzen, Kochgeschirr, Tischzeug, Seife, Handtücher und Waschbecken; ebenso Kaffeegeschirr und Becher oder Trinkgläser, ein Schlauch (arab. Bata) für Butter, endlich eine große Holzschüssel einheimischer Arbeit oder ein ähnliches Geschirr von wasserdichtem Stoff und zum Aufblasen, das als Bad und zum Reinigen der Wäsche dient.

Als Mundvorräthe empfehle ich die nöthige Quantität Zwieback, viel Reis, Erbsen, Linsen, Bohnen, Kartoffeln, einige conservirte Gemüse, im Fall auch Fleisch- und Milch-Conserven, sowie Fleisch-Extract oder Bouillon-Tafeln; Essig, Oel und Gewürze; Thee, Kaffee, Zucker, holländische Käse, getrocknete Apritosen (arabisch Dameredin), Früchte, Senf, Sardinen, Pickles, feineres Biscuit; einige Getränke in Flaschen, namentlich guten Bordeaux-Wein und Coguac oder griechischen Mastica-Branntwein; ein Wasserfilter, unter Umständen selbst eine kleine Eis= maschine.

Hierzu kommen noch Nähzeug, Packpapier, Packleinwand, Nägel, Hammer, Stemmeisen, Zangen, Beil, Feilen, Handsäge, Packnadeln, Zwirn und Stricke; etwas Draht und Bandeisen zum Repariren beschädigter Kisten.

Ferner sollten mitgeführt werden Fischzeug, ein Aneroid, Thermometer und Hand=Boussole; Reisehandbücher, Tagebücher, Schreibpapier, Tinte, Karten, Zeichenmaterial, sowie einige Gegenstände, welche man als Geschenk bestimmt. Zu solchen eignen sich Teppiche, bunte Baumwolltücher, Kopfbinden, Messer, Scheeren, grade Schwertklingen, Pistolen, kleine Spiegel, Par= fümerien u. dgl.

Die Anschaffung der Mundvorräthe geschieht am besten in Cairo, aber auch in Sues läßt sich fast alles Nöthige erwerben.

Es führen von Egypten aus zwei Wege nach dem Gebiet des Atbarah und Barkah; der eine längere, beschwerlichere und kostspieligere stromaufwärts über Asuan nach Korosko und von da durch die Wüste nach Berber und Takah, der andere mittelst Eisenbahn von Alexandrien oder Cairo aus nach Sues und von da mit den Postschiffen der egyptischen Regierung nach Sauakin oder Masaua.

Die directe Fahrt von Sues nach Sauakin währt ungefähr 5 Tage, nach Masaua aber 7 Tage.

Hat man die Absicht, namentlich das Barkah, den Setit und Dalabat zu besuchen, so ist es gerathener, in Sauakin zu landen.

Wir haben bereits erwähnt, daß auf den Dampfern der egyptischen Regierung dem Reisenden keine Kost gereicht werde. Aber auf jedem derselben befindet sich ein Kaffeewirth, und es haben die Diener der Passagiere das Recht, die Schiffsküche zu benutzen. Man thut daher gut, sich in Sues für die Seereise

einiges frisches Brot, Gemüse, Früchte, Butter, Hühner ꝛc. an=
zuschaffen.

Die Postschiffe haben Plätze erster, zweiter und dritter
Classe. Jeder Passagier erster Classe hat Anrecht auf eine
Cabine, die er aber wohl selten benutzen wird, da die im All=
gemeinen stets gute, warme und trockene Witterung den Aufent=
halt auf Deck angenehmer macht. Selbst die Nacht bringt man
gewöhnlich unter dem Sonnenzelt zu.

Die Commandeure und übrigen Officiere erweisen sich stets
als äußerst zuvorkommend und gefällig und sind gern bereit,
einem Fremden, namentlich wenn er Europäer ist, ein gutes,
luftiges Unterkommen auf dem Hochdeck zu besorgen.

Die Fahrpreise haben wir oben schon angegeben.[1] Alles
Handgepäck und Schiffsprovisionen sind taxfrei, das schwerere
Reisegepäck ist dagegen einem ziemlich hohen Tarif unterworfen;
daher rathe ich, dasselbe womöglich als Frachtgut zu versenden.

In Sauakin besorgt der Dragoman die nöthigen Kameele,
doch ist es zweckmäßig, sie bereits vorher auf amtlichem Wege
bestellen zu lassen.

Die im Küstenland und Takah hauptsächlich coursirende
Münzsorte ist der alte österreichische Maria = Theresia = Thaler.
Versieht sich der Reisende in Cairo mit einigen Hunderten sol=
cher Thaler, so genügen diese schon für einen mehrmonatigen
Aufenthalt. Das Fehlende läßt sich durch eine in Cairo aus=
gefertigte Anweisung auf die Regierungscassen oder an Kaufleute
in Sauakin und Kasalah beschaffen, auch sind erstere gewöhnlich
gern bereit, Gold (türkische, egyptische und englische Guineen) in
Silber umzutauschen.

Die Post= und Dampfschiff=Behörden nehmen überdies jede
im Orient gangbare Münzsorte an Zahlungsstatt an.

---

[1] Seite 11.

Als Scheidemünze bedient man sich im Barkah-Gebiet, sowie in den Hafenplätzen der großen türkischen Piaster und egyp-
tischer Fünf-, Zehn- und Zwanzig-Parastücke in Kupfer.

Am Landungsplatz werden noch einige Diener aufzunehmen sein, welche das Reisegepäck überwachen, auf Jagdaus-
flügen Gewehre, Taschen und Munition tragen, dem Dragoman
an den Lagerplätzen beim Aufschlagen des Zeltes und des Bettes
behülflich sind und Holz für die Küche herbeischaffen. Nach der
Regel liegt übrigens die Sorge für Herbeischaffung von Trinkwasser und Brennholz den Kameeltreibern ob.

Bei Bestellung der Kameele muß ausbedungen werden, daß
ein Kameeltreiber für nicht mehr als zwei Lastthiere zu sorgen
habe; ferner daß der Reisende selbst ein frommes, kräftiges und
lenksames Reitkameel erhalte, sowie einen bequemen Reitsattel
(Machlufah), den ich unter Umständen schon in Cairo anzukaufen
rathen würde. In Ermangelung einer Machlufah kann man sich
wohl auch eines Packsattels (Hauieh) [1] bedienen, der mittelst eines
Teppichs oder wollener Decken und der Satteltasche (Hurdj),
über welche das Schaffell (Faroa) gedeckt wird, ganz bequem
herzurichten ist.

Am Vorderknopf des Sattels hängt eine Kameelpeitsche aus
Nilpferdhaut (arabisch Kurbadj), am hinteren ein Hirschfänger
oder Staudenhauer nebst einem oder zwei Gewehren in ihren
Futteralen und einer Munitionstasche.

Noch rathsamer ist es übrigens, den vorausgehenden Führer
(Delil oder Habir) ein Gewehr tragen zu lassen.

Neben dem Reisenden sollte sich während des Marsches
selbst stets der Dragoman und ein Diener zu Kameel halten.
Das Reitthier des Letzteren trägt nebenbei noch die Strohmatte,
in welche Teppiche und Bettzeug verpackt werden, sowie einen

---

[2] Vergl. oben S. 27.

oder zwei Behälter (Zimzimieh) mit frischem Wasser, etwas
Mundvorrath, Kaffeezeug und etwa eine Flasche mit Wein oder
Cognac.

Ein zweiter Diener wird mit Beaufsichtigung des Gepäcks
betraut und hat stets die Nachhut desselben zu bilden, sowie für
gehöriges Zusammenhalten der Lastthiere zu sorgen.

Ein Lastkameel mittlerer Qualität trägt leicht 3½ bis
4 Centner, also zwei Packkisten, wie wir sie oben beschrieben haben,
und unter Umständen noch ein paar Wasserschläuche. Man bezahlt in Suakin für jedes nach Kasalah bestimmte Reit- und
Lastkameel 5 bis 8 Thaler; doch kann mit dem Eigenthümer der
Kameele auch ein Uebereinkommen abgeschlossen werden, wonach
der Reisende sich das Recht vorbehält, an jedem beliebigen Ort
sich aufzuhalten. In diesem Falle bezahlt er entweder eine kleine
Entschädigung oder er miethet die Lastthiere überhaupt nicht für
die directe Reise, sondern für die ganze Zeitdauer derselben.
In diesem Fall ist es üblich, für jedes Kameel eine Summe
von höchstens 10 Piastern (½ Thaler) täglich zu vergüten. Der
Besitzer desselben empfängt vor der Abreise etwa die Hälfte des
Miethpreises, den Rest nach glücklicher Ankunft am Ort der Be-
stimmung.

Im Contract muß ferner dem Eigenthümer die Verbind-
lichkeit auferlegt werden, daß derselbe sich für etwaige Verluste
und Schäden am Gepäck haftbar erklärt, daß er stets die gehörige
Menge von Wasser und Brennholz herbeischafft und im Fall,
daß ein Kameel untauglich wird, auf seine Rechnung sofort ein
anderes stellt.

Um die Mannschaft bei guter Laune und stets dienstbeflissen
zu erhalten, wird von Zeit zu Zeit ein Schaf geschlachtet. Der
Preis eines solchen beläuft sich durchschnittlich auf ½ bis
¾ Thaler. Sonst haben die Kameeltreiber für ihre eigene
Verköstigung selbst zu sorgen.

In das Barkah-Gebiet führen mehrere Wege. Die Wahl der Marschroute hängt einerseits vom Reisenden selbst, andererseits auch vom Vorhandensein von Trinkwasser auf derselben ab. Einem Jäger würde ich stets die Karawanenstraße über To-Kar und durch das untere Barkah-Thal anempfehlen.

Schon zwei Tagemärsche südwestlich von jener Station treten Dickungen von Dompalmen, und mit denselben auch ein mannigfaltigerer tropischer Wildstand auf, während sich auf den Gebirgen nordwärts, namentlich auf dem Langheb, Rudel statt-licher Steinböcke (in der Bedjah-Sprache E-n genannt) in großer Anzahl finden.

Nicht schwer wird es fallen, im unteren Barkah einen Ein-geborenen in Dienst zu nehmen, welcher Jäger ist und die Oert-lichkeiten kennt, an denen mit Sicherheit auf das Vorkommen großer Antilopen-Arten, von Giraffen, Raubthieren, Straußen u. s. w. gerechnet werden kann.

Auf der Straße selbst, welche von Sauakin nach Kasalah führt, sei es die östliche oder westliche, und während des Marsches läßt sich natürlich nur gelegentlich einmal einer Antilope schuß-mäßig beikommen. Ich vermeide, um keinen Aufenthalt und Unordnung bei der Karawane zu verursachen, überhaupt immer während der Reise von einer Station zur anderen alle und jede Verfolgung von Wild.

Man erkunde mittelbar oder durch eigene Anschauung taug-liche Jagdplätze, schlage in der Nähe oder wenigstens nicht gar fern von Brunnen oder anderen Gewässern ein Lager auf, und mache von da aus dann seine Excursionen nach geeigneten Richtungen und zwar unter Führung eines oder mehrerer Eingeborenen.

Diese zeichnen sich in den meisten Fällen durch ganz be-sonderen Gesichtssinn aus, kennen jede Wildspur, jeden Wechsel und ersetzen beim Aufsuchen angeschossener Stücke den Hund, in-dem sie aus jedem Gewirr von Fußtapfen die richtige Fährte

14*

stets wieder aufzufinden wissen. Ueberdies achten diese Leute auf Alles, was um sie her vorgeht; ihrem scharfen Auge entgeht kein im Busch liegender Hase, kein sich drückendes Huhn, und eben so sicher orientiren sie sich über das Alter jeder Losung, jedes Bruches am Gezweig und jeder Wildfährte, ebenso kennen sie genau die Tageszeit, während welcher gewisse jagdbare Thiere ruhen, auf Aeßung ausziehen, zur Tränke kommen oder sich auf ihre Nachtstände zurückziehen.

Die Karawanenreise von einer Hauptstation zur anderen beschleunige man so sehr, als die Umstände es gestatten. Zum Antritt einer Kameelreise wählen die Eingeborenen immer die Nachmittagszeit (arabisch Aser); und benutzen diesen ersten meist nur kurzen Marsch dazu, um sich zu überzeugen, ob die Art der Packung und Vertheilung der Lasten auf die einzelnen Kameele die richtige sei und um eine gewisse Ordnung im Zug herzu= stellen.

Die Lastthiere sind gewöhnt, in einer langen Linie dem Führer zu folgen, welcher zu Fuß geht und den Zügel des ersten Kameels hält. In gewissen Zwischenräumen folgen dann die übrigen Kameeltreiber, zuletzt, wie schon gesagt, der mit Beauf= sichtigung des Gepäcks beauftragte Diener.

Viel Zeit gewinnt man durch Nachtmärsche und namentlich durch frühes Aufbrechen von den Lagerplätzen. Ueber die heißen Tagesstunden, etwa von 10 Uhr in der Frühe bis 4 Uhr Nach= mittags, raste man an einer geeigneten Oertlichkeit.

Auf mich übten die Nachtreisen in der Wüste und Steppe immer einen ganz besonderen Reiz; die Luft ist dann meist kühl und durch angenehme Briese erfrischt und der gewöhnlich wolken= lose Himmel erscheint in all seiner Klarheit und Pracht. Auch die Kameele marschiren zur Nachtzeit weit rüstiger als bei Tage, während ihre Führer sie durch Gesang zur Arbeit anfmuntern.

In ganz angenehmer Weise legt man große Strecken auf

guten Dromedaren (Reitkameelen, arabisch Hedjin) zurück. Diese gehen einen ruhigen und gleichförmigen Paß (Zweischlag, Amble), in welchem Tempo der Reiter mit Leichtigkeit täglich einen Weg von 30 Meilen zurücklegen kann, ohne sich zu ermüden.

Ein kundiger Wüstenreisender wird mit erstem Tagesgrauen seine Gepäckkarawane aufbrechen lassen, nach einiger Zeit zu Dromedar ihr folgend sie bald überholen und dann einen günstigen Lagerplatz für die heißere Tageszeit ausfindig machen, wobei ihm der Habir (Führer), der ebenfalls beritten sein sollte, die nöthigen Winke giebt.

Man lagert natürlich womöglich in der Nähe von Brunnen oder Bächen oder in Niederungen, wo sich Schatten und Nahrung für die Kameele findet, die, sobald ihnen ihre Lasten und Sättel abgenommen sind, sich sofort zur Weide begeben. In Gegenden, wo sich diese Thiere leicht verlaufen könnten, werden ihnen die Vorderfüße gefesselt. Auch nach dem Abendmarsch vergönnt man ihnen eine Stunde für Aetzung, dann werden sie zusammengetrieben und lagern sich um Zelt und Wachtfeuer in einer gewissen Ordnung.

Die Kameele der Beni Amer und Bedjah sind äußerst genügsam in Bezug auf Fütterung und während der Reise meist nur auf dürres Gras, Blätter und Zweige von Akazien und anderen Sträuchern angewiesen. Ich ließ ihnen aber stets, wenn es nur irgendwie möglich war, allabendlich eine kleine Ration Büschelmais verabfolgen.

Wir hatten keine Gelegenheit, die Barkah-Ebene südwestlich von To-Kar zu besuchen, die Gegend um die Mündung des Anseba ist sogar noch gänzlich unerforscht, und namentlich diese soll Ueberfluß an Elephanten, Rhinoceronten, großen Raubthieren, Antilopen, Büffeln und Wildschweinen haben. Ein tüchtiger Führer für jene Strecken findet sich jedenfalls in To-Kar, aber es dürfte vortheilhafter sein, wenn der Reisende vor Allem

Kasalah,[1] die Hauptstadt von Takah, zu erreichen sucht, hier einen Theil seines Gepäckes niederlegt und dann erst, mit Befehlen des Gouverneurs an die verschiedenen Araber-Häuptlinge versehen, seine Excursionen unternimmt.

Demselben stehen dann folgende Wege offen:

1) Die Reise von Kasalah längs dem Atbarah bis Qalabat und von da entweder in die Vorberge des Gandowa-Gebietes und nach den Quell-Ländern des Rahad und Dender.

2) Die Tour nach dem Homran längs dem Setit-Fluß und von da über den Baher Salam südlich bis zum Djedani-Gebirge.

3) Die Excursion längs dem Gasch bis in das Land der Kunama und von der Fortsetzung des Weges über das Bogos-Land bis Masaua.

4) Reise von Kasalah an den Anseba, entweder:

a. directe Karawanenstraße über Sabderat, Algaden, nach Dunquaz und von hier nach dem unteren Anseba, der dann bis Keren verfolgt wird; oder

b. die Straße über Algaden und längs dem Torrent von Haqas nach Keren.

5) In Keren läßt sich wiederum Station machen und von hier aus Mannschaft zur Bereisung von Dembelas, des mittleren und unteren Anseba oder der Gebirge von Mensa erwerben. Sehr interessant ist die Tour nach dem Delva-Sina und dem Tsad-Amba, beides alte abessinische Klöster auf hohen Felsbergen

---

[1] Die Stadt Kasalah (auch Kasalah el Lus), ganz nahe am rechten Ufer des Gasch gelegen, bietet nicht viele besondere Merkwürdigkeiten mit Ausnahme der benachbarten Berge Djebel Meqran und Djebel Kasalah. Der letztere scheint unersteiglich und ist gebildet von thurm- und kuppelartigen Urgebirgsmassen, die wohl 3000 Fuß über das Gaschbett hinaufragen. Der Fuß und die Klüfte sind mit Buschwerk und Bäumen erfüllt, welche zahlreichen Raubthieren als Zufluchtsort dienen.

mit herrlicher Aussicht. Besonders sehenswerth ist Tsad-Amba, eine starke Tagereise von Keren, eine fast isolirte, wohl 3000 Fuß über die Sohle des Barkah ragende, nach allen Seiten steil ab= fallende Spitze, welche nur durch eine mauerartige schmale Fels= kante mit den benachbarten Bergen in Verbindung steht.

Weitere gute Jagdplätze der Gegend sind ferner sicherlich das Hager= und Tembelen=Gebirge; auch Naqfa und den oberen Lebka kann ich empfehlen.

In 6 Tagen erreicht man von Kasalah aus Tomat, gegenüber der Mündung des Setit in den Atbarah; von hier hat man wiederum 6 bis 8 Tagemärsche bis zum Abfall des abessinischen Hochlandes oder bis Qalabat; von Qalabat aus 2 bis 3 Tagereisen nach der abessinischen Grenzprovinz Wohni, nach der Schinfa (dem oberen Rahad) und den vereinzelten Hoch=Plateaux von Tana und Qoara.

Die Homran=Araber am Setit sind kühne Elephantenjäger, welche einem Europäer gerne Dienste leisten. Hier kann sich letzterer auch mit guten Jagdpferden versehen; in Metemeh, der Hauptstadt von Qalabat, mit billigen abessinischen Maulthieren. Für ein starkes Maulthier bezahlt man dort 15 bis 25 Thaler, ebenso für ein abessinisches Pferd; größere, kräftigere, bereits zur Jagd abgerichtete Pferde stehen natürlich verhältnißmäßig höher im Preise.

Metemeh bildet einen Hauptstapelplatz für den abessinischen Handel. Eine wahre Musterkarte von afrikanischen Völkertypen versammelt sich stets auf dem weitläufigen, zwischen zwei Regen= strombetten, die beständig frisches Wasser enthalten, gelegenen Marktplatz; Galas, Amcharer, Kamaunten, Takarir von Dar= For und Wadai stammend, Sudan=Araber, Djaalin, Schaikieh strömen hier zusammen. Seit etwa 10 Jahren besteht hier eine evangelische Missionsstation, deren Mitglieder jedem Frem= den in gastlichster Weise entgegenkommen.

Auch die Takarir (eingewanderte Neger, zwischen Djedani, Dalabat und dem Rahad ansässig) verstehen sich meist nicht nur auf das Erlegen von Wild zu Pferd, auf den Pürsch und auf den Anstand, sondern auch auf das Einfangen vermittelst Schlingen und Gruben.

Der Schech von Metemeh oder derjenige der Dabeina oder Homran-Araber sorgt für einen oder mehrere Führer und Jäger seines Stammes, für deren Brauchbarkeit und Zuverlässigkeit er einsteht. Diese Leute sind unverdrossen in ihrem Beruf und anspruchslos in Bezug auf Anforderungen. Neben dem ausbe= dungenen Lohn für ihre Begleitung und sonstige Dienste gewährte ich denselben stets eine besondere Prämie für jedes Stück von ausgezeichnetem Wild, das sie mir zum Schuß brachten.

Die Homrar und Takarir bedienen sich nur selten des Schießgewehrs für die Jagd auf Elephanten. Sie erlegen diese meist mit dem Schwert, andere Sudan-Araber mittelst eigen= thümlich geformter langer Lanzen. Da sie alle Gewohnheiten und Wechsel des Wildes genau kennen, verstehen sie sich auch auf das Treiben desselben nach der Richtung, welche dem Schützen als Stand angewiesen wird. Sie züchten endlich eine Art von Windhunden, welche zum Hetzen von Büffeln und Antilopen ab= gerichtet sind.

Hat man das nöthige Uebereinkommen mit den Führern getroffen und sich über die Gegend geeinigt, in welche eine Jagd= reise unternommen werden soll, so werden die Provisionen und alles entbehrliche Gepäck in Obhut des Stammes= oder Orts= Vorstandes zurückgelassen und versieht man sich nur mit den nöthigsten Mundvorräthen und Munition für 8 bis 10 Tage, nebst Zelt, Betten, einigen Wasserschläuchen, sowie — falls dies gerathen sein sollte — mit mehreren Säcken Büschelmais für die Last= und Reitthiere. Gewöhnlich genügen in einem solchen Falle zwei Kameele nebst einigen Pferden oder Maulthieren.

Am Jagdplatze angelangt, errichtet die Mannschaft einige Hütten aus Stroh in der Nähe des Zeltes und die ganze kleine Niederlassung wird mit einer dichten Dornhecke zum Schutz gegen Raubthiere umgeben.

Sodann begeben sich die Jäger, vertheilt auf einem Raum von vielen Meilen im Umkreis, auf Kundschaft, spüren die Gegend sowie die benachbarten Wasserplätze sorgfältig ab und treffen danach alle weiteren Maßregeln, die zum erwünschten Erfolg führen können.

Die Art, wie man die Jagd betreiben will, hängt natürlich von verschiedenen Verhältnissen ab. Das Abspüren und Auslugen verstehen die Eingeborenen stets besser als Fremde. Planloses Herumschweifen des Schützen verspricht in den meisten Fällen weniger Aussicht auf Beute, als der Anstand und das Treiben durch Gängeln. Größere Raubthiere beize man mit einer lebenden Ziege oder mit Cadavern von getödtetem Wild, gefallenen Kameelen und dergleichen. Erlauben es Zeit und Umstände, so kann man sich Kastenfallen anlegen, welche in zwei Kammern getheilt sind. In die hintere kommt eine Ziege, in der vorderen befindet sich das Stellholz, das mit der Fallthür in Verbindung steht. Letztere muß durch Steine so beschwert werden, daß selbst ein gefangener Leopard nicht im Stande ist, sie zu heben. Auch muß dafür gesorgt werden, daß die Gefangenen sich nicht durchzugraben vermögen.

Auch mit Tellereisen haben wir hin und wieder Raubthiere eingefangen, namentlich Füchse und Wölfe, Wildkatzen, Genet-Katzen; Pharao-Ratten aber in kleineren tragbaren Kastenfallen. Füchse und Katzen gehen endlich auf das Nachahmen des Pfeifens der Mäuse.

Hat man hier einige Zeit gehaust, viel geschossen und das Wild beunruhigt, so wird das Lager abgebrochen und eine andere günstige Stelle aufgesucht.

Will der Reisende die Haut eines Thieres präpariren lassen, so sind ihm die Eingeborenen auch in dieser Beziehung dienstfertig zur Hand, indem jeder derselben die Decke sorgfältig zu streifen, zu reinigen, zu gerben und zu trocknen weiß.

Interessant ist es endlich, von Capitalstücken eine Skizze zu entwerfen, sie zu messen und den Inhalt des Magens zu untersuchen, überhaupt regelmäßige Jagdregister zu führen.

Da nach meinen Erfahrungen eine genaue Kenntniß der einheimischen Eigennamen des jagdbaren Wildes einem fremden Forscher sehr zu statten kommt, habe ich in das beigefügte. Verzeichniß der Säugethiere und Vögel des Gebietes der Beni Amer und Habab die mir bekannten arabischen und abessinischen Benennungen derselben aufgenommen.

Auch empfehle ich jedem Europäer, der jene Länder, sei es als Jäger, Thiersammler oder Naturforscher durchzieht, eine möglichst sorgfältige Aufnahme der von ihm durchzogenen Wegstrecken mittelst Uhr und Compaß, sowie genaue Notirung aller Niederlassungen, Stämme, Thäler, Berge, Wasserplätze, Bäche u. s. w. Die betreffenden Benennungen lassen sich womöglich stets in arabischer Schrift beifügen. Ebenfalls leicht ausführbar sind meteorologische Beobachtungen und Höhenmessungen mittelst eines Anaeroides.

Von Kasalah nach Keren rechnet man 8 bis 9, von da nach Masaua 5 bis 6 Tagereisen. Die egyptischen Postschiffe legen, da auf der nördlichen Hälfte des Rothen Meeres meist steife Nordbriese vorherrscht, den Weg nach Sues in 11 bis 12 Tagen zurück, bei welcher Gelegenheit Suakin oder Djedah angelaufen wird.

Uebrigens läßt sich von Keren aus auch ein Landweg über Aqiq und To-Kar einschlagen. Derselbe führt den Anseba stromabwärts bis zum westlichen Fuß des Tembelen-Gebirges über Hasta am Chor Sela, von da längs dem Torrent

Obelet und entweder über den Qaihat oder über den Haschkob=
Paß nach dem Falkat und Wold Qan und sodann im Sahel
über Qarora nach Aqiq. Nur für Maulthiere passabel sind die
Wege über Baqla, Naqfa und Aqra ins Falkat. Eine dritte
Straße ist die von uns vom oberen Lebka bei Qalamet über
Af Abed, den Paß Aschorim und das Hedai=Thal nach Naqfa be=
gangene; ein vierter endlich führt von Ain an der Mündung
des Lebka in das Tiefland im Sahel selbst nach Wold Qan.
Der letztere soll übrigens nur während der Winterszeit üblich sein.

Stadt und Umgebung von Masaua bieten einige Sehens=
würdigkeiten. Die Küstenniederungen bis Ain werden auch dem
Jäger Gelegenheit zu einiger Beute geben, indem hier nicht nur
Dorcas=, Windspiel= und Arab=Gazellen, sondern auch Beiba=
Antilopen ziemlich zahlreich vorkommen. Letztere allerdings mehr
vereinzelt, doch erscheinen sie namentlich zur trockeneren Jahres=
zeit auch gerne in Familien und kleinen Rudeln an Wasserplätzen.
Trappen und nackthalsige Frankoline gehören ebenfalls zu den
gewöhnlichen Erscheinungen, ebenso am Fuß der Berge das
Perlhuhn.

Noch lohnender ist aber ein Jagdausflug von Masaua nach
dem etwa 12 Stunden entfernten Ailet (auch Hailet), dem
Modat=Thal und den dortigen thermalischen Quellen, wo man
immer noch Aussicht hat, Löwen, namentlich aber viele Warzen=
schweine anzutreffen. Die Gegend von Gomhud und Azuz,
nördlich von Ailet, besonders aber die Brunnen Sahabi (Schahabi,
Zahabi) und die Thäler von Quonzal sowie Hadas und seiner
Zuflüsse sind schon ihrer imposanten Vegetationsverhältnisse wegen
einer Excursion werth. Gelegentlich besucht man auch Omkulu
oder Mekulu, die Landresidenz der Masauaner, sowie das kleine
Städtchen Arkiko und die Landzunge (Ras) Djerar mit der
Bucht Duhali. Auf jener Landzunge sollen sich einige alter=
thümliche Reste, namentlich mehrere quadratische Säulenschäfte

aus Lava (wohl von Adulis hergebracht) und die Ruinen
einer christlichen Kirche finden. In Massaua selbst sind sehens=
werth die Cisternen auf der Ostseite der Insel und besonders
die auf der Nordfront der Moschee Schech Hamal eingemauerten
kufischen Inschriften, welche von den Inseln Desi und Dahalak
herübergebracht worden sein sollen. Dieselben bestehen in pracht=
voll gearbeiteten Stelen aus Lava und datiren aus dem elften
bis vierzehnten Jahrhundert unserer Zeitrechnung.

Die Bai Duhali und die 1 Meile südlich von Massaua
gelegene Insel Schech Saib wimmelt von Sumpf= und Wasser=
geflügel, sowie von Aasgeiern, welche dort neben Reihern, Löff=
lern, Störchen u. s. w. ihre Brutcolonien aufgeschlagen haben.

Südöstlich von Massaua erhebt sich das isolirte Oedem=
Gebirge, an welches sich nach Süden zu mehrere vulcanische
Kegel anreihen. Dort liegen in einer von Regenstrombetten
durchfurchten Fläche die Ruinen der alten Handelsstadt Adulis,
wo Cosmas im Jahre 525 die berühmten adulitischen Inschriften
gefunden hat.[1]

Der Hafen von Adulis, in der gleichnamigen Bucht (jetzt

---

[1] Vergl. Cosmas Indicopleustes L. II. p. 146. — Peripl. Mar.
erythr. p. 3—5. — Ritter, Afrika, 2. Ausgabe, S. 223. — Heeren,
Ideen I. 1. S. 165 — Montfaucon, Coll. Mora Patr. et Script. grae-
corum II. p. 141. — Museum der Alterthumswissenschaften von Wolf und
Buttmann, Berlin 1810, II. S. 105. — Georgii, Alte Geographie I. S. 385.
Diese berühmte, für geographische Forschungen höchst wichtige Inschrift ist
jetzt verschwunden. Der Beschreibung nach befand sich ein Theil derselben
auf einer Stele von Lava (Basanit) und ein anderer Theil auf einem
marmornen Thronsitz. Die erstere wurde von Ptolemäus Energetes (oder
einem seiner Statthalter) errichtet, die zweite von einem aksumitischen Könige,
dessen Name leider nicht genannt wird. Man hat die Echtheit beider In=
schriften in Zweifel gezogen, namentlich weil die Geschichte keine Anhaltspunkte
für die Eroberungen der Ptolemäer in Aethiopien bietet. Uebrigens besuchten
wenigstens Schiffsleute auf Befehl der Nachfolger Alexander's des Großen
die afrikanische Küste des Rothen Meeres nicht selten, und wir wissen von

(Ghubet et Kafir, d. i. der Golf der Ungläubigen) genannt, ist längst versandet und durch Hebung des Bodens das Ruinenfeld etwa 3 Meilen weit landeinwärts gerückt.

Die Entfernung von Maſaua nach Abulis (jetzt Zula oder Zulah) beträgt etwas über 12 nautiſche Meilen. Man kann den Platz ſowohl zu Land als mittelſt eines Segelbootes beſuchen. Die Reiſe zu Waſſer iſt die bequemere, und läßt ſich damit zugleich eine Landung auf der Inſel Deſi und auf Dahlak el Kebir in Verbindung bringen.

Deſi, ein liebliches, gebirgiges, grünes Eiland mit kleiner Niederlaſſung, birgt Ueberreſte von Grabſteinen aus der Zeit der Saſaniden.

Dahlak, beiläufig 30 Meilen öſtlich von Maſaua gelegen, die beträchtlichſte Inſel des gleichnamigen Archipels, beſteht aus Korallenbänken, welche die Fluthmarke nur um wenige Klafter überragen. Tiefe, keſſelartige Buchten ſchneiden weit ins Innere ein, während zahlloſe Eilande, Klippen und Scheeren die Ufer umgeben.

Jene Baien und Scheerenfluren bergen einen unglaublichen Reichthum an Seethieren, ſowohl von Fiſchen, Schildkröten, Conchylien, Krebſen, Polypen, Quallen und Würmern, als von Zoophyten. Nicht weniger mannigfaltig iſt die Flora des Meeres vertreten.

Strabo, daß Eumedes unter Ptolemäus Philadelphus dort eine Feſtung angelegt hat.

Für die Echtheit des zweiten Theiles der Inſchrift möchte ſchon der Umſtand ſprechen, daß derſelbe im Stil und in der Angabe der Namen äthiopiſcher Provinzen viel Aehnlichkeit mit der Tafel von Akſum (vergl. Heuglin, Reiſe nach Abeſſinien 1861/1862, S. 147, mit Copie der Stele) hat. Möglicher Weiſe rührt vom Erbauer der letzteren Aizonas auch die abulitiſche Thron-Inſchrift her, wie denn auch die wenigen monumentalen Reſte, welche ich in Abulis ſah, zum Theil den akſumitiſchen ſehr ähnlich ſind, namentlich die viereckigen Säulen mit abgeſlachten Kanten (vergl. Heuglin, Petermann's Geogr. Mitth. 1860, S. 383).

Es finden sich auf der Insel mehrere kleine Niederlassungen. Die Eingeborenen sprechen den Tigrié=Dialekt von Masaua und beschäftigen sich fast ausschließlich mit Seegewerbe, namentlich mit Fischerei von Perlen, Perlmutter, Muschelgold (Cypräen), Schildplatt u. s. w. Auch der Dugong ist hier nicht selten, doch sind es mehr die Bewohner der benachbarten Danakil=Küste, welche auf ihren mit Mattensegeln versehenen Booten die Jagd auf dieses Thier betreiben.

Auf Dahlak giebt es zahlreiche Heerden sehr niedlicher und lebhafter Zwergziegen, auch Arab=Antilopen durchschweifen die grünen Thalgründe und es sollen sich sogar Wildesel, Schakale und Hyänen hier finden. Myriaden von Wassergeflügel hausen und nisten auf den Lagunen, Korallenbänken und in den Klippen.

Merkwürdig sind die alterthümlichen Reste, die sich noch hier finden. Sie bestehen in zahlreichen schön gearbeiteten Cister= nen und einem weitläufigen Friedhofe aus der Zeit der Herr= schaft der Sasaniden, mit mehreren, theils verfallenen Grab= kuppeln und schöngearbeiteten Stelen mit kufischen Inschriften.

––––––

Egypten selbst, sowie das angrenzende peträische Arabien, bietet wenig Gelegenheit zur hohen Jagd. Der Grund davon liegt hauptsächlich in dem Umstand, daß alles von der Ueber= schwemmung des Nils erreichbare Land, mit Ausnahme der Lagunen, in Culturboden verwandelt ist. Zwischen der starren, glühenden, vegetationslosen Wüste und letzterem giebt es keine Uebergangsstufen.

Auf den sinaitischen Gebirgen, sowie auf den ihnen gegen= überliegenden der afrikanischen Ostküste, haust noch der arabische Steinbock in kleinen Familien oder auch rudelweise; das stolze Mähnenschaf an ähnlichen Oertlichkeiten Mittel=Egyptens, nament= lich um die Westufer der Birket el Oarn im Fajum und bei

Minieh. Zufällig gelangt auch wohl ein verirrter Leopard aus
dem Norden her in das peträische Arabien.

Im flacheren Wüstenland lebt allgemein, in manchen Gegenden sogar recht häufig, aber doch meist in zerstreuten Familien
die Dorcas-Gazelle; sie ist in Arabien durch eine sehr ähnliche
Form, durch die schwarznasige Gazelle (Antilope arabica) vertreten. In der libyschen Wüste tritt die größere, schlankere,
zierlich gehörnte weißöhrige Gazelle (Antilope leptoceros) auf,
sowie die kräftige Abdax-Antilope; nach nicht ganz verbürgten
Nachrichten selbst die Kuh-Antilope.

Weil die Gazellen der Wüstenzone zumeist nur offene Gegenden bewohnen, so hat die Jagd mittelst Schießgewehr, selbst
mit den besten neueren Kugelgewehren, ihre großen Schwierigkeiten. Man erlegt diese Thiere dagegen sicherer auf dem Anstand in der Nähe von Wasserplätzen oder am Rande des
Culturlandes, welches sie häufig zur Nachtzeit betreten. Im
Dünengürtel des Nilthals gelang es mir auch zuweilen ein
Stück anzupürschen.

In Nubien und Senar hetzen die Araber die meisten dort
vorkommenden Antilopen mit einheimischen Windhunden, welche
einer sehr kräftigen, etwas grobknochigen Form angehören. Ihre
Färbung wechselt zwischen rostgelb und weiß. Sehr gesucht
sind namentlich behufs der Gazellenjagd die tunesischen Windhunde, wie die syrischen Hasenhunde.

Einige egyptische Würdenträger und Häuptlinge halten sich
aber auch Jagdfalken zum Einfangen der Gazellen. Diese Jagd
erfordert übrigens stets einen größeren Apparat, den nur Reiche
anzuschaffen und zu unterhalten vermögen.

Hierzu gehören natürlich Jagdfalken, dann einige Falkeniere
zum Abrichten (Abtragen), zur Pflege und zur Beize selbst;
ferner gute Jagdpferde, einige Koppeln kräftiger Windhunde und
ein ansehnlicher Dienertroß.

Zur Beize können verschiedene Falkenarten benutzt werden.
Die Indier richten hauptsächlich den Jugger, zuweilen auch den
Hühnerhabicht ab; die egyptischen Falkoniere geben namentlich
für Gazellenjagd dem Saqer (arabisch Saqer el chor) den Vorzug. Diese Art bewohnt ursprünglich das südliche Ost-Europa
und einen großen Theil von Asien. Sie erscheint aber auch
auf ihren Winterzügen vereinzelt in Nordost-Afrika, namentlich
im Delta. Dort fangen die Falkoniere hin und wieder einen
Saqer in Tellereisen, die Mehrzahl dieser Vögel wird jedoch
aus Syrien und Kleinasien eingeführt und zu sehr hohen Preisen
verkauft.

Die Abrichtung besorgen eigene Falkoniere aus dem Delta
und Moghrabiner. Sie geschieht in ähnlicher Weise und mit
Benutzung von Kappe, Fessel und Fausthandschuh, wie einst in
Europa mit dem Edelfalken verfahren wurde, nur mit dem
Unterschied, daß der Saqer anfänglich auf eine ausgebalgte
Gazelle angebracht wird, in deren Augenhöhlen Fleischbrocken
stecken, auf welche der Vogel sich stürzt; später läßt man ihn
dagegen gefesselt auf ganz junge Gazellen im Freien ab.

Will der Jäger eine Excursion auf Antilopen unternehmen,
so läßt er an bekannten geeigneten Localitäten die Stände und
Wechsel der Thiere genau erkunden und begiebt sich dann mit
Gefolge und einem oder mehreren Kameelen, welche reichlich
mit Wasser versehen sind, in die betreffende Gegend. Hier wird
Lager geschlagen und dann in der Frühe, namentlich auch bei
Nebel das schüchterne und flüchtige Wild unter vorsichtiger Benutzung jeder möglichen Deckung aufgesucht. Beginnen die Gazellen unruhig zu werden, zu winden und zu äugen, so wird
einer der erprobtesten Falken der Kappe und Fessel entledigt
und geworfen. Er steigt sogleich, faßt seine Beute scharf ins
Auge und stürzt sich pfeilschnell aus den Lüften herab. Bei
jedem der öfter wiederholten Angriffe zielt der Vogel stets nach

den Augen der Gazelle und sucht dort seine Fänge einzuschlagen. Indeß hat man die Hunde gelöst und die ganze Meute eilt mit verhängten Zügeln auf den Kampfplatz. Ersteren gelingt es meist bald, das durch den Falken geängstigte Thier fest zu machen, bis die Jäger zur Stelle sind. Zuweilen verwendet man auch den Saqer wie den Lanner und den Wanderfalken zur Jagd auf Trappen, Kraniche und Wassergeflügel, wo die Raubvögel leichtere Arbeit haben, indem sie ihre Beute gewöhnlich durch einen einzigen Schlag vermittelst der Fänge zu tödten vermögen.

Als andere jagdbare Thiere Egyptens nenne ich noch den Hasen, der an klüftigen Gehängen oder mit Tamarisken bestandenen Flächen oft in ganz erstaunlicher Menge gefunden wird; dann die gestreifte Hyäne, den Wolf, verschiedene Fuchs= und Schakalarten, darunter der zierliche Fennek, der Sumpfluchs, eine Genet= und eine Wildkatze, die Pharao=Ratten (Ichneumon), das Stinkthier (Rhabdogale) und das Stachelschwein.

Die genannten Raubthiere halten sich meist im Dickicht des Akazienbuschwaldes am Rande der Wüste, in Felsgebirgen, Ruinen, Gräbern, Klüften, in Höhlen, im Wüstensand, an Stein= und Sandgruben, im Sumpf der Inseln und Canäle, namentlich auch in Zuckerrohr=, Bohnen= und Getreidefeldern auf. Man jagt sie entweder durch Treiben oder mit Hunden, erfolgreicher ist aber der Anstand oder das Einfangen vermittelst Schlag= und Trittfallen, Fuchseisen u. s. w., sowie durch Ausgraben aus den betreffenden Bauen und Höhlen.

Behufs des Anstandes begiebt man sich entweder Morgens oder Abends in die Gegend der Wechsel und lauert, mit Benutzung einer natürlichen oder künstlichen Deckung, und auf der dem Luftzug entgegengesetzten Seite, im Hinterhalt. Noch erfolgreicher wird das Anstehen in der Nähe eines Platzes, wo ein todtes Thier oder frische Eingeweide, Knochenreste u. dergl. gelegt worden sind. Schakale, Hyänen und andere Raubthiere werden

auf die Fährte eines solchen Köders noch dadurch geleitet, daß
man denselben vorher in der Nähe der gewöhnlichen Wechsel
auf der Erde schleppen läßt.

Pharao-Ratten, Genet- und andere Wildkatzen fingen wir
mittelst Drahtschlingen in Mauerlöchern, durch die die Thiere
zu kriechen pflegen, ebenso, wie schon angegeben, in ganz gewöhn=
lichen Kastenfallen.

Ungefähr gleiche Oertlichkeiten wie der Sumpfluchs, also
hauptsächlich Rohrdickichte, Zuckerrohr-Pflanzungen auf Inseln
im Nil, in Tamarisken= und Akazienwäldchen, bewohnt das
Wildschwein. Vor etwa 20 Jahren war dieses Wild noch un=
gemein häufig im Delta, in der Nähe von Cairo und Saqara
und im Fajum. Die großen Verwüstungen, welche die Schweine
dem Landmanne verursachten, sind hauptsächlich Schuld daran, daß
ihnen allenthalben viel nachgestellt wird, wodurch ihre Zahl sich nach
und nach sehr vermindert. Nur die weitläufigen Rohrdickichte in
der Nähe der Nilmündungen beherbergen noch stärkere Rudel.

Der Strauß, ebenfalls vor einigen Jahrzehnten noch in
den Wüsten Egyptens nicht gar selten, hat sich nach Nubien
und nach der libyschen Wüste zurückgezogen.

In Unteregypten, namentlich in der Gegend zwischen Alexan=
drien und der Oase Siwah, lebt die Kragentrappe (Otis hubara)
noch paar= und familienweise. Selten verstreicht sie sich dagegen
ins Delta, wo auch die Zwergtrappe hin und wieder zur Win=
terszeit als Zugvogel erscheint.

Bekanntlich ist die Wachtel ein, im Frühjahr und Herbst in
unzähliger Menge im Nilgebiet einfallender jagdbarer Vogel.
Die Beduinen fangen sie zu Tausenden bei ihrer Ankunft aus
dem Norden, wo diese Vögel ermüdet im Sand einfallen.

Der Europäer jagt die Wachtel hauptsächlich im Februar,
März und April mittelst Vorstehhund im Getreide, auf Klee=
feldern und im Gesträpp längs der Canäle.

Mehrere Arten von Sandhühnern (namentlich Pterocles exustus und Pterocles guttatus) halten sich in Familien und Ketten am Rand des Culturlandes, auf Brach= und Stoppel= feldern, in mit Krautpflanzen bestandenen Wüstenthälern und auf Karawanenwegen, auch am Rand des steinigen Vorlandes der Gebirge auf. Da ihr Wildpret nicht sehr geschätzt wird, betreibt der Jäger von Profession nur zufällig das Beschießen von Ketten dieser reizenden Vögel. Kennt man die Plätze, wo sie Vormittags und Abends zur Tränke kommen, so kann man sie hier massenhaft auf dem Anstande erlegen.

In den Gebirgen östlich vom Nil und des peträischen Arabiens wohnen zwei Arten von Steinhühnern, eine Form des gewöhnlichen griechischen Steinhuhns und eine kleinere sehr nied= liche Species, Ammoperdix Hayi. Erstere hält sich höher im Gebirge als letztere, welche selbst zuweilen in den Felsketten um Asuan, südwärts bis Wadi Halfah angetroffen wird.

Beide sind von gesellschaftlichem Wesen und man findet sie, die Brutzeit ausgenommen, gewöhnlich in Ketten vereint, die während der Vormittags= und Abendstunden die steinigen Thäler ihrer Heimath nach Futter absuchen, sich gerne im Geröll drücken und regelmäßig vor Sonnenuntergang an den Wasserplätzen einfallen.

Ihr Wildpret ist namentlich zur Herbstzeit keineswegs zu verachten. Ein drittes, noch größeres Steinhuhn (Caccebis melanocephala) bewohnt die Gebirge jenseits des Golfs von Aqabah.

Sehr einzeln begegnet man im Februar und zu Anfang März der Waldschnepfe im Delta und in der Nähe von Cairo. Ich traf sie meist in Gartenanlagen, Kohlfeldern und am Ge= büsch von hohem Rohr (Arunio donax).

Unverhältnißmäßig häufiger tritt im Herbst und Frühjahr dagegen die Sumpfschnepfe auf. Es giebt dann keinen mit

Gras oder Binsen bestandenen Pfuhl, keinen Canal, keine Pfütze, an deren Rand einiges Schilf gedeiht, wo sie nicht anzutreffen wäre. Namentlich sind es aber die verschiedenen seichten Land-seen, die Lagunen des Delta und im Herbst auch alle Felder, von welchen sich nach und nach das Hochwasser der Nilschwelle zurückzieht, welche die Becassine als Aufenthaltsort bevorzugt. Neben ihr tritt auch die Zwergsumpfschnepfe, nur sehr selten aber die Pfuhlschnepfe oder Mittelschnepfe auf. Im Delta und Fajum findet sich noch eine vierte hierher gehörige tropische und subtropische Form, die Gold- oder Rallenschnepfe (Rhynchaea), welche eine mehr nächtliche Lebensweise führt. Ich halte letztere für Standvogel in Egypten.

Zu den jagdbaren Vögeln des unteren Nilgebietes rechne ich ferner noch die in zahlreichen Gattungen und Arten zumeist auf dem Zuge herumschweifenden Regenpfeifer, Sumpf- und Strandläufer, sowie Säbelschnäbler, Strandreiter, Kraniche (zwei Arten), Wachtelkönige, Roller, Wasserhühner und dergleichen, wohl auch halbwilde Feldtauben und Turteltauben.

Auf Brachfeldern und am Gestade der Flüsse haust der allezeit lebhafte und händelsüchtige Sporn-Kiebitz; auf Strom-inseln hauptsächlich der schwarzköpfige Krokodilwächter, auf Dächern, Friedhöfen und am Strande der mehr zur Nachtzeit sich schreiend herumtummelnde Dickfuß; in kleinen Familien am Rand der Wüste der isabellfarbige Wüstenläufer.

Die Nilgans bevölkert paarweise jahraus jahrein die Sand-bänke des heiligen Stromes und die benachbarten Saatfelder. Auch mehrere Entenarten, namentlich die Löffelente und sogar die Brandente scheinen sedentär, unglaublich groß aber ist die Zahl der vorzüglich in den Lagunen des Delta, zwischen dem Mariut und Manzalah-See überwinternden Enten, Gänse, Reiher, Löffler, Ibisse, Pelikane und Flamingos. Letztere brüten auch im nordöstlichsten Delta. Mit Möven und Seeschwalben streichen viele dieser Wintergäste auch ein gutes Stück stromaufwärts, die Kraniche, manche Reiher, Löffler und Enten überschreiten häufig noch den Breitenparallel von Chartum, die weißstirnige Saat= gans wenigstens den Wendekreis.

Vorzügliche Jagdplätze für den Liebhaber von Wassergeflügel finden sich am Manzalah, am Etku und Mariut, dann im Natron=Thal und im Fajum, am sogenannten Josephs=Canal, in der Provinz Scherqieh, am See von Aqrascheh unfern Changah u. s. w. Namentlich lohnend ist ein Ausflug nach dem Manzalah, der von Cairo aus leicht und zum Theil mit Eisenbahn erreicht werden kann.

Mit Empfehlungen an eine Consularbehörde oder den Gouverneur von Damiette versehen, kann der Reisende einige in dem Gewirr der Lagunen kundige Führer sowie ein Boot erlangen, das ihn bald in dieses Eldorado der Wasserjagd bringt.

Hier findet er aber neben den Wolken von Sumpf= und Schwimmvögeln, welche die Beherah buchstäblich bedecken, noch Wildschweine, Schakale, Luchse und Ichneumonen; dann eine Menge verschiedener Raubvögel, als Goldadler, Schelladler, Schreiadler, See= und Flußadler, Wander= und Lannerfalken, Aasgeier, Milane und dergleichen; zur Sommerzeit endlich das prachtvolle grünrückige Purpur= oder Sultanshuhn, welches früher in Menge hier nistete, in neuerer Zeit jedoch sehr selten geworden sein soll.

Wer sich nicht scheut, einige Tage oder Wochen in den kleinen Fischerdörfern unfern des Städtchens Manzalah zuzu= bringen, kann hier Gelegenheit finden, einen Blick in den Haus= halt der Natur zu werfen, den er stets zu den interessantesten Erinnerungen an eine Orientfahrt rechnen wird.

Die Wasserjagd in den Beherah kann auf verschiedene Weise betrieben werden. Entweder in einem kleinen Boot oder auf einem Floß, das mit Rohr und Schilf eingedeckt ist, oder der

Schütze legt sich während des Morgen- und Abendstriches in einen Entenschirm, oder er steht am Fuße eines der Dämme an, welche die Lagunen durchschneiden und die verschiedenen Fischer= dörfer mit einander verbinden. Die Stellen, über welche die Züge der Gänse, Enten, Löffler, Ibisse ꝛc. hauptsächlich ihre Richtung nehmen, hat man bald erkundet. Selbst in mondhellen Nächten macht man gute Beute, da der Strich, so zu sagen, Tag und Nacht keine Unterbrechung erleidet. Hat der Jäger an einem richtigen und etwas gedeckten Platze Posto genommen, so kann er auch entferntere Lagunen durch einige Eingeborene beun= ruhigen und dort eingefallenes und einfallendes Wassergeflügel durch Schießen stets wieder zum Auffliegen bringen lassen. Die Fischerei und mit dieser auch die Jagdgerechtigkeit auf dem Man= zalah ist Eigenthum der egyptischen Regierung und um hohen Preis verpachtet. Daher sollte der Reisende, welcher die Absicht hat, dort zu jagen, sich vorerst in Cairo mit den nöthigen Legi= timationen versehen.

Die in Egypten ansässigen „Cacciatori": Italiener, Mal= teser und Griechen, erlegen so ziemlich jeden Vogel, der ihnen vor die Flinte kommt, ebenso morden sie zu jeder Jahreszeit. Kukuke, Pirole, Eisvögel, Bienenfresser, Blaurücken, Schwarz= drosseln, Singdrosseln, Wiedehöpfe, Ziegenmelker, Schwalben, Steinschmätzer, Grasmücken, Laubsänger, Würger wandern massen= weise in die Küche, eben so gut als Wachteln und Becassinen. Diese „Jäger" unterscheiden aber dennoch gewisse Jagdperioden nach dem Zug der Wandervögel, als die Station der Wachteln, der Becassinen, der Laubsänger (Beccafighi), der Pirole u. s. w. Namentlich lebhaft geht es aber im Juli und August in den Campagnen, hauptsächlich um Alleen, in Olivenhainen und Gar= tenanlagen her, wo das Knattern der Gewehrfeuer kein Ende nimmt. Im Juli streifen nämlich die Bienenwölfe, die in ungeheuren Schaaren, namentlich in den Frühstunden, auf Bäu=

men einfallen oder unter betäubendem Geschrei und Insecten jagend über das Culturland hinziehen. Das Fleisch dieser dann sehr fetten Vögel gehört übrigens wirklich, wenn richtig zubereitet, zu den feinschmeckendsten Gerichten einer egyptischen Tafel. Im August dagegen kommen die europäischen Turteltauben ebenfalls sehr zahlreich in Unteregypten an. Man findet sie zumeist auf Tamarisken, Labach= und Akazienbäumen um Brunnengruben, längs der Canäle und Inseln, und verdient ihr Wildpret den Vorzug vor dem der halbwilden egyptischen Feld= tauben und der einheimischen Lachtauben.

Winkelmeſſungen,

ausgeführt auf den Wegſtrecken Sauakin, To-Kar, Aqiq, Wolb Oan, Naqfa
bis Maſaua, vom 25. Januar bis 4. März 1875.

Hierbei dienten als Baſis die bekannten Breiten von Sauakin und Maſaua, ſowie die Längen beider genannten Punkte nach
Ableitung der Länge von Ismailia.

Wegen Mangel an einer geeigneten Perſönlichkeit, welche
mich bei aſtronomiſchen Ortsbeſtimmungen hätte unterſtützen
können, habe ich nur einen einzigen Verſuch gemacht, eine Poſi-
tion ſelbſtändig feſtzuſtellen; nämlich diejenige von Aqiq el ſogheïer.
Nach den am 2. Februar 1875 dort beobachteten correſpondiren-
den Sonnenhöhen betrüge die Breite 18 Grad 31,1 Minuten,
nach den engliſchen Karten um 17 Minuten zu viel. Ich folgte
daher letzteren und verlegte Aqiq auf 18 Grad 14 Minuten
nördl. Breite.

Zu bemerken iſt ferner, daß nur diejenigen Meſſungen hier
berückſichtigt wurden, bei welchen ein vortrefflicher Azimuth-
Compaß von Troughton & Simms in London in Anwendung
kam. Die magnetiſche Declination (4 Grad 30 Minuten Weſt)
blieb unberückſichtigt und iſt dieſelbe nur bei Conſtruction der
Karte in Rechnung gebracht worden. Die während der Reiſe
nur durch Handcompaß beſtimmten Winkel verwerthete ich ebenfalls ſo gewiſſenhaft als möglich auf der Zeichnung.

1. Station. Sauakin, gegenüber der Stadt, am südöst=
lichen Rande des inneren Hafens. 25. Januar.[1]

Berg Waratab 284 Grad.

Aeußerste südöstliche Ecke der Bergkette zwischen Sauakin
und dem Barkah 185½ Grad.

Thaleinschnitte in letztere 195 Grad resp. 205 Grad.

2. Station. Chor Eren. 27. Januar.

Berg Schaba, östliche Spitze 190 Grad.

Südöstliche Ecke der Bergkette zwischen Sauakin und
dem Barkah (185½ Grad von Sauakin) 230 Grad.

Thaleinschnitt in letztere 245 Grad.

Scheinbare Südwest=Ecke derselben Bergkette 214 Grad.

Hervorragender Berggipfel westlich von Sauakin (α)
216 Grad.

3. Station. Alt=To=Kar (Saqieh). 27. Januar.

Berggipfel westlich von Sauakin (α von Station 2)
319 Grad.

Südöstliche Ecke der Bergkette zwischen Sauakin und
dem Barkah (von Station 1 u. 2 einvisirt) 280 Grad.

Berg Schaba, östliche Spitze 209 Grad.

Berg links vom Schaba (etwas näher, niedriger) 200
Grad.

Heina=Gebirge: 1) nächste hohe Doppelspitze 167½ Grad.
2) Zwei Spitzen dahinter, ferner, 167 Grad resp.
169 Grad. 3) Kegelförmige Spitze, noch ferner,
164 Grad.

Scheinbare nordwestliche Spitze des Schaba 223 Grad.

4. Station. To=Kar. 29. Januar.

Heina=Gebirge, kegelförmige Spitze 174 Grad.

Schaba=Gebirge, östliche Spitze 223 Grad.

---

[1] Ablesungen vom Nordpunkt (= 0 Grad) über Ost nach rechts.

Kleiner Berg neben dem Schaba (von Station 3 ein-
    visirt) 224 Grad.

5. **Station.** Nachtlager vom 30. auf den 31. Januar
in der Strandebene zwischen To-Kar und Aqiq.

Berg Deqdera, östliche Spitze 145 Grad.

Spitze südöstlich von Deqdera 139 Grad.

Niedrige Spitze zwischen beiden letztgenannten Bergen
    142 Grad.

6. **Station.** Raststelle am Mittag des 31. Januar.

Deber Anga 147 Grad.

Kegelförmige Spitze, etwas ferner als Deber Anga,
    173 Grad.

Sehr hohe, ferne Spitze (Berg Hedareb?) 178 Grad.

Deqdera 195½ Grad.

Hügel bei Aqiq (Fidfidscho?) 141 Grad.

7. **Station.** Djeziret Aqiq el sogheïer. 1. Februar.
(Südöstliche Ecke.)

Insel Hauiri 296—308 Grad.

Insel Bakiaï el Kebir, westliche Spitze 331 Grad.

Insel Bakiaï el sogheïer 342 Grad.

Amarat-Inseln (Mitte) 25½ Grad.

Vorspringende Punkte des Ras Takab nahe vom Stand-
    punkt 111 Grad resp. 165 Grad.

Aqiq (Dorf) 174—216 Grad.

Berg Hedarbeh 204 Grad.

Deber Anga 210 Grad.

Deqdera 269½ Grad.

Spitzen vom Vorgebirge am Golf von Aqiq el sogheïer
    280 Grad resp. 292 Grad.

Fidfidscho, kleiner pyramidaler Hügel 223 Grad.

Kleine Hügel bei Deqdera, a. 248 Grad, b. 244 Grad.

Heina-Gebirge, östliche Spitze 252 Grad.

Sehr hohe Spitze über dem Thal Tschelhindé am
oberen Chor von Abomanah (β) 170 Grad.

8. **Station. Aqiq, Hafen. 2. Februar.**
Westliche Spitze der Insel Bakiaï 341 Grad.
Insel Aqiq el sogheïer 354—21 Grad.
Kleine Ecke von Ras Schakab 91 Grad.
Südöstliche Ecke des Dorfes Aqiq 102 Grad.
Deber Anga 215 Grad.
Deqdera 272 Grad.
Kleine Hügel bei Deqdera, a. 245 Grad, b. 248 Grad.
Heina (einzige wegen trüben Himmels sichtbare Spitze)
248 Grad.
Berg Hedarbeh 204½ Grad.
Fernste in Süd zu Ost sichtbare Spitze in der Strand-
ebene 149 Grad.
Kirba Kerai 168 Grad.
Hoher Berg am oberen Chor von Abomanah (β von
oben) 172 Grad.
Af Sanab 176 Grad.

9. **Station. Am Hügel von Af Sanab. 4. Februar.**
Berg Fidfidscho 302 Grad.
Deber Anga 297 Grad.
Lagune von Bahbur-Aqiq (Chor Makro) 350—24 Grad.
Kirba Kerai 160 Grad.
Dorf Abomanah (ungefähr) 60 Grad.

10. **Station. Eibarbeh, 5 Minuten westlich vom Dorf.**
Berg Wold Abarat 169 Grad.
Berg östlich von letzterem (γ) 162 Grad.
Breites Thal Aiat 200 Grad.
Berg Eibarbeh 49 Grad.
Berg Halesto (östlicher Abfall) 352 Grad.
Berg Oenet 8 Grad.

Bergkette (niedrige, kahle Felsgrate) von Halibai, nord=
östliche Spitze 85 Grad.

Berg Maateb 108 Grad.

Berg Qabif 125 Grad.

Berg Scherafeh (Felsgrate) 131 Grad.

Berg Ebn Wutet 135 Grad.

Niedrige Felsgipfel 16—23 Grad.

Brunnen Oerger 239 Grad.

Berg Denbubié 174 Grad.

11. Station. Nachtlager vom 10. auf den 11. Februar.

Ferne Spitze in der Ebene 355 Grad.

Halefto, nordöstliche Spitze 347 Grad.

Deber Djindjei oder Dschindschei 244—248 Grad.

Danbubié 202 Grad.

Wold Abarat (Berg) 170 Grad.

Berg östlich von letzterem (γ von Station 10) 161 Grad.

12. Station. Im Chor von Qarora. 11. Februar.

Berg Danbubié 238 Grad.

Taflenai (Doppelspitze 2 St.) 206 Grad.

Berg östlich von Wold Abarat (γ von Station 10
und 11) 148½ Grad.

Berg Arob 178 Grad.

13. Station. Wold Qan. 14. Februar.

Thalrichtung von Wold Qan südwärts 164 Grad.

Wegrichtung vom Chor Falfat nach Wold Qan 325 Grad.

Berg Qatar 321 Grad.

Berg Habob qaih 342 Grad.

Berg Dschagat 348 Grad.

Berg Kachalet 351 Grad.

Hügel bei Wold Qan 317 Grad resp. 337 Grad und
15—41 Grad.

Pyramidale Spitze (5 St.) 10 Grad.

14. Station. Mündung der Dschewa in den oberen Falkat.
18. Februar.

Nördlichste Spitze von Oelat 181 Grad.

Wegrichtung der letzten 2 Meilen im Falkat 15 Grad.

Dschewa=Thal, Mündung 246 Grad.

Mündung des Thales von Aqra 195 Grad.

Bergrücken Dauano von 210 Grad nordwärts.

15. Station. 1 Meile Nord zu West von Rahie. 19. Febr.

Tsiqa Deglel, hoher Berg am nördlichen Rande bei
Naqfa, 153 Grad.

Berg daran stoßend 157 Grad.

Oelat, nordöstliche höchste Spitze 351 Grad.

Oelat qaih, Südspitze 289 Grad.

16. Station. Paß Esmet Debela in Naqfa. 20. Febr.

Oestliche Spitze von Oelat 355 Grad.

Oelat qaih (Mitte) 357 Grad.

Ferner hoher Gipfel 339 Grad.

Thal von Abelu, Richtung 165 Grad.

17. Station. Verlassene Hütten in Mentele, östlich vom
Mao. 21. Februar.

Berg Denden 163—171 Grad.

Berg Alaqa, westlich vom Mao 177 Grad.

Berg Dulqa 184 Grad.

Berg Elhezel (Enjelal?) 182 Grad.

Lawa (hoher Gebirgsrücken) 186 Grad.

Derbera, langer Bergrücken von 190 Grad nordwärts.

Berg Kalidamba, ganz nahe, 201 Grad.

Berg Oerdschebu, 2 Stunden, 224 Grad.

Berg Falaq, 2 bis 2$\frac{1}{2}$ Stunden, 252 Grad.

Berg Feqei, gegen 3 Stunden, 291 Grad.

Berg Eschendeq, 1$\frac{1}{2}$ Stunde, 302 Grad.

Berg Abra, 2 Stunden, 325 Grad.

Berg Dabai, ³/₄ Stunde, 355 Grad.

Berg Fidqit 35 Grad.

Berg Aroa, nördliche Spitze 46 Grad.

18. Station. Lager am Chor Meheiah unfern Berg Schaqer. 25. Februar.

Kiset-Gebirge 77—97 Grad.

Hauptspitze des Jemho 148 Grad.

Kleiner pyramidaler Berg, 3 Stunden, 159 Grad.

Berg Schaqer, ganz nahe, 80 Grad.

19. Station. Oetre. 25./26. Februar.

Kiset-Gebirge 56—65 Grad.

Berg Schaqer 28 Grad.

Bergzug Mileh 230—188 Grad.

20. Station. Südlich von Chor Oeeneb. 2. März.

Oeeneb, südliche Spitze 44 Grad.

Worket oder Worek, nördliche Spitze 150¹/₂ Grad.

Dessen Nachbar rechts 167 Grad.

Etwas fernere Felsreihe 167—179 Grad.

Kleine Gipfel in der Ebene Scheb, a. 140 Grad, b. 140¹/₂ Grad, c. 143¹/₂ Grad.

Hohe ferne Gipfel, resp. 242, 249, 269, 284 Grad; Jemho (?) 312¹/₂ Grad.

21. Station. Umkulu am Ost-Ende des Dorfes. 4. März.

Majaua, Mitte der Stadt 103 Grad.

Geographische Notizen und Distanzen

der Wegstrecke von Sauakin bis Masaua

vom 25. Januar bis 4. März 1875.

	St.	M.
25. Januar. Abreise von der Saline bei Oef (südöst- lich von Sauakin) 4 h. 10. Nachmitt. Süd 1 Strich Ost, abgesessen 6 h. 25. Distanz	2	15
26. Januar. Ab 6 h. 30. früh. 9 h. Regenstrom von Haidub passirt. 10 h. 45. Halt am Brun- nen von Naulabab.	4	15
Nachmitt. 3 h. ab. Richtung etwas mehr südöst- lich. 6½ h. Chor Eren überschritten. 7 h. 45. Halt am Chor Sibelab.	4	45
27. Januar. 6 h. 30. ab und 1 h. 15. in Saqieh (Alt-To-Kar).	6	45
28. Januar. 6 h. 45. aufgebrochen; nach gutem Marsch um 9 h. in To-Kar.	2	15
Von To-Kar nach Mirsah Trinkatat 6 St., auf dem halben Wege dahin Niederlassung El Tib.		
29. Januar. Von To-Kar aufgebrochen um 4 h. 15. Anfangs in Nordost zu Ost, dann Ost, um 5 h. 45. ein Stück südlich über Dünenketten weg, dann wieder Ost zu Süd. 7 h. 30. ge- lagert. Schwacher Marsch.	3	15

St.　M.

30. Januar. Südost zu Ost, theilweise Ost. 7 h. 30.

　　ab. 11 h. am Brunnen von Berur, stark 　　3　30

3 h. 20. weiter. 6 h. 30. die Lagune von Chartut

oder Kartut passirt. 7 h. 30. abgesattelt. 　4　10

31. Januar. 6 h. 45. vom Nachtlager ab. 9 h. 15.

20 Min. Halt bei einer Lagune.[1] 10 h. 50.

zwischen einer Gruppe von Akaziengebüsch ge=

lagert. 　3　45

12 h. 30. wieder ab. Guter Marsch. 1 h. Chor

passirt, 1 h. 45. größeres Regenbett Eidub,

gleich darauf hart zur Rechten ein weißer

Schutthügel (vielleicht Ruinen der alten Stadt

Eidub). 2 h. 25. Lagune. 2 h. 45. in Aqiq

el sogheïer. 　2　15

(Von Aqiq nach Abomanah 5 Meilen, Aboma=

nah ist eine Meile vom Golf von Bahdur

Aqiq entfernt.)

4. Februar. Nachmitt. 1 h. 45. von Aqiq aufgebrochen.

2 h. 45. großes Regenstrombett, rechts davon

alte Gräber mit aufgerichteten Steinplatten;

2 h. 55. ebenfalls Grabhügel am linken Ufer

eines anderen Chor. 3 h. 45. am Hügel Af

Saueb Lager bezogen. 　2　—

5. Februar. 7 h. ab. 15 Min. Süd zu Ost, dann

Südwest und Südwest zu Süd ins Wadi

Hamalaïb, das bei Abomanah mündet. 45 Min.

Aufenthalt. 11 h. abgesattelt am Fuß des

Hedarbeh. 　3　15

3 h. wiederum weiter, ein kleines Stück zurück,

---

[1] Von hier in Südwest der Regenteich Birket Pascheri, der 5 bis 6
Monate lang Regenwasser enthält.

St. M.

dann in Süd, Südost, Süd etwas West über
zwei niedrige Gebirgspässe. 4 h. 45. ins
Dahara-Thal, das sich später mit dem Hamalaïb vereinigt. In jenem Thal Südwest zu
Süd. 5 h. 30. Halt.

2 30

6. Februar. 7 h. 20. aufgebrochen in Süd, um 10 h.
im Chor von Abomanah, dem wir ³/₄ Stunden weit in östlicher Richtung folgen. Jene
³/₄ Stunden außer Rechnung, da wir bis zu
der Stelle, wo das große Regenstrombett um
10 h. erreicht wurde, am 7. Februar zurückkehrten.

2 40

Die Gegend, wo um 10 h. 45. für 24 Stunden
gelagert wurde, heißt Tschelhindé.

7. Februar. 2 h. 15. ab. Richtung Süd, Anfangs
etwas zu West, dann Süd zu Ost, zuletzt Ost.
Man folgt dem großen Chor von Abomanah
bergwärts. Die Gegend heißt Daber Amar;
nachdem wir nach 2 Stunden eine schöne grüne,
mit Akazien bestandene Fläche mit Sumpf und
Regenteich passirt, schneidet man über zwei Berg-
vorsprünge und Chor Daqdaq die mehr östlich
gelegenen Thalwindungen ab. Um 5 h. 45.
in Oedab, einer felsigen Schlucht, gelagert.

3 50

(In Süd zwei sehr hohe Gebirgsstöcke, Eidab und
Uben Dadeïn sichtbar.)

8. Februar. In der Frühe 1½ Stunden thalaufwärts
in Südost, hier gelagert. Diese Strecke wieder
außer Rechnung, weil wir auf demselben Wege
bis gegen Daqad zurückkehren.

9. Februar. Um 3 h. 45. den Lagerplatz vom 7/8. Februar passirt (Oedab), um 4 h. 10. verlassen

St.　M.

wir die alte Route und wenden uns in Südost zu Ost, zum Fuß des Passes von Careïta
im Thal Dar Abut. Hier kleines Dorf, bei
dem um 5 h. 15. abgesattelt wurde. Zu no-
tirende Distanz von der Nähe von Daqab
nur　1　5

10. Februar. Von Dar Abut in Südwest um 7 h. 15.
Morgens. Um 7 h. 50. erster, um 8 h. 10.
zweiter Paß der Ataba von Careïta; um 9 h.
erreicht man das Thal Oerger; hier Aufenthalt bei einem kleinen Dorf bis 10 h., dann
thalabwärts in Ost zu den Brunnengruben
von Oerger (11 h.), weiter in Nordost nach
der Niederlassung Eibarbeh, wo um 12 h. 15.
abgesattelt wird.　4　—

3 h. 40. Nachm. von Eibarbeh ab. Richtung nach
den Bergen von Wold Abarat. 4 h. 25. die
Südostseite der Mündung des Aiat-Thales aus
den Bergen in West, dann zwischen zwei Fels-
hügeln Afbalu (West) und Difo (Ost) durch,
um 5 h. 40. in eine kesselartig von Felsgra-
ten umschlossene Fläche, die Grate sich nach dem
Qabif-Berg hinziehend. 5 h. 50. Felsberg
Murmur links (Ost) 10 Min. vom Wege.
6 h. 15. in einer zweiten kesselartigen Fläche
gelagert.　2　25

11. Februar. 6 h. 30. ab. Richtung nach Wold Abarat. Zur Rechten (West) doppelte Terrasse von
steil abfallenden Gebirgen auf 2 bis 4 Meilen.
7 h. 10. durch ein breites Querthal von niedrigen Felskämmen, die in Ostnordost verlaufen. 7 h. 40. kleines Regenstrombett. 9 h.

sehr breiter, dicht mit Tamarisken bewachsener
Chor aus Süd zu Nordnordost verlaufend,
dem wir bergwärts noch 25 Min. lang fol=
gen. Ist der große Regenstrom von Qarora,
der bei Mirsah Berisa mündet. Guter Marsch. 2 55
2 h. 35. Nachm. von Qarora weiter, Anfangs im
Bett des Qarora. 3 h. merkwürdig geform=
ter Granitfelsen Aba Dschaqat links vom Wege
(Ost). 4 h. 30. in Ost ein kleines Seitenthal
mit gut erhaltenem altem Grabmonument am
Fuß des Berges Wold Abarat, den wir links
lassen und zwischen ihm und dem Berg Arob
(etwas südlich von beiden) um 5 h. 45. lagern.
Marschzeit 3 h. 10., davon ab 10 Min., bleibt 3 --
12. Februar. 7 h. früh aufgebrochen. Richtung Süd
und Südsüdost, Anfangs ein Stück weit im
Chor Ela tsade, den wir um 8 h. 30. ver=
lassen und welcher nach Qarora mündet.
11 h. 30. im Thal von Asarai. Auf der Route
hatten wir südlich von Ela tsade den Berg
Gebaneb, dann westlich von Asarai Berg
Qatar. 4 30
Nachm. 3 h. Anfangs bergan über eine Wasser=
scheide, dann in den Chor von Falkat (5 h. 15.),
6 h. 30. jenseits des Falkat am Fuß eines
Hügels gelagert. 3 30
13. Februar. 7 h. aufgebrochen und 8 h. 15. guten
Marsches bis Wold Qan. 1 15
16. Februar (Abends). 5 h. 15. von Wold Qan ab,
Anfangs nordwestlich, später mehr westlich.
6 h. 36. Chor aus Süd, der in den Falkat
fällt, bis 7 h. 10. westlich, dann eine kurze

St. M.

Strecke südöstlich. 7 h. 30. im Chor beim
Dörfchen Metemeh gelagert.   2   15

17. Februar. 7 h. früh ab in Südwest längs des Jal=
kat. 8 h. kleines Dorf links (Süd), hier fließen=
des Wasser. 8 h. 50. Berg Kaihafa (Nord)
passirt, an dessen Fuß aus Nordwest ein Chor
mündet. Der Jalkat kommt hier aus Südost.
9 h. 40. etwas Halt an einer Stelle, wo zwei
Torrenten münden, einer aus Nord, heißt
Schimqeh, einer aus Süd, Ma=Auqeli. 10½ h.
wieder weiter bis 11 h., wo bei ein paar
Hütten am Platz Obelet gerastet wird.   3   10

3 h. Nachm. weiter. Thalrichtung des Jalkat ein
Stück aus Süd. 5 h. 55. Halt.   2   55

18. Februar. 6 h. 30. aufgebrochen, den Chor, der
hier einen größeren Bogen nach Ost macht,
Anfangs links lassend, über eine Fläche mit
zahlreichen alten Gräbern. 8 h. 55. passirt man
die Mündung des Dschin= oder Gin=Thales, das
in West zu Süd nach Haschkob führt, und wen=
det sich dann im Jalkat Süd zu Ost. Abge=
sattelt um 11 h. gegenüber der Mündung der
Djewa oder Dschewa in den hier beginnenden
Jalkat.   4   30

Nachm. 3 h. 55. von der Dschewa=Mündung ab
in 195°. 4 h. 10. Mündung des Aqra, der wir
folgen. Hier rechts (West) am Weg isolirter
hoher Fels Dadabedschi. Von hier aus Rich=
tung des unteren Aqra Südost zu Süd. Um
4 h. 20. läßt man zur Rechten (West) die
Mündung des Thales von Daber tjabe, ver=
läßt dann ebenfalls in West den Chor von

Aqra (nicht aber das gleichnamige Thal) und
zieht über das Vorland am östlichen Fuß der
unteren Oelat=Berge hin; um 5 h. 30. am
Fuß der großen (südlichen) unteren Oela, um
6 h. 30. wieder zum Chor Aqra herab und
dort gelagert.   2 35

19. Februar. 6 h. 45. ab. Süd wenig West, gleich
Süd. 8 h. 45. Oelat qaih rechts (West)
lassend; die Ebene südlich vom Berg heißt Luah.
10 h. im Chor Aqra wieder abgesattelt, etwas
(¹/₄ St.) Nord zu Nordwest von Rahieh, einem
Hügel östlich vom Chor, auf dem sich Ruinen
befinden sollen.   3 15

2 h. 30. Nachm. weiter, Richtung Süd, den Chor
in Ost lassend; 3 h. 30. Thal Azer, das aus
Südost kommt, zur Linken. Wir halten mehr
Südwest zu Süd; 4 h. Südwest in ein enges
Seitenthal eingebogen, das Metabeleh heißt.
4 h. 15. West, 4 h. 50. Süd, dann Süd
und Südost in vielen Windungen schluchtauf=
wärts bis 5 h. 45., wo im Felsthal Lager
geschlagen wird.   3 15

20. Februar. 7 h. 5. zu Fuß ab. Süd 1 Strich
Ost. 8 h. 15. höchster Punkt des Passes
Esmet Debela. Von hier in Süd zu Ost
(165°) Hochthal, dann nach etwa einer Stunde
Südost. 10 h. 30. am Brunnen Tschewetu
gelagert.   3 25

Nachm. 3 h. wieder ab, im Ganzen in Südost bis
4 h. 45., wo bei der verlassenen Ansiedlung
Mentele Lager geschlagen.   1 45

23. Februar. 7 h. 10. von Mentele ausgerückt, An=

fangs Nordost, bald Ost. Eine fast baumlose,
aber grüne und mit Felstrümmern bedeckte
Ebene Diq-diq mit Ruinen. Nach kurzem Aufenthalt hier und kleiner Wendung in Südost
um 8 h. 15. zum Paß von Diq-diq, dessen
Fuß um 9 h. 5. erreicht; dann thalabwärts
im Hedai; 9 h. 40. am Wasserplatz Asqaq
vorüber, der in einem Seitenthal, das aus
Nordost mündet, während wir aus Nord wenig
zu West kommen und noch bis 10 h. 15. in
derselben Richtung (also Süd zu Ost) dem
Hedai-Thal folgen. 3 5

Nachm. verlassen wir nach einigen 500 Schritten
das Thal, biegen in Südost über zwei Bergrücken weg, zwischen welchen das Dorf Sima-
geli, und lassen den Berg Denden zur Rechten (West), nach 1½ Stunden wieder im Hedai,
dem man abermals folgt und wiederum in Süd
zu Ost. Rechts Berg Qaber tsade, dann Berg
Amba. 4 h. 25. Brunnen von Bajan passirt,
wo das Thal eine kleine Biegung nach West
macht. 5 h. 40. in Qothai im Hedai-Thal
gelagert. 2 h. 15. bis 5 h. 40. 3 10

24. Februar. 6 h. 30. aufgebrochen. Süd wenig Ost.
8 h. 30. Berg Amba, Südost-Spitze in West.
9 h. 10. an der Vereinigung des Mao mit
dem Hedai abgesattelt. In Südwest von der
Mao-Mündung Berg User. Der Platz, wo
wir lagern, heißt Mohaber Af Schari. Ed-
Kalat-Brunnen in der Nähe ¼ Stunde Nordwest. Das Mao-Thal mündet aus Nordwest,
der Hedai hier aus Nordnordost, gemein-

schaftliche Thalrichtung von hier südwärts
Südost. 2 40
Nachm. 2 h. 8. weiter in Südost. 3 h. 15. Mün=
dung des Dera=Flusses aus Nordwest. Hier
im Hedai=Thal isolirte Felsmasse unmittelbar
über jener Mündung. 5 h. 10. aus West zu
Süd Mündung des Torrenten Akbar Deqeli.
5 h. 15. Brunnen Moqa passirt. 5 h. 30.
Mündung des Qirqir. Das gemeinschaftliche
Thal aller dieser Flüsse heißt hier Qubqub;
es wendet sich da nach Ost und Nordost, wäh=
rend wir es in Süd verlassen, über einen klei=
nen Paß Aschorim weg. Zwischen Aschorim
und Qirqir=Mündung Berg Harb. Jenseits
Aschorim um 6 h. gelagert. Starker Marsch. 4 —
25. Februar. Anfangs Richtung Südost zu Süd, um
6 h. 30. ab. 8 h. 30. Paß, Richtung Süd=
südost, dann Süd zu West durch die Fläche
Qarbat. 8 h. 55. zweiter Paß, von da Süd
und Südost, um den Berg Schaqer herum, end=
lich Südwest.

Unter dem zweiten Paß Ebene, die nach Süd zum
Athara abfällt, darin zahlreiche Grabmäler,
unter ihnen ein theilweise mit Kalk über=
tünchtes vom Schech Kreneh oder Qaber
Dereneh. Westlich vom Berge Schaqer um
10 h. 15. Rast, am Torrent Meheia, der hier
in den Qm Schum fällt und gleich darauf in
den Athara mündet. 3 45
Nachm. 3 h. weiter in Süd, kaum etwas östlich
über den fast ½ Stunde breiten Chor Athara.
Um 4 h., nachdem wenig bergan gestiegen, auf

der großen Ebene von Af Abed. Hier alte
Grabmonumente und ein neues Grabmal von
Schech Schikar Wold Fiqeq, dem vor 2 Jahren
verſtorbenen Schech der Ats (Ads) Temariam.
Von Af Abed Wegrichtung Südweſt zu Süd,
4 h. 15. Südweſt zu Weſt, von 4 h. 30. ſtetig
bergab ſteigend und zwar in Weſt. Mit Granit=
blöcken überſäete grobſandige Fläche. 4 h. 55. den
nach Süden fließenden Chor Hobſet, 5 h. 5.
zweiten Chor mit Brunnen, 5 h. 20. dritten
Chor paſſirt. Alle ſehr tief eingeſchnitten.
5 h. 50. auf der Fläche Oetre, wo auch
Sommerlager der Ats (Ads) Temariam, abge=
ſattelt.   2   50

26. Februar. 6 h. 45. ab, in Süd (188°), nachdem
ein felſiger Torrent paſſirt, wendet ſich der
Weg um 8 h. am Südoſtfuß des Berges
Mileh nach Südweſt über einen Paß, Ataba
Eslul, deſſen Höhe um 8 h. 45. Dann ſteigt
man zum Torrent Aza (Atſa, Aſa) Sarqa
herab, der Südoſt=Richtung hat. Wegrichtung
Südweſt (etwa 220°). 9 h. 30. kleiner Paß,
dann thalaufwärts Weſt. 9 h. 45. wiederum
Paß und dann Südweſt=Richtung, gleich darauf
Südſüdoſt. 9 h. 55. wieder Südweſt, dann
Süd. 10 h. wieder niedriger Felspaß, dann
Südweſt und ſchließlich Weſt. 10 h. 10. er=
reicht man das Thal des Lebka, 10 h. 25.
die Station Oalamet.   3   40

3 h. Nachm. ab von Oalamet nach Weſt zu Süd,
um 5 h. 45. im Thal bei den Brunnen Ketba
gelagert.   2   45

28. Februar. 12 h. 45. ab, den Lebka abwärts,
gegen 2 h. 20. Qalamet passirt. 5 h. 30.
das Hobset passirt, gleich darauf fließendes
Wasser im Lebka. Die Stelle heißt Kogelobka.
6 h. 15. nach gutem Marsch gelagert; gegen   4 —
1. März. 6 h. 5. ab. 7 h. 40. enger Felspaß Walid
Eret. 7 h. 55. passirt, dann Aufenthalt bis
9 h. 10 h. 30. abgesattelt.   3 25
2 h. 5. wieder ab. 2 h. 15. wiederum kleiner
Felspaß. 2 h. 36. Dörfer Falhit links vom
Weg. 3 h. 5. alte Gräber rechts auf einem
Hügel. 3 h. 45. fließendes Wasser, herrliche
Vegetation. 4 h. 5. Wachtstation Diket links.
Zwischen Diket und Falhit Momber Herebib.
4 h. 50. in Ain gelagert. Starker Marsch.   2 45
2. März. 5 h. 30. früh ab von Ain in Ostsüdost
über einen Hügel weg nach dem Tiefland
(Sahel) Scheb. In Ost auf 2 Stunden, nördlich davon etwa ebensoweit ein zweiter größerer,
der Oedul heißt und nach Nordost verläuft.
Dann Richtung mehr Südost im Sehel.
8 h. 15. lassen wir hart zur Linken ein altes,
thurmartiges Grabmonument. 8 h. 40. Nordspitze des Berges Oeeneb oder Geenab in
Ost, 9 h. 10. Süd-Spitze desselben passirt
(in Ost). 9 h. 20. Thonschieferhügel hart
rechts vom Wege (West), 9 h. 36. etwas westlich von der eigentlichen Wegrichtung gelagert.
(Hier Station 20 der Winkelmessungen.)   4 6
1 h. 40. wieder ab. 2 h. 40. Nordspitze des
Worek oder Worket ¼ Stunde rechts von der
Straße. 3 h. kleiner Chor passirt. 3 h. 12.

St. M.

Hügel a und b der Winkelmessungen Stat. 20
hart zur Rechten. 3 h. 45. Hügel c einige
Hundert Schritte rechts. Hinter Hügel c in
Südwest noch einige Felsgrate. 4 h. 10. spitzi-
ger Hügel 500 Schritte West, etwas südlich von
der Wasserscheide der Chor Worket und Lawa.
5 h. 10. rechts (West) Gruppen niedriger Hügel.
5 h. 30. am Platz Kanser im Lawa abgesessen.　3　50
Chor-Richtung hier Nordost, dann Ost.
3. März. 5 h. 36 ab. Südost, das schanzenartige
Plateau über dem Lawa links (Ost) lassend.
7 h. 5. Chor Amba. 7 h. 35. Chor Makreï.
7 h. 45. Arm des Chor Makreï. 8 h. 25.
kleiner Chor Hamidsch. 8 h. 45. wieder kleines Regenstrombett. 9 h. breiter, flacher
Chor. 9 h. 15. Chor Schakat qaih. Hier
abgesattelt.　3　39
2 h. Nachm. ab. 3 h. Eintritt in die Niederung
des Chor Desit; hier links Hügel Inbiz.
3 h. 25. überschreitet man den Chor, der hier
östliche Richtung hat. 3 h. 45. zweiter Chor
von Desit. Die Hügel südlich und südwestlich
bedeckt mit Trümmern von Grabhügeln. 4 h. 25.
Thal Wodubo, das Anfangs südsüdöstliche Richtung hat, bald aber in Nordost umbiegt. 5 h.
verläßt man die Niederung. 6 h. Ankunft in
Mekulu. Starker Marsch.　4　—
4. März. 6 h. ab. 7 h. 15. (guter Marsch) am
Damm, welcher zur Insel Tualut führt.
7. h. 25. Damm passirt. 7 h. 36. am Damm
zur Insel Masana, Hauptinsel um 4 h. 44.　1　47

Die Insel westlich von Masaua heißt Tualut, das Vorgebirge Nord zu Ost von Masaua Ras Djerar, weiter nordwärts folgt die kleine Bucht Chor Duhali, darauf Ras Emitri,
dann Ghubet Embermi, hierauf Ras Harb und Ghubet Ras
Harb, ferner Mudhek (ob Mirsa Ughayyaru der Karten?)
Kobak, Ghubet Mirsah Ibrahim, Mirsah Ibrahim selbst, Mirsah
Mobarak, Mirsah Dond Ali und Durnah, Darn Adef der Karten.

Beobachtungen über den Luftdruck.

Die Betrachtungen über den Luftdruck wurden mittelst eines Anaeroids von Troftel in Stuttgart ausgeführt. Der Gang des Instruments war vorher durch Professor Dr. Zech im Laboratorium des Polytechnicums zu Stuttgart controlirt.

Wo in der nachstehenden Liste keine Temperaturen notirt sind, wurde die Ablesung am Anaeroid, welches ich in der Brusttasche trug, sofort vorgenommen, ohne eine Ausgleichung mit der Lufttemperatur abzuwarten. — Eine ganz genaue Berechnung der Höhen der betreffenden Stationen läßt sich ohne correspondirende Beobachtungen nicht herstellen. Im Monat März scheint der Barometerstand im Allgemeinen ein sehr niedriger gewesen zu sein.

1875		Station	Luftdruck	Temperatur der Luft in Grad nach R.	Ergebniß der Beobachtung in Metern
Datum	Tageszeit				
Januar 8.	9 h. 45 A.	Alexandria, Bahnhof	76,2	—	—
„ 8.	12 h. — M.	Tanta, Bahnhof	76,17	—	—
„ 13.	8 h. — A.	Sues, Hafen	76,8	—	—
„ 14.	8 h. 30 „	Rothes Meer, an Bord	76,5	—	—
„ 15.	8 h. — „	do.	74,5(?)	—	—
„ 17.	8 h. — „	do.	76,2	—	—
„ 19.	7 h. — „	do. Sanakin	76,2	—	—
„ 20.	7 h. 30 „	Sanakin, Insel	76,28	—	—
„ 21.	8 h. — „	do.	76,3	—	—
„ 22.	7 h. 15 „	do.	76,2	14,8	—
„ 23.	7 h. 30 „	do.	76,12	15,2	—

1875		Station	Luftdruck	Tempe-ratur der Luft in Grad. nach R.	Ergeb-niß der Beob-achtung in Metern
Datum	Tageszeit				
Januar 24.	7 h. 30 B.	Sauakin, Insel	76,18	16,1	—
„ 29.	1 h. — N.	To-Kar	75,82	24,5	53
Februar 1.	7 h. 30 B.	Aqiq, Hafen	76,27	19,0	—
„ 9.	9 h. — „	Thal Oebab	73,0	18,0	353
„ 10.	6 h. 15 „	Thal Oar Abut	73,3	—	320
„ 10.	7 h. 50 „	Paß Oareïta	72,6	—	397
„ 10.	8 h. 10 „	Oareïta, südlicher Sattel	73,0	—	353
„ 10.	9 h. — „	Thal Oerger	74,6	—	190
„ 10.	12 h. 15 M.	Cibarbeh	75,0	—	137
„ 12.	7 h. — N.	25 Fuß über dem Chor von Falkat	72,4	—	419
„ 13	11 h. 45 B.	Wolb Oan	72,25	24,2	436
„ 16.	10 h. — „	do.	72,1	21,0	452
„ 17.	6 h. — „	Metemeh im Falkat	72,05	—	458
„ 17.	11 h. 30 „	Obelet (Falkat)	70,75	20,0	604
„ 18.	6 h. 15 „	Lager im Falkat	69,63	—	730
„ 18.	11 h. — „	Falkat, ¼ Stunde unter der Mündung des Thals von Aqra	67,6*	—	967
„ 18.	6 h. 30 N.	Lager in Aqra	76,1	—	1146
„ 19.	10 h. 30 B.	Lager bei Rahieh	74,8	—	1305
„ 19.	6 h. — N.	Lager am Fuß des Passes von Naqsa	72,3	—	1619
„ 20.	8 h. 15 B.	Sattel von Naqsa	69,9	—	1933
„ 20.	11 h. — „	Brunnen Tschewetu	71,05	—	1781
„ 20.	7 h. — N.	Lager Mentele	71,8	—	1683
„ 22.	10 h. — B.	do.	72,05	18,2	1652
„ 23.	6 h. — „	do.	71,9	6,0	1670
„ 23.	11 h. — „	Lager im Thal Asqaq	75,0	19,5	1280
„ 23.	6 h. — N.	Ooqha (Hebaithal)	76,6	17,0	1086
„ 24.	6 h. — B.	do.	76,5	—	1098
„ 24.	10 h. — „	Mao-Mündung	78,1**	22,0	908
„ 25.	6 h. 15 „	Paß von Aschorim	69,3	15,9	771
„ 25.	11 h. — „	Thal Meheieh	67,45	—	997
„ 25.	6 h. 30 N.	Oectre	67,0	—	1050
„ 26.	6 h. 15 B.	do.	67,1	15,0	1038
„ 26.	11 h. 15 „	Oalamet	68,8	21,1	838

* Hier wurde das Instrument zurückgestellt und zwar auf 77,6. — Bei den folgenden Ablesungen blieb die Differenz unberücksichtigt.

** Hier wurde das Instrument wieder vorgerichtet und zwar auf 68,2, eigentlich auf 68,1, doch bewegte sich der Zeiger bei dreimaligem Versuch stets wieder selbständig auf 68,2. Alle nachstehenden Ablesungen beziehen sich auf letztgenannte Stellung und die von da aus erfolgte Bewegung des Zeigers.

1875		Station	Luftdruck	Tempe-ratur der Luft in Grad. nach R.	Ergeb-niß der Beob-achtung in Metern
Datum	Tageszeit				
Februar 26.	6 h. — N.	Ketbah (Brunnen)	66,2	—	1146
„ 27.	6 h. 15 V.	do.	66,3	9,8	1134
März 1.	6 h. — „	½ Meile unter Koge-lobka im Lebkathal	69,1	13,0	803
„ 1.	6 h. 30 N.	Ain im Lebka	72,05	19,5	470
„ 2.	10 h. — V.	Station bei Oeeneb	73,95	22,5	261
„ 2.	6 h. — N.	Kanfer	74,7	21,1	180
„ 3.	10 h. — V.	Schakat gaih	74,95	22,3	152
„ 4.	6 h. — „	Mekulu (Dorf)	75,2	17,5	126
„ 4.	11 h. — „	Majana, Stadt	75,5	23,0	95
„ 6.	9 h. — „	do. au Bord	75,7	22,8	73
„ 7.	6 h. — „	An Bord auf See	76,75	—	0
„ 8.	6 h. 15 „	do.	75,8	19,8	63
„ 9.	8 h. 40 „	do.	75,9	19,4	42
„ 10.	?	Sauakin, Hafen	76,14	17,9	31
„ 11.	6 h. 15 „	do.	76,2	15,2	11
„ 12.	7 h. 30 „	Auf See	75,9	18,8	42
„ 13.	6 h. 45 „	do.	75,67	19,1	73
„ 14.	6 h. 36 „	do. (bei Zemerdjid)	75,6	17,2	84
„ 15.	6 h. 30 „	do.	75,7	17,2	73
„ 16.	6 h. 30 „	do.	75,61	17,0	84
„ 17.	7 h. 30 „	do. (bei Zafaraueh)	75,61	15,8	84
„ 19.	6 h. 30 „	Sues, Hotel d'Orient	75,9	12,0	42
„ 19.	9 h. — „	Sues, Bahnhof	76,0	—	31
„ 19.	Mittags	Jsmailia	75,8	—	63
„ 19.	7 h. — N.	Cairo, Bahnhof	75,3	—	106
„ 21.	7 h. — V.	Cairo, Hotel Zech	75,65	—	84
„ 23.	11 h. 30 „	do.	75,1*	—	9
„ 24.	8 h. 30 „	do.	75,65	17,8	84
„ 25.	8 h. 30 „	do.	75,85	14,0	60
„ 27.	7 h. 30 „	do.	75,6	12,0	83
April 4.	Vormittags	Auf See gegenüber Lufin	76,58	—	0
„ 5	12 h. Nachts	Wien, Bahnhof	73,8	—	266
„ 6.	Mittags	Linz, do.	73,08	—	344
„ 6.	Abends	Salzburg, do.	71,5	—	519

* Starker Sturm.

Anhang.

Bemerkungen

in Betreff der von uns angewendeten Umschreibung der arabischen und äthiopischen Eigennamen.

Abgesehen vom wissenschaftlichen Werth, welchen die Einführung einer gleichmäßigen Orthographie bei der Uebertragung von Fremdwörtern in unsere Schrift gewährt, muß dieselbe noch einen besondern praktischen Nutzen für den Reisenden, sei er Geograph, Naturforscher, Jäger oder Handelsmann, bieten. Der Laie wird hierdurch in den Stand gesetzt, die betreffenden Namen richtig auszusprechen, dem Sprachforscher aber das Studium über Stamm, Bau und Zusammensetzung einer fremden Mundart wesentlich erleichtert.

Verschiedene Sprachkundige haben sich daher die Aufgabe gestellt, ein allgemein linguistisches Alphabet herzustellen. Die Grundlage zur Lösung dieser schwierigen Aufgabe verdanken wir vor Allen dem Archäologen Professor Dr. Lepsius in Berlin, welcher ein correctes System der Transscription für eine Anzahl von Alphabeten aller Welttheile bearbeitet hat.

Leider war mir bisher nur die erste Ausgabe dieses Standard-Alphabetes (London 1855) bekannt. Erst nach Vollendung meiner Arbeit gelangte ich in Besitz der zweiten Ausgabe des Lepsius-schen Buches vom Jahr 1863, die sowohl für das arabische als für das äthiopische Alphabet mehrere Abänderungen enthält, welche jedoch verschiedener Umstände wegen hier unmöglich mehr aufgenommen und verwerthet werden konnten.

Zur Feststellung der Orthographie der arabischen Eigennamen benutzte ich hauptsächlich die Register der Zoll = und anderer Regierungs = Behörden. Schwieriger war dies bei den tigrischen Namen, deren Bedeutung ich wo möglich zu erfahren mich bemühte. Die Tigrié = Sprache, welche keine Schriftzeichen besitzt und überdies in mehrere verschiedene Dialekte zerfällt, stammt bekanntlich vom Alt = Aethiopischen (Ge'ez) ab.

Bei Rückführung einzelner Eigennamen auf die äthiopischen Wurzelformen reichten meine eigenen Kenntnisse der Geez = Sprache und die mir zu Gebot stehenden Wörterbücher und Vocabularien nicht aus. Verschiedene werthvolle Aufklärungen verdanke ich der gütigen Mitwirkung der Herren Dr. Krapf und Professor Praetorius. Im Uebrigen hielt ich mich einerseits an die von Munzinger gewählte Form der Umschreibung, andrerseits an meine eigene Auffassung durch das Gehör.

Ich lasse nachstehend ein arabisches, sowie ein äthiopisch = amcharisches Alphabet folgen, mit der von mir angewandten Umschreibung (Lepsius 1855) und den neu eingeführten Abänderungen (Lepsius 1863).

Arabische Benennung.	Lepsius 1855.	Lepsius 1863.	
ا Alef	ā	ā	
ب Beh	b	b	
ت Te	t	t	
ث Ge	ϑ	ϑ	Aehnlich einem scharfen englischen Th.
ج Gim	ǵ	j (ǵ)	Weiches französisches Dj vor E.
ح Ha	h̔	h̔	Entsprechend einem weichen deutsch. Ch.
خ Xa	χ	χ	Gutturales, explosives deutsches Ch. wie im Allemannischen „Milch".
د Dal	d	d	
ذ Gal	ϑ̔	δ	Emphatisches deutsches S.

Arabische Benen= nung.	Lepsius 1855.	Lepsius 1863.	
ر Re	r	r	
ز Ze	z	z	Französisches Z.
س Sin	s	s	
ش Šin	š	š	Wie deutsches Sch, englisches Sh.
ص Sad	s̱	s̱	Emphatisches S.
ض Dad	ḏ	z̧	D mit leichtem Anklang an S.
ط Ta	ṯ	ḏ	Deutsches Th.
ظ Za	z̧	ḏ̱	Emphatisches arabisches ز.
ع 'ain	ʼ	ʼ	Hebräisches ע.
غ X̱ain	x̧	γ̇	Gutturales deutsches Gh oder Rh.
ف Fe	f	f	
ق Qaf	q	q	Explosives Q.
ك Kaf	k	k	
ل Lam	l	l	
م Mim	m	m	
ن Nun	n	n	
ه He	h	h	
و Wau	w	w	(als Consonant).
ي Je	y	y	(als Conf. Von mir stets als i geschrieb.)

Das Alef als Anfangsbuchstabe giebt Lepsius durch ʼ, ich umschreibe dasselbe mit kurzem a, e, i oder o, das ي als Vocal mit ī oder ē, das و ebenso mit ū oder ō.

Nicht berücksichtigt habe ich einige arabische Lesezeichen, welche in der Currentschrift gewöhnlich nicht angewendet werden, nämlich das Gezem (ـْ), das Medeh (ـٓ), Wazel (ـٔ), Hamza (ـٕ) und endlich das Tešdîd (ـّ). Letzteres, das Verdopplungszeichen, finden wir gewöhnlich durch zwei Consonanten oder Vocale wiedergegeben.

17 *

Diese Art der Umschreibung halte ich deshalb für unpassend, weil der Leser dann wohl ohne Zweifel einen kurzen Vocal zwischen den beiden betreffenden Consonanten vermuthen würde. Das Teschdîd ist überhaupt nur ein Zeichen aber durchaus kein wirklicher Buchstabe, es wäre daher consequenter Weise nur wiederum durch ein Zeichen anzudeuten, etwa gerade durch ein _ , wie in قَوَّاس durch Qaŭas, in دِكَّه durch Dikah, in حَدَّاد durch H'âd.

Manche arabische und türkische Eigennamen sind derart in verschiedene europäische Sprachen übergegangen und hier eingebürgert, daß eine Umschreibung nach dem Standard = Alphabet kaum zulässig erscheint.

Für Araber müßten wir 'Araber, statt Cairo oder le Caire. Qâhirah, statt Pascha, Pascia, Pacha endlich Bâšâ setzen. Dagegen habe ich für Beg und Bey stets Bêk, für Schech oder Cheik aber Šêχ ꝛc. ꝛc. gesetzt.

Die Umschreibung in ein Standard = Alphabet wurde überhaupt nur auf der Karte und bei den arabischen Eigennamen der Säugethiere und Vögel, nicht aber im eigentlichen Text unseres Buches angewendet, dagegen hier ein Verzeichniß angehängt, in welchem die arabischen und äthiopischen Benennungen mit der dazu gehörigen Transscription wiedergegeben sind.

Die äthiopische Sprache (Ge'ez) verläugnet ihren semitischen Charakter keineswegs. Die betreffende Schrift ist der himjaritischen entnommen, der noch drei Buchstaben zugefügt worden sind. Das Geez hat sich in Abessinien bis jetzt als Kirchensprache, in welche auch die Bibel übersetzt ist, erhalten. Aus dem Geez entsprang in Ost = Abessinien das Tigrenja (besser Tigreña) mit seinen verschiedenen Mundarten, in Süd = und West = Abessinien bildete sich dagegen durch Mischung des alten Idioms mit fremden, afrikanischen Sprach = Elementen das Amcharenja (besser Amẑareña), die Sprache von Amchara oder die königliche (Hof =) Sprache.

Die Tigrié-Dialekte haben keine Schriftsprache, die amcharische Schrift wurde dagegen aus der äthiopischen gebildet. Letztere besitzt ursprünglich 26 Schriftzeichen, aus denen durch Anfügung von je sieben verschiedenen Vocalzeichen ein vollkommenes Syllabarium entstanden ist.

Die amcharische Schrift erhielt überdies einen Zuwachs von sieben neuen Consonanten, zusammengesetzt aus den bereits vorhandenen Zeichen ሸ:ቸ:ኘ:ኸ:ዠ:ጀ und ጨ::, sie besitzt somit 33 Buchstaben mit je sieben Formen, wozu noch fünf Diphthongen der Lettern ቀ:ኀ:ከ: und ገ: kommen, also im Ganzen 251 Schriftzeichen. Im Himjaritischen und alten Geez wurde jedes Wort vom folgenden durch eine senkrechte Linie (|) getrennt, jetzt geschieht das durch zwei übereinander stehende Punkte (:), während am Schluß jedes Satzes vier Punkte gesetzt werden (::).

Ich gebe nachstehend die sieben Formen des ersten Buchstabens des amcharischen Alphabets, des Hoi, sowie die des dreizehnten, des Alef.

ሀ ha, ሁ hu, ሂ hi, ሃ hā, ሄ {hjé oder hié ist also somit eig. Diphth.} ህ hĕ, ሆ ho

አ a, ኡ u, ኢ ī, ኣ ā, ኤ jé oder ié, እ ĕ, ኦ ō

Bei der ersten Form jedes Buchstabens lautet der darauf folgende Vocal a meist etwas gedehnt, mit Ausnahme der Schriftzeichen ሀ:ሐ:ኀ:አ:ዐ: und ጠ:, in der zweiten Form wie das deutsche kurze u, in der dritten wie i, in der vierten wie langes a (also ā), in der fünften wie jé oder ié (ähnlich den zwei ersten Buchstaben im deutschen Jeder ꝛc.), in der sechsten wie kurzes, fast unhörbares e (also ĕ, ę bei Lepsius) und in der siebenten wie scharfes, jedoch wenig gedehntes o (also am besten mit ó zu umschreiben).

Das äthiopische Alphabet.

Altäthiopisch.	Geez oder Kirchenschrift.				Name	Heutein.	Leps. 1863.	Entspr. dem arab. Buchstab.
Ꚁ ꓕ	ሀ ሁ ሂ ሃ ሄ ህ ሆ				Hoi	h	h	ه
ᐊ	ለ ሉ ሊ ላ ሌ ል ሎ				Lāwi	l	l	ل
Ꚍ ᐱ	ሐ ሑ ሒ ሓ ሔ ሕ ሖ				Hāut	hʿ	hʿ	ح
ᗐ w	መ ሙ ሚ ማ ሜ ም ሞ				Mai	m	m	م
᙭	ሠ ሡ ሢ ሣ ሤ ሥ ሦ				Sāut	s̈	s	س
ᒥ	ረ ሩ ሪ ራ ሬ ር ሮ				Rees	r	r	ر
ᗋ	ሰ ሱ ሲ ሳ ሴ ስ ሶ				Sāt	s	s	س
Ꝑ ᛉ	ቀ ቁ ቂ ቃ ቄ ቅ ቆ				Qaf	q	kʿ	ق
ᐁ	በ ቡ ቢ ባ ቤ ብ ቦ				Bet	b (weich fast wie deutsches w)	b	ب
᙭	ተ ቱ ቲ ታ ቴ ት ቶ				Tāwi	t	t	ت
ᛉ	ዘ ዙ ዚ ዛ ዜ ዝ ዞ				Narm	z	z	ز
ᛉ	ነ ኑ ኒ ና ኔ ን ኖ				Nahas	n	n	ن
ᚼ ᚿ	አ ኡ ኢ ኣ ኤ እ ኦ				Alef	a	a	ا

Das äthiopische Alphabet.

Altäthiopisch.	Geez oder Kirchenschrift.					Heuglin.	Lesj. 1863.	Entspr. dem arab. Buchstab.
Kaf	ነ	ኑ	ኒ	ካ	ኬ	ክ	k	k	ک
Wâwi	ወ	ዉ	ዊ	ዋ	ዌ	w	w, u	و
'Aïn	ዐ	ዑ	ዒ	ዓ	ዔ	'	'	ع
Zai	ዘ	ዙ	ዚ	ዛ	ዜ	z	z	ز
Jaman	የ	ዩ	ዪ	ያ	ዬ	j	y	ي
Dent	ደ	ዱ	ዲ	ዳ	ዴ	d	d	د
Gemel	ገ	ጉ	ጊ	ጋ	ጌ	g (gutturales deutsches g)	g	غ
Tait	ጠ	ጡ	ጢ	ጣ	ጤ	ṭ (deutsches th)	ṭ	ط
Pait	ጰ	ጱ	ጲ	ጳ	ጴ	p' (emphatisches deutsches p)	p'	
Tsadai	ጸ	ጹ	ጺ	ጻ	ጼ	t's (deutsches ts)	ts	
Tsapa	ፀ	ፁ	ፂ	ፃ	ፄ	ts (weicher als das Vorherg. fast wie ds)	ts	
Af	ፈ	ፉ	ፊ	ፋ	ፌ	f	f	ف
Psâ	ፐ	ፑ	ፒ	ፓ	ፔ	p	p	

Vorstehendes äthiopisches Alphabet bildet mit folgenden Buchstaben das amharische Alphabet.

Ethiopic					Transkription		
ሠ	ሡ	ሢ	ሣ	ሤ	ሥ	ሦ	Săt · š (deutsches sch) . . š
ቸ	ቹ	ቺ	ቻ	ቼ	ች	ቾ	Tšäwi tš (deutsches tsch) . e
ኘ	ኙ	ኚ	ኛ	ኜ	ኝ	ኞ	Nahas ń (deutsches ng) . ń
ኸ	ኹ	ኺ	ኻ	ኼ	ኽ	ኾ	Nâf ž (gutturales deutsches ch) ǩ
ዠ	ዡ	ዢ	ዣ	ዤ	ዥ	ዦ	Ghai ǵ (französisches weiches j in je) . ž
ጀ	ጁ	ጂ	ጃ	ጄ	ጅ	ጆ	Dšent dš (deutsches dsch) . j
ጨ	ጩ	ጪ	ጫ	ጬ	ጭ	ጮ	Tšäit t'š (breites deutsches tsch, mit etwas abgesetztem t) . d'

Diphthonge.

ቈ qua	ቊ que	ቊ qui	ቋ quā	ቍ quiē
ጐ zua	ጒ zue	ጒ zui	ጓ zuā	ጕ zuiē (deutsch chua ꝛc.)
ኈ kua	ኊ kue	ኊ kui	ኋ kuā	ኍ kuiē
ኰ gua	ኲ gue	ኲ gui	ኳ guā	ኵ guiē

Ich habe die Auflöſung der amchariſchen Buchſtaben ℛ፡ⵛ፡ ⵟ፡ⵎ፡ und ⵎ፡ in t's, tš, tš, t̤š und dš beibehalten, weil die von Prof. Lepſius neueſtens für erſtere eingeführte Zeichen leicht überſehen werden.

Das äthiopiſche Gemel (ⵎ) entſpricht urſprünglich dem gleich= namigen hebräiſchen und arabiſchen Buchſtaben, aber die Aus= ſprache im heutigen Tigriſchen und Amchariſchen weicht von der des ⵎ ab, es iſt ein gutturales deutſches g. Auch das äthio= piſche ⵎ wird nicht ſo heftig ausgeſtoßen, als das arabiſche ⵎ, welch letzterem in der Art der Ausſprache mehr das ⵎ gleich= kommt; in den ſemitiſchen Wurzelworten umſchreibt der Abeſſinier übrigens ſtets das ⵎ mit ⵎ und nicht mit ⵎ.

Die amchariſchen Zeichen ⵎ u. ℛ werden in der Schriftſprache nicht ſelten verwechſelt; im Allgemeinen ſpricht man in Tigrié wohl das ⵎ etwas weicher aus; im Amchariſchen dagegen lautet das ℛ ungefähr wie das arabiſche ·ⵎ oder ⵎ; der Bewohner von Dembeja wird für T'sana Bah'er immer Tāna Bah'er, für T'ſelemt Ṭelemt, für T'sagadié Ṭagadié ſagen.

Was die richtige Ausſprache der Berberiner Sprache (Nobeña) und des Begañié anbelangt, ſo muß ich auf die betreffenden Ar= beiten von Prof. Lepſius, „Grundzüge der nubiſchen Grammatik“ und die „Grammatik der Bega=Sprache“ verweiſen.

Am oberen Anſeba haben ſich vor mehrern Jahrhunderten Reſte eines Volkes angeſiedelt, das aus dem Innern von Abeſ= ſinien, angeblich vom Agau ſtammt. Seine urſprüngliche Sprache war das Bogos oder Bélén, nach Einigen ein Gala=Idiom, nach Anderen ein Zweig der H'anāraʒa=Sprache, welche heutzutage noch bei einigen Stämmen des Weſt=Abhanges von Abeſſinien üblich iſt, namentlich bei den Kamannten. Viele Bogos verſtehen wohl noch ihre Mutterſprache, doch wird dieſelbe in kurzem vollſtändig durch das Tigriſche verdrängt ſein.

Verzeichniß

der im Text vorkommenden Fremdwörter mit Umschreibung.

————

Abaich, Mantel — 'Abāich.

Abi, äthiop., groß, hoch — 'abi, besser 'ābej, ዐቢ᎓, daher Hager 'ābej, die Hauptstadt, Deber 'abej oder Deber 'ābi, der hohe Berg.

Abd-Allah, Eigenname — 'Abd el Lah, عبد الله.

Abessinien, s. Habesch.

Abiad, weiß — abiad, ابيض, daher Baḥ'er el abiad, der Weiße Fluß.

Abyssinien, abyssinisch, Abyssinier, s. Habesch.

Abu — vom arabischen Ab (Vater) — Abū. — Zur Bezeichnung einer Eigenschaft, z. B. Abū el Kalām, der Vater der vielen Worte, Schwätzer — Abu Sök, der Vater der Stacheln, das Stachelschwein.

Adan, arab. — 'adan, عَدَن — feste Wohnsitze habend.

Aden, Stadt in Süd-Arabien — 'Aden, arab. عَدَّن.

Adel, auch Adail der Karten. Name eines älteren muhamedanischen Reiches an der abessinischen Ostküste. Orthographie dem Verfasser nicht bekannt. Die äthiopischen Geschichtsbücher schreiben አዳል᎓ (Adāl), das von dem Königsgeschlecht 'Ad oder Ad 'Ali der Danakil abzuleiten wäre, also arabisch wohl Ad'al oder 'Ad'āl.

Af, äthiopisch አፍ ፡ ፡ — der Mund, Oeffnung, Schlucht, Felsthor, Mündung.

Agha, Hauptmann — Aǧā, türkisch اغا.

Ahmed, Eigenname — Aḥmed.

Ain, arabisch und äthiopisch — 'Aïn, d. i. Auge, Quelle.

Ailet, Aëlet, Elet, auch Hailat — 'Ailet, 'Elet, besser 'Ajelat (ዐጀላት ፡ ፡), vielleicht zusammenhängend mit 'Ela, d. i. Brunnen.

Alexandria, arabisch Iskanderīeh.

Ali, Eigenname — 'Ali.

Amar, Daher Amar — 'Amar.

Amarat, Inseln im Golf von Aqiq — 'Amarāt.

Amchara, amcharisch, amcharische Sprache. Gewöhnlich Amhara, auch Amara geschrieben. — Vom äthiopischen አምኃራ፡፡, also Amχāra, amcharisch amχareña. — Amchara bildet die westliche, Tigrié die östliche und Schowa die südlichste Haupt-provinz des äthiopischen Reiches.

Amer, s. Beni Amer.

Amru, Eigenname — 'Amru.

Anseba, Fluß. — Auch Aïnsaba und 'Aïnsab'ah geschrieben.

Aqiq — 'Aqīq, arabisch عقيق, bedeutet Thal, Regenstrom-bett; auch Agat oder Karniol.

Aqiq el sogheïer, Niederlassung am gleichnamigen Golf — 'Aqīq el soχ'eïer, عقيق الصغير, d. h. Klein-Aqiq.

Aqra, Thal, welches in den Falkat-Strom mündet. Ableitung dieses Eigennamens ungewiß. Wenn von አግር፡, Agra zu schreiben, der Aussprache der Eingeborenen nach Agr'a oder Aqr'a.

Araber, Volk der — El 'Arabi, Collect. 'Arab, Plur. 'Urbän. Von عرب. — Arabien, Beled 'arab. — Die ara-bische Küste, Bar el 'Arab.

Arus, arab., die Braut — 'Arūs — daher Mirsah 'Arūs, die Brautbucht.

Aschorim, Paß — Ašōrim.

Aschraf, Beduinenstamm im Barkah — Ašraf.

Aschrufi, Djebel Aschrufi, Leuchtthurm — Ašrūfi.

Atabah, Gebirgssattel, steiler Paß — ˀAtabah.

Ataqah, Berg in der Nähe von Sues — ˀAtāqah, Gebel ˀAtāqah, d. i. der Berg der Befreiung, Verheißung.

Athara, Regenstrom in Naro — wahrscheinlich Atḥˁāra.

Ats (Az nach Munzinger), Stamm, Geschlecht; z. B. Ats Hib-tes, Ats Temariam, Ats Teklēs ꝛc. — Ableitung mir nicht bekannt; nach dem Gehör würde ich ˀAt's (ዐጽ። oder ዐጽ፥) schreiben. Vielleicht ist das Wort eine Abkürzung des äthiopischen ዐጸደ፥, was Hof, Vorhof, Umzäunung bedeutet und auch ዐፀደ፥ geschrieben wird, indem die Abes-sinier die Buchstaben ጸ und ፀ häufig verwechseln. — Isenberg (Dict. of the Amhar. Lang. I. p. 207) erwähnt eines tigrischen Districtes ዐጽዐ። ˀAt's Mi in der Salz-ebene. Professor Praetorius ist der Ansicht, dieses Wort hänge mit dem äthiopischen ˀAd (ዐዲ፥ und ዐዲ፥) zu-sammen, was Stadt bedeutet, welches in Tigrié noch häufig vorkommt, z. B. in ˀAdigrat (Ackerstadt), ˀAdi-Bāro ꝛc. Der genannte Gelehrte möchte selbst Adowa von ዐዲ፥ und ˀAwη (der Inschrift von Aksum) ableiten, was mir deshalb nicht wahrscheinlich ist, weil dieser Stadtname jetzt stets Adowa (አዶዋ፥, Adowa oder Adwa) geschrieben wird.

Aziz, arabisch عزيز, also ˀAzīz.

Azim, arabisch عظيم, daher ˀAzīm, d. h. groß, mächtig, fürstlich.

Azus im Samhar, wahrscheinlich auch von عزيز abzuleiten, müßte in dem Fall ˀAzīz geschrieben werden, statt Asus. Das arabische ˀAzīz ist übrigens auch im Aethiopischen und Am-charischen gebräuchlich (ዐዚዝ፥).

Babe, der altarabische Name der Stadt Masaua — Bāḍ'e
(باضع). Der Ort kommt öfter in alten arabischen Schrift=
stellern vor, z. B. in Makrizi, Kitāb el Xiṭaṭ, ed. Bulāq
1270 p. 194. — Jaqūt, Geogr. Wörterb. ed. Wüstenfeld
I, p. 471. — Zur Zeit der genannten Geschichtschreiber war
diese Stadt oder Insel übrigens bereits verwüstet. Die Ein=
wohner sprachen abessinisch und trieben Zwischenhandel zwischen
dem Meer und Binnenland. Die Frauen von Babe hatten
die Sitte, sich die Ohren zu schlitzen oder zu durchlöchern
(خرق). Gegen Elfenbein und Straußeneier vertauschten die
dortigen Händler Qust (قسط, wohlriechende Harze?), Zufār
(ظفار, Operkeln von Strombus), Kämme (Mišāṭ) u. dgl.
Die Sprache von Masaua heißt heute noch Babe.

Baher, der Fluß — Bah'er, arabisch بحر.

Bah'er el abiaḍ oder schlechtweg Bah'er abiaḍ (بحر ابيض),
der Weiße Nil.

Bah'er aḥ'mar, بحر احمر, das Rothe Meer.

Bah'er 'Aqabah, der Golf von 'Aqabah.

Bah'er azreq (بحر ازرق), der Blaue Fluß.

Bah'er Ẓolām, d. i. das dunkle (tiefe) Meer, von ظلمة,
die Dunkelheit.

Bah'er X'azāl, بحر غزال, der Gazellenfluß.

Bah'er H'egāz, بحر حجاز, das Rothe Meer.

Bah'er Suēs, بحر سويس, der Golf von Sueß.

Bah'er Qolzum, بحر قلزوم, das Meer von Qolzum,
d. i. das Rothe Meer.

Das Wort Bah'er ist auch in das Aethiopische übergegan=
gen und ባሕር : bedeutet dort Meer und Meerespro=
vinz, aber auch Landsee.

Bahernegasch, amcharisch, der Fürst der Meeresprovinzen —
Bah'er - Negaš.

Bahr Tjana, der große Binnen-See in der Nähe von Gondar — äthiopisch ጻና፥, Tsana, amcharisch wie Tana ausgesprochen.

Bainbah, Steppe im südlichen Nubien. Vom arabischen ﺍﺑﻴﺾ, weiß, daher Baïûdah.

Baqla, äthiopisch ባቅላ፥, Provinz westlich von Naqsa. — Wird bereits von Ludolf, Hist. Aethiop. I, 3. 29. und I, 10. 6 erwähnt als Besitzung des Bahernagajch. „Armenta Africae utique et olim celebria fuere et adhuc ibi dantur gentes quae sola re pecuaria victitant. Tales armentarii sunt ቤቅሌ፥ባቅላ፥ Beklenses, haud procul Suaquena: qui aestate montes incolunt, hyeme vero in plana descendunt, et, pabulum sequendo, sedes cum tempestatibus anni mutant.“ Das äthiopische ባቅላ፥ bedeutet grünen, blühen.

Bar, arabisch, Festland im Gegensatz zu Wasser. — Bar ’Arab, die arabische, Bar ’Agam, die afrikanische Küste des Rothen Meeres.

Barkah, arab. ﺑﺮﻛﺔ (b. i. Glück, Ueberfluß), Niederung und großer Regenstrom, äthiopisch Barha und Baraza (ባረዛ፥), Wildniß. Das amcharische Berka bedeutet See, Sumpf.

Bajcha, Pajcha, Pacha, Pajcia, vom Türkischen. Arabisch ﺑﺎﺷﺎ. also Bâšâ.

Bajcheri, Lagune in der Nähe von Aqiq — Bašeri oder Birket Bašeri.

Baten el Habjar, Provinz im nördlichen Nubien — Baten el Hagar, d. i. Steinbauch.

Bedaui, Plur. Bednân — Wüstenbewohner, Nomaden.

Bedjah, Nation, welche zwischen dem Nil und Rothen Meer ansäjjig ist. Die arabischen Schriftsteller schreiben ﺑﺠﺔ. also Begah. Ihre Sprache heißt Begaueh, nach Munzinger Tô-Bedaui, das heißt die Sprache der Beduinen (Nomaden). Tô ist der sächliche Artikel in der Bedjah-Sprache, ó

der männliche, té der weibliche. Die heutigen Bedjah nennen
sich wohl auch Beduān (Plur. von Bedāui oder Bedāwi) zum
Unterschied von den Bewohnern der Städte, aber wenn von
ihrer Abstammung die Rede ist, stets Bedjah. Das Bedjauieh
gehört zum Hamitischen Sprachstamm, wie das Alt=Egypti=
sche, Koptische, Tamascheq (Tamāšeq), Gala, Hausa und Numa,
vielleicht auch das Nubah. Das Land der Bedjah heißt bei den
Arabern Edebāi. Vgl. Lepsius, Grundzüge der Grammatik
und Wortverzeichniß der Bedja=Sprache. — Munzinger,
Peterm. geogr. Mitth. 1864. Ergänz.=Heft Nr. 13 p. 11 ꝛc. —
Heuglin, Peterm. geogr. Mitth. 1861. Ergänz.=Heft p. 14 ꝛc.

Bedindjan, ein Gemüse (Solanum) — Bedingān.

Bedjuk — richtige Schreibart wahrscheinlich Bedšuk. Kleine
Völkerschaft am Anseba.

Bek, Beg, Bey — vom türk. بيك, also Bēk, oder auch بك.

Beni, arabisch, Söhne, Nachkommen. Beni Isr'aël, die Juden.

Beni Amer, Volksstamm — Beni 'Amer, auch Beni 'Aāmer.

Berberah, Hafenstadt an der Somalküste. Arabisch بربرة.

Berberi, Plur. Barābra, Urbevölkerung von Nubien.

Bet, arab. Bēt, بيت, äthiopisch Biéte oder Biét, ቤት —
ursprünglich Haus, aber auch Stamm, Familie bedeutend,
ähnlich wie 'Ats. — Bet Bascho, ein Zweig der Urein=
wohner des Barkah=Gebietes — Bet oder Biét Būšo, ebenso
Bet Malia, Maliah oder Malh'a.

Birkeh, arabisch, See, Lagune.

Birket Bašeri
Birket Kardūt oder Nardūt } Lagunen unfern Aqiq.

Bischarin und Bischariab, ein Bedjah=Stamm — Bišārin,
auch Bišāriāb.

Cairo, le Caire, — Hauptstadt von Egypten. Arabisch Maṣer
(مصر), Medinet Maṣer, Maṣer el mahrūsah, die (von Gott)
beschützte, und Medinet Qahirah, d. i. die siegreiche Hauptstadt.

Chanqa, Städtchen nördlich von Cairo — Nanqah.

Chartum, Khartoum — Hauptstadt des egyptischen Suban — Nartûm (خرطوم).

Chasi oder el Chasieh, d. i. der Stamm und die Sprache der Beni Amer. Arabisch الخاصية, also el Xâsieh. Vielleicht Verstümmelung von ⲚⲮⲪⲎ (kuš), woraus auch Ḥabaša und Ḥabeš entstanden ist. Vgl. Ḥabesch.

Chebiw, Khédīve, Titel des Beherrschers des egyptischen Reiches — Nedîw. خديو (eigentlich Freund).

Chor, Plur. Cheran — Regenstrombett, Torrent — arab. خور, Nör, Plur. Nerân. Man spricht von einem Nör Barkah. Nör el Qaš; permanent fließende, größere Ströme und Bäche heißen dagegen Baḥ'er.

Dabeina, Araberstamm — Dâbeinah.

Dahlaf, Archipel auf der Höhe von Masaua. — Gewöhnlich دهلك und داهلك geschrieben, aber auch دلق — دحلك und طهلق. Eine arabische Bibelübersetzung schreibt Ophir für Dahlaf. — Vgl. Letronne, Journ. des Savants 1834 p. 554. — Bruce, Abyss. I. p. 417. — Rüppell, Abyss. I. p. 257. — Heuglin, Petermann's Geogr. Mitth. 1860 p. 348.

Dar, arab., Land, auch Schwelle eines Hauses. So Dâr Fôr, das Land For, Dâr Donqolah, Dâr Berber ꝛc.

Deber, auch Dewer, Dewr ausgesprochen — äthiopisch. — Bezeichnet Berg, Felsberg, auch Kloster.

Debschaz, Debsch = Azmatsch, äthiopisch und amcharisch. — Bedeutet Heerführer, Fürst, Herzog. — Amcharisch Dedš-Azmatš, ደጅ፡ አዝማች ፡፡, von ደጅ፡, die Thür, der Flügel, und አዝማች፡, Krieger, also Flügelführer. Tigrisch Dag-Azmati.

Desit, ein großer Torrent unfern Mafaua, gewöhnlich Desīt ausgesprochen, besser wohl Desiét vom äthiopischen ደሴት፡, d. i. Insel.

Diq=diq, Benennung mehrerer Oertlichkeiten im Gebiet der Habab. Ableitung mir unbekannt. Dem Gehör nach würde ich Diq - d̲iq schreiben.

Dj. Mit dj habe ich im Text immer das arabische ج umschrieben, welches gewöhnlich wie das deutsche Dj oder das englische J vor E ausgesprochen wird, indeß auch in einzelnen Dialekten ähnlich dem deutschen G. Lepfius umschreibt das ج mit G und J.

Djaalin, Araberstamm in Süd=Nubien — Gā'alīn.

Djasus, Thal — Gasūs.

Djebel, arabisch, Berg — Gebel, Plur. Gebāl. — Gebel Abu Deregeh, Berg am Golf von Suēs. — Gebel Abu S'ar (statt Dschebel Abu Schar). — Gebel Arang, auch Qal'at Arang. — Gebel 'Elbah, nach Lepfius Gebel Elb'a. — Gebel Tēr, d. i. Vogelberg. — Gebel Rosās, d. i. der Bleiberg.

Djebba — Dschedda — Stadt an der arabischen Küste — Gedah oder Gedeh.

Djedaui, Gebirge und Provinz in West=Abeffinien — Gedāni.

Djefatin, Insel auf dem Rothen Meer — Gefatīn.

Djelab, wandernder Handelsmann, Sklavenhändler — Gelāb.

Djerar, Vorgebirge bei Mafaua — Gerār.

Djezireh, Insel — Gezīreh, Plur. Gezeïr.

Djimilab, Stamm — Gimilāb.

Djindjei, Deber Djindjei, hoher Berg im Gebiet der Beni Amer. Zu Deutsch Fliegenberg. — Schreibart ungewiß, ob mit ደ oder mit ሐ.

Djizeh, Hafenstädtchen unfern Cairo — Gīzeh.

Djubal, Insel im Rothen Meer — Gúbāl.

Djurab, arab., Schlauch — Gurāb, nicht zu verwechseln mit
　Qirbah, Plur. Qirāb, Wasserschlauch.

Donqolah, Dongola, arab. دَنْقَلَه, also Donqolah oder Den-
　qeleh.

Dschaqat, Berg — Dšaqat.

Duhali, Bucht unfern Masaua — Duḥ'ali.

Ed, Station, Lagerplatz; wahrscheinlich 'Ed. Es giebt auch eine
　gleichnamige Hafenstadt im Danakil-Gebiet.

Edebaï, Landschaft — Edebāī.

Efendi, Effendi, türkisch — Efendi (aus αὐθέντης?).

Eidab, Eidub — alte Küstenstadt am Rothen Meer — 'Eidāb.

Eidarbe, Hirtendorf — wohl 'Eidarbah.

Ela oder Ele, tigrisch, Brunnen, wohl 'Ela. — 'Ela ts'ade,
　der weiße Brunnen.

Elba, Berg. Siehe Djebel Elbah.

Erbah, Erbai, Gebirge am Rothen Meer — wohl 'Erbah,
　'Erbāi.

Ermetschoho, Provinz in West-Abessinien — Ermetšoho.

Esch-Esch, Brunnen in der Nähe von Sauakin — wohl
　'Eš-'Eš, auch Säd'e.

Ezbetieh, großer Platz in Cairo.

Faqir, Faki, Fakir, ein Armer, Schwärmer, muhamedanischer
　Missionär — Faqīr, Plur. Foqara.

Farvah, Pelzdecke für den Kameelsattel — Farowah.

Felah, Felach, Bauer, Landmann. Arabisch فَلَّاح, Fellāh',
　Plur. Fellāh'īn.

Gababedschi, Berg im Thal von Aqra — Gadabedši.

Gala, Nation im Süden von Abessinien — Gāla — äthiop.

ገላ::

Geez, die altäthiopische Sprache. Aethiopisch **ግዕዝ**፥, d. i. Ge'ez, Ge'eze, auch Lesāna Itijopia. — Ge'ez soll der ursprüngliche Name des äthiopischen Reiches sein.

Sämmtliche Religionsbücher der Abessinier, sowie die ge= schichtlichen Aufzeichnungen sind in der Geez=Sprache geschrie= ben, welche jedoch längst nicht mehr gesprochen wird. Aus ihr entstanden der Tigraia= und der Tigreña=Dialekt, sowie auch das Amcharische oder die jetzige Hofsprache, die jedoch vom Alt=Aethiopischen weit mehr abweicht, als die Tigrié= Idiome und überdies zahlreiche fremde Elemente in sich auf= genommen hat, welche ohne Zweifel einem afrikanischen Sprach= stamm angehören, während das Geez semitischen Ursprungs ist.

Gelat, Felsgebirge im Thal von Aqr'a. — Vgl. Dalaḥ.

Ghanaïm, Ruinen in der Oase von Theben — X'anāïm, غُنَايِم.

Gharib, Leuchtthurm und Gebirge — X'ārib.

Ghazal, siehe Bahʿer X'azāl.

Ghazuah, Razzia, Feldzug, Raubzug — X'azuah.

Ghubah, Bucht, Golf — X'ubeh, غَبَّة.

Ghubet el Bus — X'ubet el Bus, von بُوص, das Schilf, Rohr.

Ghubet Djimscheh — X'ubet Gimšeh.

Habab, Volksstamm — Habāb.

Habesch, Abessinien, Abyssinien. — Im Arabischen حَبِش, also Habeš; amcharisch **ሀበሻ**፥, Habaschā und **አበሻ**፥, Abaschā. — Die älteste Benennung soll, wie wir oben schon gesehen haben, Ge'ez sein, **ዐግዘ፡ አገዝኃዝን**፥ das Land Ag'āzejan, das Land der Freien.[1]

Nachdem die Abessinier sich zum Christenthum bekehrt hatten, wurde auch die Benennung **መንግሥት፡ ኢትዮ ጵያ**፥, Königreich Itjopja, eingeführt. Habeš wird vom

---

1) Vgl. Ludolf, Hist. Aeth. L. I. 1. 5. — Lud., Lex. Aethiop. col. 403.

18*

semitischen und altegyptischen Kuš, Kabaš abgeleitet. Die Araber bedienen sich überdies noch der Benennungen Mekādeh und Kostān, letzteres Verstümmlung von Xristiān (äthiopisch Kristijān. Christen). Das Wort Mekādeh ist nach gefälliger Mittheilung von Dr. Krapf äthiopischen Ursprungs und von ነበከደ። abzuleiten, was Apostat bedeutet, also Zusammen- ziehung von Makahʼādi, d. i. Abgefallene, Ungläubige. In Schowa (Šowa) und Amchara wird die amcharische Sprache (Amxareña), in Tigrié das Tigreña, in der Gegend von Masaua, bei den Habab und Beni Amer das Tigraja (Tigrié, Xāṣīeh oder Bāḏʼe) gesprochen; im Süden des äthio- pischen Reiches verschiedene Gala-Dialekte, im Westen die Hauaraza- oder Huaraza-Sprache, angeblich die Ursprache der Felāšā (Juden)[1], Kamaunten und der Bewohner der Provinzen Sana und Qoara sowie von Agaumeder. Auch der Dialekt der Bogos (Bélén) soll dem Hauaraza ver- wandt sein.

Unter Schankala (Šankala) verstehen die Abessinier einige Völkerreste, welche die Gegenden um den Mareb bewohnen, nämlich die Bazen oder Kunama und die Barea, welche wiederum einige eigenthümliche aber unter sich verwandte Mundart reden.

Habji, Pilger — Ḥagi.

Hager, Berg nordwestlich vom Takat, mit Resten einer alten Bevölkerung, welche die Bedjah-Sprache spricht.

Früher war Hager eine abessinische Colonie und vermit- telnde Station für die Straße nach Sauakin.

---

1) Vgl. Bruce, Abyss. II. p. 406. — Gobat, Abyss. p. 260. — Nach einer Notiz von Dr. Krapf gehört das Felāšā nach seinem gramma- tischen Bau zu den Sprachen der Bogos, Agau, Barea und Kunama und dasselbe enthält selbst Bruchstücke aus der Bedjah-Sprache, was ganz mit dem übereinstimmt, was man mir s. Z. in Dembeja über dieses Idiom berichtete. (Henglin, Reise nach Habesch p. 205.)

Die ursprüngliche Benennung ist Hager (besser Hāgara) 'abeje Negrān. Hager heißt im Aethiopischen Hauptstadt, auch Reich, so führt z. B. die Stadt Ankober das Prädicat Hager, auch giebt es eine Provinz Hagara Kristos. 'Abej bedeutet groß werden, 'abeje groß, mächtig. Negrān soll eine Uebertragung des Namens der alten Stadt Negran in Jemen sein. Dr. Krapf ist der Ansicht, daß dieses Wort aber auch vom äthiopischen Nakir, Plur. Nakirān abgeleitet werden könnte. Nakir kann man mit Frember, Nichtangehöriger oder Heide übersetzen, Hagara 'abej Nekiran würde somit Heidenstadt, Barbarenstadt bedeuten.

Ich vermuthe, daß Hager oder Hagara identisch sei mit der Stadt Heger (ڤ), deren Makrizi in seinem Kitāb el Nitāt wa el Azār gedenkt. Dieser Geschichtsforscher sagt in seiner Abhandlung über die Bedjah, daß letztgenannter Volksstamm früher ein eigenes Oberhaupt gehabt habe, welches in Heger an den entferntesten (südlichsten) Grenzen des Landes residirte. Im Jahr 216 der Hegrah lebte dort der Fürst Kenūn Eben 'Abd el 'Azīz, der das Prädicat oder den Titel 'Azīm el Begah führte [1].

Halfah, sparriges Wüstengras — H'alfah.

Hamasien, nordöstlichste Provinz von Abessinien — Hamasién.

Hameb, Eigenname — H'āmed, H'āmid.

Hamebj, Hamibj, Regenstrom unfern Masaua. — Schreibart unsicher, ob H'āmeg oder H'āmedš.

Harar, Herer, Stadt und Provinz. Die erstere heißt auch Adar, Adari. — Ueber die richtige Aussprache beider Ortsnamen kann ich keine genügende Auskunft geben.

Harat, Insel im Archipel von Dahlak — H'arāt.

---

1) Vgl. Heuglin, Peterm. geogr. Mitth. 1861. Ergänzungsheft (Ost-Afrika) p. 14.

Harem, Frauenwohnung — Ḥarēm oder Ḥarîm.

Hasan Eigenname — Ḥ'asan.

Haschkob, Gebirgspaß im Gebiet der Beni Amer — Ḥaškob,
d. i. betrügerisch.

Hasta, Landschaft nördlich von Anseba — Il'asta.

Hanieh, Packsattel für Kameele — Hāuïeh.

Hedai=Thal — wahrscheinlich H'ēdaï.

Hedarbeh, Name eines Volksstammes, der aus Jemen in Ost=
Afrika eingewandert sein soll. — Bei Aqiq gibt es ein
gleichnamiges Gebirge — H'edārbeh.

Hedjaz, Benennung des westlichen Arabiens, specieller die Land=
schaften um Mekah — Il'eǵaz.

Hedjin, Reitkameel — Heǵîn.

Hedjlidj, Seifenbaum (Balanites) — Il'eǵlĭǵ. — Die Früchte
werden im östlichen Sudan Alūb genannt.

Heleh, Strohhüttendorf — Heleh, Plur. Ḥelāl.

Hetem, Hetemi, ein Araberstamm, der sich im afrikanischen Kü=
stenland niedergelassen hat — Hetēm, Singul. Ḥetēmi.

Hodeidah, Stadt in Südarabien — Il'odēïdah.

Homran, Araberstamm am Setit — Il'omrān.

Hotset, Hodset, Hotza, Torrent im Gebiet des Lebka. — Schreib=
art nicht bekannt.

Hurdj, Ledersack, Packsack — H'urǵ.

Jemen, Landschaft in Südarabien — Jēmen.

Jemho, Berg unfern des Lebkathales — Jemh'o.

Jenbo, Yambo, Jembo, Stadt an der arab. Küste — Jenbo'
(ينبع).

Kantibai, Kantebai, Oberhaupt oder Groß=Schech der Habab.
Alter, auch in Abessinien üblicher Titel. So heißt der Gou=
verneur von Gondar (Guendar) und derjenige der Provinz
Dembeja ቅንጥባ፡, d. i. Kanteba.

Kurbadj, Peitsche — Kurbaǧ.

Laugheb, Regenstrom. — Schreibart unsicher; wohl Lauχēb.

Lebjam, Zügel — Legām.

Machlufah, Kameelsattel — Maχlūfah.

Male, Bet Male, Malia, Mahlia, wohl besser Māleḥ' —
Volksstamm.

Masaua, Stadt u. Insel — Maṣań'a oder Maṣaw'a (مصوع).
— Aethiopisch መጽዋ::, d. i. Mätsewā, oder መጽዋ:,
Matsewā. Nach gefälliger Mittheilung von Dr. Krapf vielleicht von መጽአ:, er kam, abzuleiten; also Ort der Ankunft, Landungsplatz.

March, ein Wüstengewächs (Leptadenia) — Marχ.

Mebun, Küstenland in der Nähe von Masaua. Nach Munzinger معدون (Me'dūn) von 'aden, feste Wohnsitze habend. — Könnte jedoch auch von dān (دان) abgeleitet werden, was niedrig sein bedeutet, also مدون oder مدون,
Niederland, Flachland, ähnlich wie Kanaan.

Mekulu, Ortschaft in der Nähe von Masaua. — Wird auch
Om Kullu und Mukullu geschrieben.

Meshalit — wohl Mesh'alīt, Paß zwischen Lebka und Anseba
— Mesh'alīt heißt auf Tigrisch Schleifstein.

Mina, kleine Bucht, Ankerplatz. Arab. مینا und مینه, also
Mīnā und Mīnāh.

Mirsah, Ankerplatz, Bucht. — Von مرسى (Mirsā), der Anker.
— Arabisch مرسه und مراسی.

Mirsah Ibrahim — M. Ibrāhīm.

Mirsah Mubarak — M. Mobārek.

Mirsah Mudhek, Bucht nördlich von Masaua — Mirsah
Mudh'ek.

Mirsah Qond-Ali — M. Qond-'Ali.

Mocha, Stadt in Süd-Arabien — Moχā oder Moh'ā; erstere
Schreibart wohl die richtigere.

Moghrabiner, Bewohner der Syrten. Von غرب, der Westen — Moźrabiner.

Mohaber, tigrisch; Ort der Vereinigung, Mündung — wohl
  Moḥ'aber.

Mohaber Af Schari — M. Af Šāri.

Mohamed, Eigenname — arabisch محمد — Moḥ'ammed.

Moilah, Mohile älterer Carten — مويلح, also Moïlaḥ'.

Moqatam, Gebirge bei Kairo. — Lepsius schreibt Moqat-
  tām. — Könnte auch von قدّام, vorwärts, abzuleiten sein.

Moqda, Moqdum, Vorgebirge am Rothen Meer. Nach Moresby Moqd'a.

Naqfa — Nach Munzinger Nakfa, was abgesetzt, Absatz bedeutet. — Ohne Zweifel Naqfa die richtige Schreibart.

Nedjran, Stadt in Südarabien — Negrān.

Nobenga, das Nubische, die nubische Sprache — Nobeńa.

Noqarah, Gebirge am Golf von Sues — Noqārah.

Omfullu, siehe Mekulu.

Om Hoëtat, Ruinen nördlich von Dojeïer — Öm H'oëtāt,
  von H'ēt (حيط), die Mauer.

Om Schum, Regenstrom in der Nähe von Af Abed — Öm Šum.

Pascha, siehe Bascha.

Port Saïd, Hafenstadt am Isthmus von Sues — Port Sa'ıd.

Qaber, arabisch, aber auch im Tigrischen üblich — Grabmal
  — Qaber, Plur. Qabūr. — Qaberts'ade, das weiße Grab.

Qabileh, Kabile — Stamm. — Qabıleh, Plur. Qabeıl.

Qadi, Kabi, der Richter — Qadi, arab. قاضى.

Qahweh, Qahueh, der Kaffee — arabisch قهوه, also Qahweh.

Qahuadji, Kaffeesieder — Qahweh-gi.

Qaih, äthiopisch, bedeutet Roth — Quaiḥ' oder besser Qajeḥ'
  (Φ.Βłh:).

Qaihat, Paß westlich von Aqra — Qajeh'āt oder Qaih'āt, wörtlich die Rothen.

Qalabat, Provinz in Ost-Senar — Qalabāt.

Qalah, Festung, Felsberg — arabisch قلعة, also Qal'ah, Plur. Qel'a und Qel'āt. Wird auch im Aethiop. gebraucht.

Qalat Arandj, Gebirge — Qel'āt Arang.

Qan, Wold Qan — Letzteres die Winter-Niederlassung der Ats Hibtes — Wold Qān. Munzinger schreibt Weldgan, was Eulenkind bedeutet.

Qarora, Thal zwischen Aqiq und Wold Qan — wohl Qaröra.

Qasch, Regenstrom in Takah — Nör el Qaš.

Qeeneb, Hügel im Tiefland von Masaua. — Munzinger schreibt Göneb, nach meiner Auffassung ist Qe'eneb zu setzen.

Qef, Vorstadt von Suakin — Qēf.

Qera, Kürbis und Kürbisschale zum Trinken — Qer'a.

Qeret, Qerez, Schote der Acacia nilotica, die zum Gerben verwendet wird — arabisch قرظ, also Qerez.

Qirbah, Qerbah, Plur. Qirbāb, der Wasserschlauch.

Qolzum, Name einer alten Stadt bei Sues — Qolzūm. — Daher Bah'er Qolzūm, das Rothe Meer.

Qondel, größerer Baum, welcher nur in der Nähe der Fluthmarke gedeiht; Rhizophora der Botaniker — Qondēl.

Qoseïer, Hafenstadt am Rothen Meer — Qoṣeïer (قصير).

Qota, Klippe — Qotā (قطا).

Ras, ursprünglich Kopf — arabisch auch Vorgebirge — amcharisch Chef, Fürst, Major domus — Räs (راس).

Ras Benas, das Vorgebirge von Berenice, das alte Lepte extrema. Heißt eigentlich Räs Šeÿ Benās Abū 'Ali, nach verschiedenen älteren Karten aber Räs el 'Anf, auch Räs el 'Angeh.

Ras Rauai, Vorgebirge nördlich von Suakin — Räs Rau'aï.

Resen, der Zügel. Arabisch رسن.

Saabetkum, Titel der höheren Staatsbeamten, entsprechend unserem „Excellenz" — Sa'ädetkūm.

Sad, Eigenname — Sa'ad, Sa'd.

Safabjeh, Insel im Rothen Meer — Safāgeh.

Sahel, Küstenland — arabisch ساحل, also Sāh'el.

Sahelelat, die Brunnen um To-Kar — Sah'elelāt.

Said, Eigenname — Sa'aïd, Sa'ïd.

Samra, eine Akazien-Art — vom arabischen Somārah, die Flöte — Samrah.

Saqieh, Wasserrad — arab. سـاقـيـة. also Saqīeh.

Sarabut el Chadem, Ruinen im peträischen Arabien — Sarabut oder Sarābit el Nādem.

Sauakin, Hafenstadt am Rothen Meer. Die alten arabischen Schriftsteller schreiben سواكن, also Sawākin, die neuern سوكن, Sawakin, Sauakin.

Schaba, Gebirge — wahrscheinlich Šabia.

Schabuf, Wasserschöpfer — Šadūf.

Schahabi, Wasserplatz bei Masaua — Šah'ādi oder Sah'ādi.

Schaiqieh, am Nil im südlichen Nubien eingewanderter Araberstamm — Šāiqīeh.

Schakab, Vorgebirge unfern Aqiq — Šakab.

Schakat qaih, Regenstrom unfern Masaua — Šakat qajeh' oder Šaqat qaih'.

Schaqer, kleines Gebirge unfern Af Abed — Šaqer.

Scheb, das Flachland bei Masaua. — Nach Munzinger Schöb. — Wohl vom arabischen شب, Alaun, also Šeb.

Schebat, Regenstrom bei To-Kar — Šebat oder Serbāt.

Schech, Stammesoberhaupt — arab. شبيح, also Šeχ.

Schech Hamal, der Schutzheilige von Masaua — Šeχ H'amāl.

Schebuan, Insel im Rothen Meer — Šeduan, Šedwān.

Scherm, kleine Bucht — Šerm.

Scherqieh, Provinz östlich von Delta — Šerqīeh, vom arabischen شرق, der Osten.

Schiker, Eigenname — Šiker, Šikar.

Schimageli, verschiedene Ortschaften im Gebiet der Habab — Šimagali, was „alt" bedeutet.

Schimqe, Regenstrom im Gebiet der Habab — Šimqé oder Šimqié.

Schoa, südlichste Provinz von Abessinien und vom Mutterlande politisch getrennt. Ludolf schreibt Siéwa (äthiopisch) und Šewa (amcharisch) — Šowa.

Schoho, auch Saho, Völkerschaft in der Gegend von Masaua — Šoho, Saho.

Schora, Baum, der nur an der Fluthmarke gedeiht — Šör'a.

Sen, Schlauch, Wasserschlauch — Sen.

Senar, Stadt am Blauen Nil — Senār.

Sogheïer, klein — arab. صغير, daher sozʾeïer, sozʾeïr.

Somal, Somali, mächtiger Volksstamm an der afrikanischen Ostküste — arabisch سومالى, also Sōmāli, Sōmāl.

Sues, Suez, Stadt am Rothen Meer — arabisch سويس, daher richtige Schreibart Suēs.

Sudan, Beled Sudan, d. i. das Land der Schwarzen — Sudān, von اسود, schwarz, Plur. Sūd.

Sultan, Beherrscher, Kaiser — Sultān.

Sunt, eine Akazienart (Acacia nilotica und A. arabica) — arabisch سنط, also Sunṭ, auch Sanṭ.

Takah, Provinz von Ost-Suban mit der Hauptstadt Kasalah.

Tamarinde, Baum (Tamarindus indica). — Benennung vom arabischen تمرهندى, Tamerhindi, d. i. indische Dattel — Tamarhinde. Die Frucht, aus welcher ein kühlendes Getränk bereitet wird, heißt Aredēb.

Tedjurah, Hafenstadt im gleichnamigen Golf — arabisch جوذر,
also Teġurah.

Teklel, auch Deghlel geschrieben, der Titel des Großschech der
Beni Amer. Nach gefälliger Mittheilung von Prof. Prae-
torius wahrscheinlich vom äthiopischen ተክለል:, was
Krönung bedeutet — Teklel oder Tekliel.

Tigrié, Tigre, Tigreh, die östlichen Provinzen von Abessinien — äthiopisch ትግሬ:, also Tigrié, Tegrié. — Die
Tigrié-Sprache heißt ትግርኛ:, i. e. Tigreña.

To-Kar, kleiner District in der Nähe der Barkah-Mündung.
Ein Bedjanieh-Wort, das „der Brunnen" bedeuten soll.

Tsaba, äthiop., weiß — t'sada (ጸዐይ :). T'sad-Amba, d. i.
der weiße Berg, Weißenburg — T's'ad 'Amba.

Tsazega, ein Hauptort von Hamasién. Munzinger schreibt
Tsazega, was wohl eine Zusammensetzung aus Ts'ada und
Zaga (Weißstadt) wäre. Uebrigens gebraucht man auch
ጸአዝጋ:, Tsäzaga.

Tschau, äthiopisch und amcharisch, Kochsalz — ጨው:, also
Tšawu, Tšau.

Tschelhinde, Gebirge im Gebiete der Beni Amer — Tšel-
hindié, Tšelhindé.

Tschewetu, Bach in Naqfa — Tšewetu.

Tualut, Insel bei Masaua, auch Tau el hud, Dalhud geschrieben — طوالوت, daher Tualut.

Ud, el Ud, Laub. Eine Akazienart. Richtige Schreibart wohl
el 'Ud, (von العود).

Uscher, Uschar, Giftpflanze (Calotropis procera) — 'Ušer.

Wadi, das Thal — Wädi, Plur. Auadi.

Walid, Aualid, Plur. von Wold, Woled.

Wold, Weld, Woled bedeutet Kind, Knabe, aber auch Nach-
komme, Stamm.

'Wah, die Oase — arabisch الواح, el Wāh'. Die Oase Siwah heißt Sīwuah el Wāh'. Die übrigen Oasen wurden mir benannt:

Wāh' el bah'eri (Uah el Bah'rīch, Lepf.),
Wāh' el Farāfrah (Farafra, Lepf.),
Wāh' el Dāh'leh (Uah el Daqhel, Lepf.),
Wāh' el Xargeh.

'Yambo, siehe Senbo.

Yemen der Karten ist Jēmen.

Zafaraneh, Vorgebirge im Golf von Sues — Z'afarāneh.

Zaqasīq, Stadt in Unter-Egypten — Zaqazīq.

Zela, Zeila der Karten — arabisch زيله, daher Zēl'a.

Zemerdjid, Insel unfern der Stadt Berenice troglodytica. — Schreibart nicht ganz sicher. Ich notirte Zemergid und Zebergid. — Lepfius schreibt Zebirget.

Zet, Oel — arabisch زيت, Zēt.

Zetieh, Vorgebirge am Djebel Zet — Zetīeh.

Zimzimieh, kleiner Schlauch zum Kühlen des Trinkwassers — Zimzimīeh.

Zohadj, Dorf am Nil — Zohāg.

Zufer, der Fingernagel, auch die Operkeln verschiedener Schneckenarten, welche zum Räuchern dienen — arabisch ظفر, also Zufer.

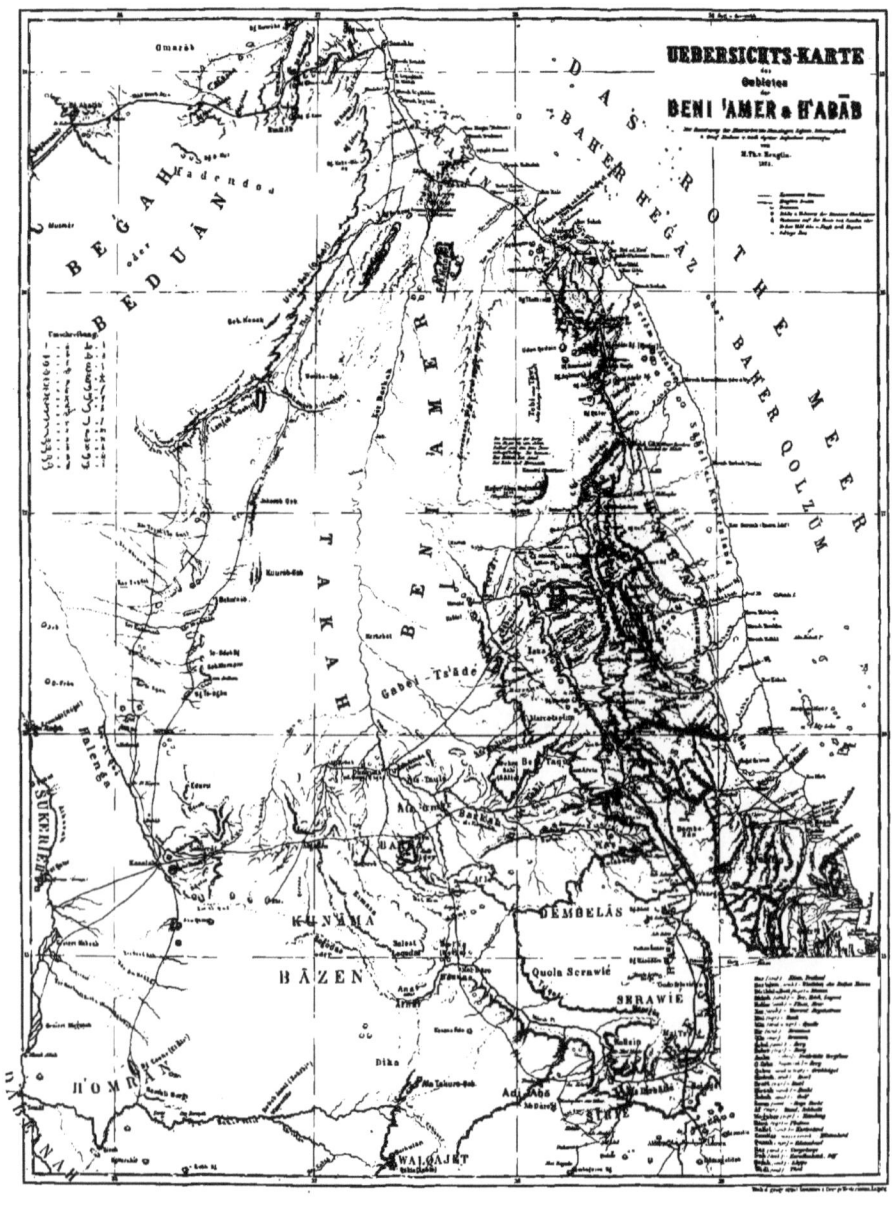